对于任何一个男女而言，生活都不是一件容易的事。但是，我们一定要有坚韧不拔的精神和坚定的信念。我们要相信，在某一件事上，我们是有天赋的，而且不管遇到再大的困难，也都要将这件事情做好。当事情结束的时候，你要能问心无愧地说："我已竭尽全力了。"

——居里夫人

名家
名译

世 界 经 典 文 学 名 著

Classic
Literature

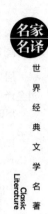

居里夫人自传

THE AUTOBIOGRAPHY OF MARIE CURIE

著 — [法] 玛丽·居里
译 — 名家编译委员会

台海出版社

图书在版编目（CIP）数据

居里夫人自传／（法）玛丽·居里著；名家编译委
员会译. —北京：台海出版社，2022.9
ISBN 978-7-5168-3357-5

Ⅰ.①居… Ⅱ.①玛… ②名… Ⅲ.①居里夫人
（Curie，Marie 1867—1934）—自传 Ⅳ.①K835.656.13

中国版本图书馆CIP数据核字（2022）第134856号

居里夫人自传

著　者：[法] 玛丽·居里	译　者：名家编译委员会
出版人：蔡　旭	封面设计：韩欣宇
责任编辑：姚红梅	

出版发行：台海出版社
地　址：北京市东城区景山东街20号，邮政编码：100009
电　话：010-64041652（发行，邮购）
传　真：010-84045799（总编室）
网　址：www.taimeng.org.cn/thcbs/default.htm
E-mail：thcbs@126.com

经　销：全国各地新华书店
印　刷：水印书香（唐山）印刷有限公司
本书如有破损、缺页、装订错误，请与本社联系调换

开　本：700mm×1000mm	1/16
字　数：256千字	印　张：16
版　次：2022年9月第1版	印　次：2022年9月第1次印刷
书　号：ISBN 978-7-5168-3357-5	

定　价：13.80元

译序
Preface

玛丽·居里（1867—1934），世称"居里夫人"，法国波兰裔科学家，专门研究放射性现象，和丈夫皮埃尔·居里一起发现了钋和镭两种放射性元素，并著有《放射学》《放射性物质的研究》等著作。居里夫人一生两次获得诺贝尔奖，是人类历史上最有声望的女科学家，爱因斯坦还称其为"唯一未被盛名宠坏的人"。

本书分三部分：第一部分为居里夫人自己写的《居里夫人自传》，是其高尚人格和坚韧精神的真实写照；第二部分是居里夫人为缅怀自己的丈夫皮埃尔·居里撰写的《皮埃尔·居里传》，借此，居里夫人不仅赞扬了皮埃尔的高风亮节，也从侧面歌颂了那个时代有同样科学梦的科学家的高尚情怀；第三部分是英国著名儿童文学作家埃列娜·多丽撰写的《居里夫人的故事》，记述了居里夫人历经坎坷、坚持科学精神的伟大历程。

居里夫人是一位伟大而谦虚的科学家，《居里夫人自传》是她在世时应友人邀请所写，是对自己生活的一个概括性总结。这部自传虽然文字不多，却饱含深情。同居里夫人的其他传记相比，这部自传更多的是一种情感的宣泄，直接表现了她对波兰的热爱、对科学的热爱、对战争的憎恶……她用优美的语言将自己对人生的感悟表达得淋漓尽致。

居里夫人所写的《皮埃尔·居里传》真实自然地向读者展示了一个为理想不断奋斗的科学家的形象。不管遭遇怎样的困难，对待科学，皮埃尔·居里永远有一颗热忱的心。在居里夫人的笔下，皮埃尔不仅对科学事业热情满满，对生活、对家人朋友也饱含着真挚、浓烈的爱，令其形象不仅可敬，而且可亲，也让读者从字里行间读出她对皮埃尔深切的爱与怀念。

《居里夫人的故事》堪称一部内容翔实的科学家传记。全书文字流畅，真实生动地讲述了居里夫人传奇而坎坷的一生。

1867年，居里夫人出生于波兰一个普通教师家庭。当时的波兰正被俄国占领，人民饱受压迫，生活困苦不堪，令她下定决心要发愤图强。24岁时，居里夫人靠自己的努力获得了到巴黎大学学习的机会，并在那里邂逅了当时已很有名气的法国物理学家皮埃尔·居里。后来，两个志趣相投的人结为夫妻。夫妻二人在极为艰苦的条件下进行实验研究，最终发现了两种新元素，一种以居里夫人的祖国波兰命名为"钋"，另一种命名为"镭"。1903年，居里夫妇共同获得了诺贝尔物理学奖。1906年，皮埃尔·居里因车祸去世，居里夫人带着两个年幼的女儿艰难度日，同时继续潜心研究放射性元素。1911年，居里夫人因放射化学方面的成就获得诺贝尔化学奖。在第一次世界大战期间，居里夫人负责指导X光照相技术，以帮助医生查看士兵身体中的子弹、炮弹碎片和碎骨，同时她还开创了激光疗法，这些全新手段在伤员救治方面发挥了巨大的作用。但是，由于长期受到放射性物质的侵害，居里夫人患上了白血病，并于1934年去世。

多丽女士在写这本传记时，参考了居里夫人的小女儿艾芙·居里所写的传记，但她以自己出色的写作方式，客观、生动的笔调，讲述了居里夫人克服困难的坚强个性、淡泊名利的崇高品格，以及对科学不懈追求的精神。值得一提的是，多丽女士非常鲜活地描述了少女时代的居里夫人，尤其是将她不甘人后、努力上进的性格描写得淋漓尽致，人物形象呼之欲出，让读者得以全面了解这位可敬的女性。

在世界科学史上，居里夫人是一个不朽的名字，她的精神也将激励着一代又一代的人在科学之路上不断进取。

目录
Contents

Part3
一居里夫人的故事 —

Part 1

居里夫人自传
THE AUTOBIOGRAPHY OF MARIE CURIE

　　《居里夫人自传》是居里夫人应美国友人的邀请，在美国之行后写下的关于自己一生的简单总结。本书的篇幅不长，只是居里夫人一生的一个简单概括。但居里夫人用优美的文字把自己不为人知的情感表达得淋漓尽致，让人能够更真实地去感受她的内心世界。

Chapter
第 一 章

— 成长之路 —

我的美国朋友建议我把自己的生活经历写下来。一开始，我对这件事情颇有些抵触，但最终，我还是被他们说服了，于是勉强写了这个简略的生平传记。

当然，这么简单的一本书不可能把我所有的感受都写出来，也无法详尽描述我所经历过的每件事情。而且有些事情太过久远，时过境迁，许多当时的感受都已在记忆中变得模糊，再怎么回忆都不可能是原来的样子了，甚至有时还以为有些事情与己无关。还有许多事情似乎应该是与我有关的，但一提笔想记录下来时，又恍然觉得那些往事是别人的经历。无疑，人的一生往往会被一些重要的思想和某些深刻的感受影响和支配，它们使其生活能够沿着一条主线前行。这条主线往往比较容易确定和找到，有了这条主线，便能明白一切往事的初衷和缘由，亦可了解当事人的性格及其他方面的特点。因此，我只按着时间的脉络把我生命中的一些重要的记忆写了下来。

我叫玛丽·斯可罗多夫斯卡，祖籍波兰，1867年出生于华沙。我的父母都出生于波兰的小地主家庭。在我的祖国波兰，像我的父母那样拥有一份不大的产业的中产阶级家庭有很多。他们在社会上形成了一个阶层，彼此之间有着千丝万缕的联系。在今天的波兰，知识分子大多源于这一阶层。

我的祖父管理着一所公立中学，闲暇时还会到农场干一些农活。我的父亲勤奋好学，曾经就读于俄国的圣彼得堡大学，毕业后回到祖国，在华沙一所大学的预科学校做了一名教物理和数学的教师。后来，他娶了一位与他志同道合的年轻女子为妻，那便是我的母亲。母亲年轻时就担任了华沙一所女子学校的校长。她性情温柔，知识渊博，在学校有很高的威望。

我的父母亲算是典型的门当户对。他们都是对事业非常认真的人，一生兢兢业业，恪尽职守。他们的学生遍布波兰，可谓桃李满天下。这些学生至今对我的父母仍心怀感激和敬仰。即使在今天，每逢我回到波兰，只要遇见父母亲昔日的学生，总会听到他们向我倾诉对我父母的怀念之情。

尽管我的父母居住在城市，并在学校任教，但他们与身在乡村的亲戚们始终保持着来往。每到放假，我便会跑到乡村的亲戚家里小住一段时间，这使得我对波兰的乡村生活有了更多的了解，也慢慢喜欢上了乡村生活。在乡下，我感到无拘无束，恬淡惬意。我之所以一生都钟爱乡村和大自然，与这段难忘的生活经历想必不无关系。

我们家一共五个兄弟姐妹，我是家里最小的孩子，上面有三个姐姐和一个哥哥。我的大姐在14岁的时候不幸夭折。大姐的不幸离世，令我的母亲悲痛欲绝，深受打击，因而患了不治之症，年仅42岁便撒手人寰。母亲去世时，我年仅9岁，哥哥也只有13岁。全家人都沉浸在无以言表的悲痛之中。

我从小和大姐关系亲密，她的去世使我第一次体会到了人生的悲苦。这之后，我时常陷入忧伤、痛苦之中而无法自拔。那真是一段黑暗的日子。

我的母亲是一个非常温柔的人，而且博学多才、胸怀坦荡。母亲宽容大度，温和善良，在家中很有威望，大家都很信服她。母亲是一位虔诚的天主教徒，但她对一切事物都有一种难以想象的包容力。她从不把自己的观点强加于人，对宗教上的不同看法，她从来都是求同存异。母亲的这种品行对我们兄弟姐妹的影响非常大。

就我个人而言，作为家中最小的女儿，母亲对我呵护备至，宠爱至极。这也让我从小对母亲有一种深深的依恋之情。她的去世对我的人生又是一次巨大的打击。

母亲的去世使父亲陷入了深深的痛苦之中，但父亲并未因此而消沉。他把所有精力都投入在自己的工作上面，投入对子女的教育上来，致使自己没有丝毫的闲暇时间。一晃母亲已去世多年，可我们仍然感到若有所失，仿佛家中缺少了灵魂一般。

我们兄弟姐妹很早就开始学习了。我6岁就上学了，是班里年龄最小的学生，也是最矮的一个。但是我很用功，成绩一直很好。

每当学校有人来听课时，老师总是让我这个坐在第一排的学生站起来回答问题。我生性腼腆，对这样的殊荣一点也不开心。每次老师点我的名字时，我都紧张得心怦怦直跳，恨不得马上跑出教室找个地方躲起来。我的父亲是一位优秀的教师，对我们的学业十分关注，并懂得如何指导我们学习。但是，母亲去世以后，家里的经济出现了问题。我们几次搬家，生活极度困苦。后来，我们兄弟姐妹也不得不从学费昂贵的私立学校转到公立学校去了。

当时的华沙处在俄国的统治之下，而这种统治最残酷的一面就是他们对学校和学生采取了严厉的控制和迫害。波兰人开办的私立学校都受警方的监视，并且一律用俄语教学。学生们自小就学习俄语，以致母语波兰语反而淡忘了。幸而这些学校的老师都是波兰人，他们不甘受此迫害，私底下便想方设法地让学生们学习一些波兰语。这些私立学校都不允许为学生颁发正式的文凭，只有公立学校才有这个权力。

公立学校的领导人是俄国人，他们一味地压制波兰人民民族意识的觉醒，学校里所有的课程都是俄国教师用俄语教授。由于这些俄国教师仇视波兰民族，因此他们对待学生也充满了敌意。德高望重、学识渊博的老师都不愿到这种学校去任职，因为他们无法做到对这种敌视熟视无睹。

孩子们身处这样的校园环境中，能否学到有用的知识颇令人怀疑。更令人担忧的是，这样的环境对孩子们的道德品质会产生怎样的影响。孩子们每天生活在这种监视之下，如果不小心说了一句波兰话，或用词稍有不慎，就会受到严厉的处罚，甚至还会殃及家人。这种严酷的环境令孩子们天真欢愉的本性丧失殆尽。但是，另一方面，这样恶劣的环境也激发了波兰孩子极大的爱国热情和反抗意识。

在饱受异族欺凌和丧母之痛的双重打击下，我的童年生活过得郁郁寡欢，沉闷而了无生趣。不过，童年依然有一些愉快的往事保留在我的记忆之中。亲朋好友的欢聚总是令人兴奋的，也给我们沉闷的生活带来了慰藉与希望。另外，我的父亲非常喜欢文学，他能够熟练背诵许多波兰以及外国的诗歌，还常常用波兰语翻译外国的诗歌。有时，父亲也尝试自己作诗赋词，那些看似平常的家庭琐事在父亲笔下变成了短诗，着实令我们赞叹不已。

每到周末的晚上，我们兄弟姐妹就围坐在父亲的身边，听他声情并茂地给我们朗读波兰优秀的诗歌和散文。这样的夜晚对于我们来说其乐融融，不仅加深了我们的文学素养，也培养了我们的爱国主义情感。

受父亲的影响，我从小也非常喜欢诗歌，并且能够背诵许多波兰伟大诗人的诗作名篇。在这些诗人中，我最为欣赏的是米茨凯维奇、克拉辛斯基和斯洛瓦茨基。当我日后开始接触外国文学时，这种爱好更是与日俱增。为了熟读各国文学作品，我很早就掌握了法语、德语和俄语。后来，我感到英语很有用，便开始自学英语。不久，我就能阅读英文书籍和英国文学作品了。

可是，对于音乐我却从没热衷过。我的母亲是一个优秀的音乐家，嗓音甜美，但我没有继承她的音乐细胞。母亲曾耐心指导我学习乐理知识，但直到她去世，我也没能开窍。这一点想起来就让我感到很伤心。

中学的时候，我的物理和数学成绩非常好。除了在学校认真听讲，在家里，父亲还对我悉心指导。父亲热爱科学，而且在学校也教授这类课程。一有空闲时间，父亲便向我们解说大自然的奥秘。遗憾的是，他没有实验室，无法进行自己喜欢的实验研究。

假期是我最快乐的日子。虽然我们一家在城市生活，但我的许多亲戚都住在乡下。每年放假的时候，我们就会去亲戚家借住。在乡下，俄国统治者的监视活动不像在城里这么常见。我们终于可以躲开这些讨厌的人的视线，无忧无

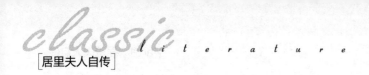
虑地唱波兰歌，说波兰话。我们在树林中追逐、嬉闹，有时还在大片的田地间劳作，心情真是无比舒畅。有的时候，我们会越过边境到加里西亚山玩。加里西亚山属于奥地利的管辖范围，不受俄国的统治。在那里，我们可以更加肆无忌惮，我们大声地讲波兰话、高唱爱国歌曲，而不必担心会被捕入狱。

对于从小生活在平原地区的我来说，乍见山峦，无比兴奋。我非常喜欢在喀尔巴阡山小村庄中的生活。在那里，放眼望去，山峦绵延起伏，山峰高耸入云；低头俯视时，又可看到深邃静谧的山谷，湛蓝的湖水夹杂其间，令人心旷神怡。这些湖泊各自有其独特而又别致风雅的名字，如"海之明眸"等。尽管如此，在我内心深处，仍然对那一望无际的平原怀有深深的眷恋，那里视野开阔，景色柔美，让我的心为之震颤。

后来，我有幸跟随父亲去更南边的波多尼亚度假。在敖德萨，我生平第一次见到了大海，之后，我们北上到了波罗的海。这些都是我年少时期的美好经历。但是，直到去了法国，我才真正领略了大海的波澜壮阔、气势磅礴。我一生都是如此：每每面对大自然的神奇景象，总会像个孩子似的欢呼雀跃。

中学毕业后，我的学校生活结束了。但凡那些需要动脑子的课程，我学起来都得心应手，而且成绩很好。我的哥哥约瑟夫医学院毕业后成了华沙一家医院的主任医师。我们姐妹三人原打算像父母那样从事教师的工作，但后来，我的二姐布罗妮雅改变了初衷，也像哥哥那样去学医了。在巴黎大学获得医学博士学位后，二姐嫁给了一个名叫卡西米尔·德卢斯基的医生，在奥属喀尔巴阡山区开办了一家大型疗养院。我的三姐海拉做了一名教师。波兰独立后，她在一所中学担任校长，多年来兢兢业业地从事教育工作。

中学毕业时，我只有15岁，成绩一直名列前茅。由于读书过于用功，我的身体一直不好，发育似乎也略显迟缓。毕业后，父亲让我去乡下生活了一年的时间。在乡下的日子里，我完全放下学习的事情，无忧无虑地和同龄的朋友们玩耍。这一年里，我体会到了一种完全不同的生活。它也成为我一生中弥足珍贵的快乐回忆。

从乡下回到华沙后，我本来想按照预订的计划去做一名中学教师。但是因为家庭条件一再恶化，我不得不改变了自己的想法。当时父亲就要退休了，他微薄的薪金不足以支撑我们这个家的开销。于是，我决定先出去工作。我先是在华沙城的一个律师家里做家庭教师。不久，为了更好的薪金待遇，我选择去外地工作。

我离家去外地做家庭教师的时候只有18岁。这么多年过去了，离家的情景一直历历在目。看着父亲从车站离去的身影，我难过地流下泪来，因为我不知道在陌生的异乡，等待我的将是什么样的生活。

经过漫长的车程，我终于到达了我的目的地——斯茨初基。我做教师的那家男主人是个农场主，在当地的制糖厂拥有大量股份。他们的大女儿和我年龄相仿，我们很快成了朋友。我的工作是负责教授她以及她的弟弟和妹妹。

我和农场主的三个孩子相处得很是融洽。每天上完课之后，我们便一起到外面散步。虽然斯茨初基远在偏僻的地方，但我并不觉得闷，因为我一向喜欢乡间的生活。而且，这儿的景色虽谈不上有多么秀丽，却胜在四季各异，令我感到快乐和满足。这个农庄采用该地区最先进的新式种植技术，这激发了我浓厚的兴趣。不久后，我便掌握了这种种植技术，并且一直关注着谷物的生长情况。在农庄的马厩里，我渐渐摸透了马的脾性，懂得了如何同它们相处。

转眼冬天来了，广袤的平原被皑皑白雪所覆盖，变成一个银装素裹的世界。有时，我们会乘着雪橇在雪地上飞驰。原本熟悉的道路已经被一张闪闪发亮的雪毯遮住了，一切全都变了模样，连经验丰富的雪橇驾驶员也很难认清路况了。我吓得冲着驾雪橇的人大喊："小心河沟！"驾雪橇的人却满不在乎地回答我："我们是正往河沟里冲去，但是，别担心！"话音刚落，雪橇应声倒地。不过，雪橇翻倒是常有的事，非但不可怕，反而为我们的远足增添了乐趣。

我记得有一年冬天，大雪纷飞，我们在田野里堆起了一座形状奇特的雪屋。我们坐在里面，欣赏远处玫瑰色的雪原风光。我们还时常到封冻的河面

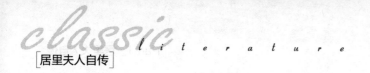

上去溜冰，快乐至极！我甚至希望冬天能过得慢一点儿，不要夺走我们这份快乐。

在斯茨初基时，我经常会遇到当地的小孩子。他们大部分不识字，只是在家里晃荡。于是，教课之余，我把这些孩子组织起来，编成一个班，教他们用波兰文读书写字。热心的农场主的大女儿也过来帮我的忙。孩子们的家长对我心存感激，但说实在的，我的这种义务教学在当时是一件危险的工作。因为俄国政府规定，不能私自教授波兰语，如果被发现，会受到很严厉的处罚，有可能被捕入狱，甚至会被流放到西伯利亚。但我从来没有害怕过。

在斯茨初基的晚上，一天的工作都结束的时候，我选择一个人坐下来看书。大部分的书都是从制糖厂里借来的。虽然我对文学、社会学有着浓厚的兴趣，但在刚开始自学的时候，我并没有决定以后要朝着哪个方向发展。后来，在学习的过程中，我慢慢地发现自己对数学和物理很感兴趣，于是便一点一点地朝着这个方向努力。我暗下决心，要学好数学和物理，日后赴巴黎求学。我还计划着攒些钱，以备将来在巴黎学习和生活之用。

自学的日子困难重重。我在波兰中学所学的知识不够完整，与法国的中学相比存在很大的差距。为了缩小差距，我买来一些书籍进行自修。虽然这种方法并不是很理想，但也不是全无成效。我除了从中学到一些对今后有所裨益的知识外，这段时光还让我养成了独立思考的习惯，这对我日后的学习很有帮助。

后来，当我的二姐决定去巴黎学医时，我就不得不更改自己的学习计划了。因为家里的经济情况一直没有好转，无力承担我俩一起去巴黎求学的费用，而我攒钱的计划进展得也不是很顺利。因此，我和二姐许诺，互相帮助，先后完成学业。如此，我做家庭教师的时间一再延长，在斯茨初基待了整整三年半的时间——直到我把我的三个学生的学业教完，才回到华沙，那儿正有一份类似的工作在等着我。

从斯茨初基回到华沙后，我又在一户人家家里做了一年的家庭教师。在这一年的时光里，我陪在父亲的身旁，和他度过了一段美好的时光。在这段日子里，父亲写了一些文学作品，而我则通过做家教获得酬劳来补贴家用。与此同时，我抓紧时间自学。在俄国统治下的华沙，要实现个人梦想并非易事，但相比偏远的农村，在华沙成功的概率还是更大一些。值得一提的是，我在这一年中生平第一次可以进入一间实验室去做实验。

做实验的地方名叫"工农业博物馆"，处在一个开满丁香花的院子里。所谓的"工农业博物馆"，不过是哄骗俄国政府的一个名字，许多波兰青年在这里学习科学知识。我之所以有机会到实验室里做实验，是因为我的表兄是这个实验室的负责人。

除了晚上和星期天，我几乎每天都可以进入实验室去做一会儿实验。我经常一个人独自享受这段时光。我按照中学课本里学来的方法，做各种简单的物理或化学实验，而且往往会获得一些意想不到的结果。这种时候，我会为一个小小的成功而兴奋不已，感到大受鼓舞；但有的时候，由于缺乏经验而导致失败，我受挫的感觉也非常强烈。这让我深切地体会到，成功的道路总是布满坎坷。但同时也让我更加确信，我在物理和化学方面是有一定天赋的，我要义无反顾地坚持下去。

回到华沙后，我参加了一个由热心教育事业并具有共同的学习愿望的人组成的学习团体。这个团体有着一定的政治立场，要求自己的成员把服务社会、报效祖国当作自己的责任。在一次聚会中，有一位青年说："我们祖国的希望，寄寓于人民知识水平的提高和道德素养的加强，唯有这样，才能提高我国在世界上的地位。当前，我们首要的任务就是努力自学，并竭尽所能在工人和农民中间普及知识。"他的提议得到大家的一致赞同，因此，大家商定：每天晚上向广大群众传授知识，每位成员讲授自己所精通的内容。这足以看出，这个学习团体是一个具有秘密结社性质的爱国组织，团员们都有一种甘冒风险的奉献精神，都做好了随时为祖国献身的准备。直到现在，我依然坚信，这个团体的成员必将为祖国做出积极而有意义的贡献。

团体里以年轻人居多，大家聚集在一起，相互学习，相互鼓励，为了一个共同的目标而奋斗。那种情景，至今回想起来，仍然让我感到欣喜与激动。由于活动经费不足，该团体并没有取得显著成效，但自始至终我都对这一点深信不疑，那便是，在当时的波兰，他们的爱国理念和行动，无疑是推动波兰社会进步的有效途径。

我一直认为，社会是由单个的人组织起来的。如果每个人得不到好的教育机会，是不可能建立起一个良好的社会的。为了这样一个良好的社会，每一个人都应该付出自己的热情和努力。我们应该学会完善自己，在完成本职工作的同时，努力去帮助他人，并共同分担社会责任。只有怀着这样的信念去生活，这个社会才能取得长足的进步。

这段时期的经历更加坚定了我今后学习、深造的决心。虽然我父亲经济并不宽裕，但爱女之心促使他愿意帮助我尽快实现去巴黎求学的梦想。我的姐姐在巴黎刚刚结婚，我便决定前往巴黎求学，暂居姐姐家里。父亲希望我学成回国后，再同他一起生活。但是，婚姻使我改变了原来的设想——我在巴黎结婚后，便留在了那里，没有再回到华沙，回到父亲身边。

父亲年轻时就梦想着能从事科学研究工作，但一直未能如愿。后来，我在法国取得的成功，令远在华沙的父亲深感欣慰，因为我圆了他的梦。所以，我们父女尽管天各一方，父亲仍旧心情舒畅，时刻关注和支持着我的工作。父亲对儿女无私的爱，令我终生难忘。后来，父亲住到了我已婚的哥哥家里，作为一个慈祥的爷爷，耐心地教育着自己的孙辈。1902年，年逾古稀的父亲离我们而去，给我们留下了深深的遗憾和无尽的思念。

1891年，我已经24岁了。在这一年，在二姐布罗妮雅的邀请下，我终于实现了我的梦想——去巴黎上大学。到了巴黎，我住在姐姐和姐夫的家里。我的姐夫德卢斯基是一个非常热情的人，他对我像对自己的亲妹妹一样好。

在姐姐家住的那段日子里，我和一个波兰侨民的小团体走得很近。我们这群身在异乡的人聚在一起，热烈地讨论着有关波兰的一切话题。我们一起游玩，一起参加集会活动，这样的日子持续了很长的时间。后来，我意识到这样的生活会干扰我的学习，就慢慢退出了这个团体。

我在姐姐家里只住了几个月的时间，因为他们为了行医方便住在巴黎郊外，离我的学校太远了。而我需要就近住宿，好省下时间学习。于是，我在学校附近租了一间很小的房子，一个人搬了进去。我的经济条件很差，房子里除了几件生活必需品，简直可以用"家徒四壁"来形容。四年的大学时光，我一直住在这样的房子里。

四年中，我在学习上所取得的成绩和进步，不可能一一讲述出来。我孤身一人，没有任何纷扰，得以全身心地投入到学习中去。而学业上的进步，又令我信心满满，欢欣不已。

关于我的日常生活，可以说是异常艰难，因为我的积蓄不多，亲人们也没有更多的能力来帮助我。但并非只有我一人面对这样的窘境，据我所知，许多波兰来的留学生都有相似的经历。当时，我住在顶层的阁楼里，冬天的时候，房子里特别冷，取暖的炉子又很小，屋子怎么烧也暖和不起来；况且，我舍不得买煤，因此脸盆里的水常常结冰。白天的时候，我尽量在学校或图书馆待着，那里有煤气灯，非常暖和。等到图书馆关门了，我不得不回到自己的小屋子里。晚上睡觉的时候，我把所有的衣服都压在被子上，只是为了让自己能稍微暖和一些。我只有一盏酒精炉可以用来做饭，再无其他炊事用具。我平时几乎不做饭。为了节省时间和钱，我常常用一块面包加一杯巧克力茶来充饥。实在想改善一下伙食的时候，我就会去学校旁拉丁区的小饭馆里买两个鸡蛋或是一块巧克力糖。家务方面，也是我独自承担，没有任何人帮忙，连取暖用的煤，也是我一点一点费力地搬上7楼的。

在别人眼中，我的生活未免过于清苦、乏味，但我却自得其乐。我每天都沉浸在学习的乐趣之中，并不会在意物质条件的匮乏带给我的困难。这段生活经历也让我充分体会到了自由与独立精神的可贵。

在繁华的巴黎，我这样一个女孩子默默无闻，无依无靠，每天生活在自己狭小的天地里。尽管孑然一身，我从不自艾自怜，从不沮丧、消沉，也没有凄惶之感。当然，无可否认，有时候孤独之感会突然涌上心头，但我的整体心态通常十分平静，精神世界又十分富足，所以孤独情绪转瞬即逝，并不会对我造成太大的困扰。

我把所有的时间都用来学习。开始的时候，我的学习遇到了一些困难。不得不承认，我以前的基础知识非常薄弱，虽然来巴黎之前做了一些准备，还是不够充分，与法国同学相比差距甚大，尤其是数学方面差距更大。为了弥补自己的不足，我付出了巨大的努力。白天，我在课堂、图书馆和实验室之间来回奔波；晚上，我一个人躲在自己的屋子里，一直学习到凌晨两三点钟。每每学到新的东西，我都会兴奋不已。科学的奥秘如同一个新的世界渐渐为我敞开了大门，我可以自由地驰骋在科学的海洋里，学习它们，并掌握它们，我沉醉其中，开心不已。

与同学们和睦相处的时光也是一段愉快的回忆。初到巴黎时，我腼腆羞涩，不爱主动与别人交流。但不久我便发现，同学们一个个学习都非常认真，待人也很真诚，于是，我开始和他们一起探讨学习上的问题，这更激发了我学习的兴趣。

我所就读的那个系里，并没有来自波兰的学生，但我同一个由波兰侨民组成的小团体关系密切。他们时常在一个简陋的小屋里举行聚会，我也会参与其中，同他们一起讨论波兰的各种问题，大胆地抒发我对祖国的怀念之情。我们有时会一起外出散步，或者参加公众的集会，大家对政治保持着一种极大的热情。然而，在第一学期临近结束时，我不得不离开这个小团体。因为我意识到自己应该把全部精力投入学习，以便尽快完成学业。我甚至把假期的大部分时间花在了复习数学上。

在这样艰苦的物质条件下，加之我的功课强度实在太大，我的身体有些吃不消。布罗妮雅来看我的时候，总是责备我太过用功。每次回她家，她总是用最好的饮食来招待我。每年回华沙度假的时候，家人看到我憔悴的样子总是很心疼。经过几个月的假期，我被家人养得有了精神，又可以返回巴黎过我艰苦的生活了。

　　经过坚持不懈的努力，我成功地弥补了先前在知识方面的欠缺和不足，从而得以与同学们一起通过各科考试。1893年，学校举行物理学结业考试，我的成绩名列前茅。1894年，数学结业考试，我的成绩位列乙等。我对自己所取得的成绩，还是颇为满意的。

　　多年后，我的姐夫德卢斯基提及我那段艰苦至极的学习生活，总会戏谑地说那是"我小姨子一生中英勇顽抗的时期"。这话不假，我也始终把这段日子视为我生命中最值得珍惜的一段美好时光。在这几年中，我孤身奋斗，夜以继日地埋头钻研，终于具备了进行科学研究的能力。这是我长久以来的梦想。

　　也是在1894年，我遇到了皮埃尔·居里。

　　当时，我的一个同胞邀我去他家玩。我的同胞叫科瓦尔斯基，是一个大学的物理学教授，我和他的太太是故交。那天，与我一起接受邀请的，还有巴黎的一位年轻的物理学家皮埃尔。科瓦尔斯基先生和皮埃尔是朋友，并对皮埃尔非常欣赏。当我走进科瓦尔斯基先生家的客厅时，皮埃尔正站在阳台的落地窗前。他身材修长、眼神清澈、风度翩翩，眉宇间流露出一种深沉而又温柔的表情。乍一看他，你会觉得他是一位沉浸在自己思绪中的梦幻者。他见到我，对我表示出一种质朴而又真诚的态度，似乎对我很有好感。

　　我们在饭桌上谈起很多话题，有科学方面的，也有社会学方面的。我惊奇地发现，我和皮埃尔在很多问题上的看法有着惊人的相似。我们的第一次会面给彼此留下了很好的印象。

　　后来，我们又在物理学会议和实验室里遇见过几次。皮埃尔请求来我的住所探望我。我并不认为自己寒酸的住所有什么见不得人的地方，所以很热情地接待了他。

　　我们渐渐成了很好的朋友。不久，皮埃尔向我吐露心声，希望能和我一起生活，共同追寻科学的梦想。对于皮埃尔的热情，我一时拿不定主意。因为按

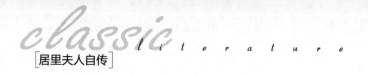
照预定的计划，我在巴黎完成学业后，应该返回祖国波兰。如果和皮埃尔在一起了，我就要永远离开自己的祖国和家人。我舍不得他们。

这时正赶上假期，我乘火车返回华沙度假。在华沙的日子里，皮埃尔给我写了很多的信，劝我返回巴黎，继续我的学业和科研工作。那年的秋天，为了准备教师资格考试，我返回了巴黎。这一年，我不再住在租来的小房子里。布罗妮雅在她的诊所边给我预留了一间屋子。而且，我有幸进入巴黎大学的物理实验室工作。

我又见到了皮埃尔·居里。由于工作原因，我和皮埃尔的接触日益增多，关系也越加密切。我们在相处的过程中加深了对彼此的了解。我们都感到除了对方，不会再有更合适的生活伴侣了。

1895年7月，我和皮埃尔举行了一个极其简单的婚礼。我的父亲和哥哥姐姐也从华沙赶来参加。

当时的皮埃尔刚刚获得博士学位，在巴黎的理化学校任教。这一年，他36岁，已经是很有名气的物理学家了。皮埃尔的心思都用在了科学研究上，很少关心自己的物质生活，我们的经济条件很一般。

结婚前，皮埃尔和父母住在巴黎郊区的索镇。婚后，我们在学校的附近租了一所房子。房子的条件一般，但窗外是一座美丽的花园，这让我们非常高兴。假日的时候，我们总是回索镇看望皮埃尔的父母。

皮埃尔的父亲是一名医生，性格刚强，为人正直。皮埃尔的母亲是一位标准的贤妻良母。尽管她出身富裕之家，却甘于和皮埃尔的父亲相濡以沫，忍受贫寒的生活。皮埃尔还有一个哥哥叫雅克·居里，是蒙彼利埃大学的教授。他们兄弟二人的感情非常好。我受到了居里一家的热情接纳。他们的爱让我在异乡的孤独感得到了缓解。

Chapter
第 二 章

— 婚后生活 —

　　婚后的生活对我来讲是一种全新的体验。在大学的四年，我一个人过着简单到不可思议的生活，从不在乎物质的缺失。但是现在是两个人的日子了，一切都不一样了。我与丈夫情投意合，相同的志趣爱好和同样的职业把我们紧密地联系在一起。我们几乎每天都在一起，形影不离，以致我只保留着皮埃尔写给我的为数不多的几封信。在教学之余，我丈夫几乎把时间全都用在了他在实验室的研究工作中；我也获准与他一起在实验室工作。

　　我们收入微薄，我开始学着像一个真正的家庭主妇一样精打细算。我们没有多余的钱来雇女佣，所有的家务都得我一个人料理，尤其是我还要准备每天的饭菜。这些家务劳动占用了我不少时间，与我们的学习和研究产生了冲突。想要妥善解决这一矛盾，也的确不是一件容易的事。好在我们的生活十分简单，皮埃尔和我一样，是一个对物质生活不太苛求的人，这才让我勉强处理好了两者的冲突。让我尤为高兴的是，我们的小家庭并没有被这些家务琐事搅乱，我们仍可过着平静、温馨的生活。

　　白天，我和皮埃尔在实验室里一起工作，晚上的时候，我们在家里的工作室中埋头苦读。我在处理好家事后，准备我要参加的教师资格考试。皮埃尔则在我的对面准备他的教学大纲。

　　1896年8月，我以第一名的成绩通过了教师资格考试。为了庆祝这个小小的胜利，我和皮埃尔骑着自行车去做了旅行。

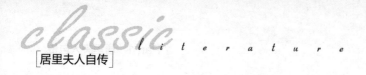

　　旅行是我们两个人的共同爱好。在实验室工作之余，我们主要的休闲方式就是散步或到郊外野游。皮埃尔从小就对户外活动痴迷，对于森林里的各种动物和植物有着极大的兴趣。他的足迹遍布巴黎附近的每一座森林。我对大自然也情有独钟，所以我们夫妻二人经常饶有兴致地骑车郊游。这样的郊外旅行对我们的生活很有帮助，在紧张的科研工作之余，让我们的大脑得到了充分的放松，也使我们疲惫的心灵得以释放。郊游回来的时候，我们总是采回大束的野花，屋子里的香气能持续很长时间。有时候，我们游兴过浓，以致忘了时间，直到深夜方归。

　　我们还会定期去看望皮埃尔的父母，两位老人还为我们准备了一个专用的房间。

　　周末的时候，我们只是在巴黎近郊游玩。放长假时，我们便可骑上自行车到更远的地方去旅行。我们的足迹遍布奥弗涅和萨凡纳山区，海边的许多地方也留下了我们的脚印。我们俩都喜欢这种长距离远游，白天我们漫无目的地走，晚上则随便找一个地方歇脚。如果在同一个地方待得过久，皮埃尔就会感到无聊，就会惦记着回到实验室去工作。有一年假期，我们一起去了喀尔巴阡山区看望我的家人，这次波兰之行，让皮埃尔学会了几句波兰话。

　　然而，我们生活的重心还是在科学研究上。皮埃尔对待教学工作非常认真，总是仔细备课，我有时也会帮他收集一些资料，这种帮助反过来也增长了我的知识，让我受益匪浅。尽管如此，我们的大部分时间还是花费在实验室的研究工作上。

　　那时候，皮埃尔还没有自己的专属实验室。虽然学校的实验室可以使用，但仍然无法满足他的研究需要。为此，他将学校的一个闲置角落开辟成了自己的实验场地。这里虽然狭小，却可以随时使用，不受任何约束。从这件事中，我悟出了一个道理：一个人如果下定决心要做成一件事，在条件不甚满意的情况下，完全可以设法改善条件，并且心情愉快地投入到工作中去。那段时间，皮埃尔正忙于晶体研究，我则在研究钢的磁性。1897年，在我的这一研究结束当年，我就发表了研究报告。

　　同样是在这一年，我们的大女儿伊雷娜出生了，我们的生活也随之发生了很大的变化。几个星期之后，皮埃尔的母亲因病去世。我们在巴黎郊区租了一个带花园的房子，把皮埃尔的父亲接过来和我们一起住。在皮埃尔去世前，我们同他的父亲一直住在那里。

　　女儿的出生打乱了我正常的生活和工作。如何照顾好女儿又不放弃科学研究，俨然成为一个摆在我们面前的严重问题。放弃科学研究，对我而言是非常痛苦的，皮埃尔也认为我绝不能放弃工作，而且他从来就没有这样想过。他经常说，上帝特意为他量身打造了一个我这样的好妻子，就是为了让我与他分享一切。我们俩谁都没有想过要放弃我们如此珍爱的科学研究工作。

　　如此一来，我们就不得不请一个女佣了。女佣负责家中的生活琐事，我仍自己照顾女儿。当我在实验室工作的时候，伊雷娜就由她的祖父照看。

　　我和皮埃尔的工作都非常忙，没有太多的时间陪伴伊雷娜。多亏了她的祖父，她的童年生活才不那么孤单。祖父非常疼爱自己的孙女，常说小孙女为他的晚年生活增添了无尽的欢乐。家人们的关爱和帮助，使得我可以安心地投入到我的研究工作中，同时，又可以兼顾女儿，履行做妈妈的责任。只有遇到特殊情况，譬如女儿生病需要我彻夜照料时，原本的生活规律才会被打乱。

　　我和皮埃尔都以事业为重，为了不受到过多的干扰，我们与朋友之间的交往很少。偶尔有人来拜访，我们就在花园或是客厅交谈一会儿，同时我也不忘利用这段时间为女儿做一些缝缝补补的活计。我们常来往的只有皮埃尔的哥哥雅克一家。至于我的亲戚，来往的并不多。因为我的父亲、哥哥和姐姐都远在华沙，就连布罗妮雅也搬离了巴黎，回波兰创业去了。

　　这样简单安宁的生活正符合我和皮埃尔的心意，也使得我们能够完成一生中最伟大的事业。我们的科研事业始于1897年，其间从未中断过。

　　生下伊雷娜后，我开始准备我的博士论文。我一直想找一个合适的题目作为博士论文的研究方向，皮埃尔在这方面给了我很多建议。

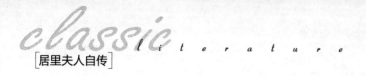
　　当时，亨利·柏克勒尔正在做稀有金属铀盐的实验，这个实验很有趣，引起了我的关注。当柏克勒尔用不透光的黑纸包裹着铀盐放到照相底片上的时候，底片会感光，仿佛受到日光照射一般。柏克勒尔因此得出结论：铀盐能够放射出一种射线，这种射线又与日光有所不同，因为前者能够穿透不透光的黑纸。此外，柏克勒尔还通过实验证明了这种射线能够使验电器放电。起初，柏克勒尔认为铀盐射线之所以能产生，是因为铀盐被暴露在了日光下，但后来他发现，铀盐在黑暗中存放几个月之后，仍然可以释放出这种射线。

　　皮埃尔和我都对柏克勒尔的研究非常感兴趣，于是决定把研究这种射线的性质作为博士论文的方向。若想研究这种射线，首先要对它做精确的定量测量。于是，我决定利用验电器放电这一特性进行测量，不过，我没有像柏克勒尔那样使用普通的验电器，而是使用了一种更加精密的仪器。我当初用来测量的仪器，如今陈列在美国费城医学院内。

　　我开始着手实验了。没多久，我便获得了有趣的结果：这种射线的放射性实际上是铀元素的原子特性之一，跟铀盐本身的物理和化学特性毫无关系。任何铀盐，所含铀元素越多就越活跃，释放出的射线也就越强。

　　于是，我想进一步弄清楚，其他元素是否具有和铀元素一样的放射特性。不久，我就通过实验证明，钍元素和铀元素一样具有放射性。我本来想对铀和钍的放射性做进一步研究，却因为一个偶然的机会改变了研究方向。

　　当时，我用一些矿石来检验其中所含元素的放射性。如果这些矿石能够产生相同射线的话，那便可以确定，它们含有铀或钍元素。如果矿石的放射强度和其中所含的铀或钍的成分成正比，那就没什么值得大惊小怪的了。但事实却并非如此，我得到了一个令我非常吃惊的结果——有的矿石的放射性强度是铀的三四倍。我对这一新发现进行了仔细核查，最后确定，这是一个不容置疑的事实。

　　经认真分析，我得出了一个结论——这种矿石含有一种未知的元素，其放射性远远超过铀或钍。皮埃尔对我的发现感到非常吃惊，他意识到这个研究的重要性和艰苦性，于是停止了他手头的其他工作，和我一起开始了新的研究。我希望能够尽快找出这一未知的元素，我深信，只要我们共同努力，很快就会有结果的。当时，我们都未曾料到，我们会由此走向一条通往新科学的道路，并一生都在这条新的科学之路上奋斗。

在这之前，研究人员对这种矿石的成分有明确的认知，却没有发现这种新元素，这只能说明一个问题：这种新元素在矿石中的含量很少，少到让之前的研究者完全忽视了。

因此，一开始我并没有指望这种矿石含有较多数量的新元素。我最初估计它的含量不超过百万分之一。随着科研工作的逐步展开，我发现自己高估了这个数目——其真实含量要远远小于百万分之一。这从另一个方面说明，这种新元素的放射性非常强。假如一开始我们就知道这种元素的含量如此低的话，真不知道自己是否还有信心和勇气坚持下去，因为我们当时不仅缺少先进的设备，经费也严重不足。现在回想起来，幸亏当时不知道难度会如此之大，所以当时的我们干劲很足，即使面对简陋的设备和短缺的资金也没有丝毫迟疑。在后来的研究工作中，我们发现了这份工作的艰难之处，但由于当时已经有了一些进展，每每看到不断显现的研究成果，我们就兴奋得顾不上考虑那些困难了。

经过几年的艰苦努力，我们终于把这种新元素分离出来了，它就是今天人人皆知的镭。现在，我把我们探索和发现它的过程，做一个简略的介绍。

开始研究时，除了知道这种未知元素的放射性极强外，对于它的其他化学性质，我们一无所知。于是，我们紧紧抓住这唯一的线索展开研究。首先，我们设法从圣约阿希姆斯塔尔运来沥青铀矿，对它做进一步的分析。除了利用常规的化学分析方法以外，我们还利用皮埃尔发明的精密计电器对其不同部位的放射性进行精确测量。后来，这种分析法得到不断完善，逐渐被更多人采用，而人们也利用它发现了其他几种放射性元素。这种方法，在今天已经成为一种新的化学分析法的基础了。

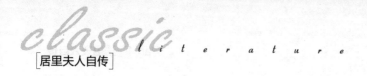

几个星期后，我们确信我们之前的设想是正确的，因为我们测得的未知新元素的放射性在有规律地增强。又过了几个月，我们从沥青铀矿中分离出一种和铋混合在一起的元素，其放射性远超铀。1898年7月，我和皮埃尔共同宣布了这种新元素的存在。为了纪念我的祖国波兰，我将这种新元素命名为"钋"。

与此同时，我们发现从沥青铀矿里分离出来的钡盐中含有另一种未知元素。经过几个月的工作，我们发现了第二种新元素，它比钋更重要。1898年12月，我们宣布这一发现，并把这第二种新元素命名为"镭"。

我们只是利用放射性的特性从铋盐和钡盐中发现了这两种微乎其微的新元素。为了向世人证明它们真实存在，我们还有一项艰巨的任务，就是把它们以纯元素的形式分离出来。我们立即投入到了这一工作中去。

可是，这项工作并不容易，因为我们的设备太差，而且还需要大量的原矿来进行化学分析。我们既没钱来购买所需的原矿，也没有实验室来进行分析实验，更没有助手来帮忙。一切都要靠我们自己去想办法。如果按我姐夫曾认为的，我在巴黎早期的学习时期是我一生中英勇顽强的时期的话，那么，我可以毫不夸张地说，我和皮埃尔一起从事这项研究的时期则是我们俩共同生活中最伟大、最英勇的时期。

我们通过之前的实验知道，在圣约阿希姆斯塔尔炼铀厂冶炼后的沥青铀矿废渣里，一定含有镭元素，我们只要设法得到这些废渣就可以了。该厂属奥地利政府管辖，我们设法无偿得到了这些废渣。废渣虽然并不值钱，但若想把它们运到巴黎却是件很麻烦的事。后来，通过一个朋友的帮助，我们成功地解决了这个棘手的问题。

几个星期后，这些混着松针的废渣被送到了我们实验室的门前。当我看到它们从货车上被搬下来的时候，真是开心得不得了。后来，我们得知，这些废渣的放射性比原矿还要强，感到十分惊诧。这些废渣原是堆放在工厂外面的松树林里的，没有经过任何处理，这对我们来说，真是太难得了。此后，奥地利政府应维也纳科学院的要求，又同意我们以极低的价格购买了好几吨这种废渣。我们在实验室中分离出来的镭，全部来自这些废渣。后来，我们收到的那位美国女友人赠送的镭是使用其他矿石提炼出来的。

我们的研究工作面临的另一个问题就是场地——我们没有合适的实验室。但幸运的是，理化学校把一间废弃的棚屋拨给我们使用。

这个棚屋之前是学校的解剖室。棚屋顶上有一个硕大的玻璃天窗，天窗的玻璃有很多裂痕。下雨的时候，雨水会透过裂痕漏到屋子里。棚屋内夏天潮湿闷热，冬天阴冷不堪。虽然可以生炉子取暖，但也只是火炉周围有那么一点热气而已。此外，棚屋里面除了一张破旧的桌子和几个炉台、汽灯，什么都没有，我们必须自己花钱添购一切实验所需的设备。在进行化学实验的过程中，常常会有毒气产生，刺鼻呛人，我们不得不把这类实验移到院子里去做。即便这样，毒气也常常会扩散到我们的棚屋里。我们就是在如此恶劣的环境下，夜以继日地工作着。

尽管如此，我们仍然心存感激。虽然棚屋破旧，好歹还能遮挡大部分的风雨尘埃。如果连这样的棚屋都没有，我们就只能到大街上去进行我们的实验了。

我们的实验终于可以正式开始了。在那个设备简陋的棚屋里，我和皮埃尔度过了我们一生中最快乐的时光。有的时候，正在进行的实验不能中断，我们就把午餐端到实验室来吃。我们没有助手，一切的工作都是我们两个亲力亲为。有时候，我要用一根与我体重不相上下的铁棍不停地搅动沸腾的沥青铀矿。一天下来，我累得骨头像散了架一般，连话都懒得说了。还有的时候，我要研究精密的结晶，进行分离工作时，必须待在灰尘四起的室内。灰尘会影响浓缩镭的程序，使我无法保存好分离出来的宝贝，让我苦恼不已。唯一让我觉得满意的是，没有人前来打扰我们的工作，我们可以安静、踏实地做我们的实验。

尽管工作劳累，我们却充满希望。在那段时间里，除了短暂的假期外，

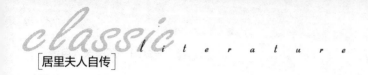
我们的实验一直没有中断过。当实验进行得很顺利，眼看即将获得令人满意的结果的时候，我们会激动不已。当然，有的时候，干了几天的工作没有一点成效，这也会让我们十分沮丧。但是，沮丧往往不会持续太久。我们没有太多的时间沉浸在自己的情绪中，新的工作总是接踵而至。工作间歇，我们俩便一边在棚屋中来回踱步，一边思考并讨论着我们正在进行的实验，那种喜悦的心情也是无法用语言来形容的。

我们还有一个乐趣，那就是夜晚跑到我们的工作室——棚屋里去。我们可以在玻璃瓶或玻璃管中欣赏我们提炼分离出来的宝贝，它们向四周散发出微弱的光芒，真是美丽动人。玻璃管中那隐约闪烁着的奇光异彩，好似神话中的神灯投射出的光芒，梦幻而柔美。

一转眼几个月过去了，我们的研究越来越明确地向我们显示，我们正一点一点地接近成功。在这期间，我们的研究工作日益受到人们的关注。我们不仅可以购得更多的废渣，而且，还可以在工厂里进行初步的提炼，这就大大地方便了我们，使我们有更多的时间从事精密的分离工作。

工作进行到一定阶段的时候，我和皮埃尔开始分工。我负责提炼纯净的镭，皮埃尔负责研究射线的物理性质。直到我们处理完1吨沥青铀矿渣之后，才得出确切的结论：即使在含镭最丰富的矿石中，1吨原矿石中所含的镭尚不足几分克。

最后，我们分离出来的物质终于显示出了这种元素应具有的性质。该元素具有独特的、不同于其他元素的光谱，我们还测定出它的原子量的值远大于钡。我们是1902年获得这些结论的，那时，我们提炼出了1分克纯净的氯化镭。镭终于可以作为一种独立元素存在了。

我们从1898年开始这份工作，直到1902年取得最后的成果，足足花费了四年时间。说实在的，如果我们拥有充足的资金和先进的设备，这份工作也许只需要一年的时间。我们呕心沥血所获得的成果，奠定了放射性研究这门新的学科的基础。

几年后，我又提炼出几分克绝对纯净的镭盐，并更加精确地测定出了它的原子量。再后来，我还提炼出了纯金属镭元素本身。不过，1902年依然是确定镭的存在和特性的一年。

在进行研究的这几年中，我们的生活有了很大的变化，与此同时，我们的社会地位也悄悄发生了变化。1900年，日内瓦大学想邀请皮埃尔去做大学教授，但是当时我们的研究工作正在进行，没有办法到国外去。正巧巴黎大学聘皮埃尔做副教授，我又被塞福尔的女子高等师范学校聘为教授，我们最终决定留在巴黎。

我在塞福尔的工作做得非常开心，我想方设法地让学生们到实验室去进行实际实验，以提高她们的动手能力。塞福尔学校的学生都是20岁左右的女生，她们经过严格的考试才获得了在这里学习的机会，所以都很珍惜。学生勤奋好学，我也乐于把自己掌握的知识教给她们。

但是，自从我们的发现被公之于众后，我们的知名度日益提高，由此也给我们带来了一些困扰。我们实验室原有的宁静被扰乱了，经常有人来访，这严重影响了我们的研究工作。

1903年，我终于完成了因做实验而搁置已久的博士论文，获得了博士学位。这一年年末，我和皮埃尔以及亨利·柏克勒尔因为发现放射性和放射性元素共同获得诺贝尔物理学奖。获奖之后，我们被各大报纸和杂志大肆宣扬，致使我们有好长一段时间都无法安心工作。每天都有一些人登门造访，有的请我们去做演讲，有的则向我们约稿。我已经说过，我们必须不受外界的任何干扰，才能继续正常的家庭生活和科学研究工作。虽然我知道很多人都是怀着善意来看我们的，但是我所喜爱的平静、有规律的生活就此被破坏了。

能够获得诺贝尔奖是一件很荣耀的事情，而且可以获得高额的奖金。这笔奖金对我们今后的研究工作很重要。美中不足的是，当时我们俩已经疲惫不堪，经常会感到体力不支。因为学校工作繁忙，再加上我和皮埃尔的身体都不好，斯德哥尔摩的颁奖典礼我们没有参加。按照诺贝尔奖的惯例，获奖者要在颁奖典礼后的6个月内在当地举行演讲活动，我们也没能遵守这个规则。直到1905年，我们的演说才由皮埃尔完成。

在此之前的1902年，我的父亲因病去世。因为婚姻的关系我最终选择留在法国，没能实现和父亲一起共度晚年的诺言，这一直让我感到愧疚。

值得安慰的是，在1899年的时候，我们全家曾有一次隆重的聚会。那一年，我和皮埃尔到奥属波兰远游。我们最后的落脚点是布罗妮雅和德卢斯基开设的疗养院。

不光我们夫妇二人去了，父亲和哥哥姐姐也从华沙赶去和我们会合。那时，我们兄妹四家陪伴在父亲的身边。

彼时的约瑟夫是华沙有名的医生，妻贤女孝；布罗妮雅和德卢斯基的疗养院进展顺利；海拉在一所学校任教，成绩卓越，她的丈夫扎拉伊在一家照相企业担任领导职务；我和皮埃尔的工作和生活更是让父亲觉得安慰。

父亲的晚年是和我的哥哥约瑟夫住在一起的。他对我在法国取得的成就一直深感慰藉。他的离世让我十分悲痛。如果他晚去世两年，知道他的女儿获得了诺贝尔奖，该会怎样的欣喜？

1904年末，我们的二女儿艾芙出生，我只好暂时停止实验研究。这一年，由于荣获了诺贝尔奖，再加上社会上的一片赞扬之声，巴黎大学聘任皮埃尔为教授，并分配给他一个位于居维埃路的实验室，我被委任为实验室的主任。我们终于可以搬出棚屋了。

就在一切都步入正轨的时候，一场飞来横祸降临到我们的头上。皮埃尔被一场车祸夺走了生命，我失去了人生中最亲密的伴侣。看着两个年幼的女儿和年迈的公公，我悲伤得难以用语言形容。这个沉重的打击让我的精神濒临崩溃，完全丧失了对未来生活的勇气。

皮埃尔生前有一段日子身体一直很差。他被病痛折磨得很苦，曾悲观地预感到了死亡。那时他曾对我说，即使我们中的一个人死了，另一个人也要继续坚持下去。

在皮埃尔去世后，想到他说的这句话，我慢慢地鼓起了生活的勇气。

皮埃尔不幸去世的时候，正值他的名字和成就为公众所了解和熟知之际，所以在社会上，尤其是在科学界，大家都扼腕叹息，无不认为这是国家的一个巨大损失。因此，巴黎大学决定让我接替皮埃尔担任的教学职务以及领导他曾经的实验室。这在当时是一个破天荒的壮举。因为在此之前，从没有一个女性担任过这一职务。巴黎大学做出的这一决定的确让我深受鼓舞，使得我打起精神，又重新投入到原来的研究工作中去。我从没有期望获得这种荣誉，因为我除了愿意无偿地为科学事业献身以外，没有任何野心和奢求。在这种家庭突遭变故的情形之下，让我担任这一职务，又不禁使我悲从中来，我甚至担心自己是否有能力担此重任。几经犹豫，我觉得我至少应该试一试。于是，自1906年起，我以副教授的身份在巴黎大学教授课程，两年后转成正教授。

我的生活也因为皮埃尔的离开发生了剧变。以前生活的重担都是皮埃尔和我共同承担的，现在就剩下我一个人了。我必须独自抚养两个女儿。

皮埃尔的父亲给了我很大的帮助。面对丧子之痛，他表现出的坚忍让我汗颜。在皮埃尔去世后，他的父亲一直和我们住在一起，帮我照看两个女儿。孩子也成了他晚年生活的慰藉，多少安慰了他失去皮埃尔的伤痛。我的两个女儿在爷爷的陪伴下也享受到了失去的家庭欢乐。虽然我们内心还是十分悲痛，但绝不在孩子们面前流露出来。毕竟她们年龄尚小，我们不想让她们过早地品尝人世间的悲凉和苦楚。

皮埃尔的父亲喜欢乡间生活，为了更好地照顾老人和孩子，我搬离原来的家，在索镇租了一所带花园的房子，离巴黎城只有半小时的路程。皮埃尔就葬在索镇。

索镇的生活很平静。皮埃尔的父亲可以在此安度晚年，两个女儿也能享受到在乡间生活的快乐。由于我白天要去上班，经常不在家，我们不得不雇一个保姆，以便在我工作繁忙的时候照顾老人和孩子。最初我们请的是我的一个表亲，后来又换了一个忠厚的女子，后者曾带大过我姐姐的一个女儿。两位保姆

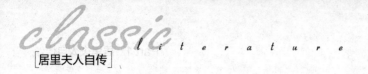

都是波兰人，所以我的两个女儿都会讲波兰语。我的哥哥姐姐也经常来巴黎看望我，用他们的爱安慰我。

1910年，我敬爱的公公因病去世，我伤心了很长一段时间。在他患病期间，我尽可能陪伴在他的身旁，听他讲述往事。

爷爷去世的时候，大女儿伊雷娜已经12岁了。她和爷爷的感情非常好，所以她的悲伤可想而知。她始终无法忘怀和爷爷在一起的幸福时光，无法忘怀慈祥的爷爷对她的关爱。

索镇实在没有什么好的学校。当时小女儿还年幼，相比教学质量，我更看重的是有利于身心健康的生活环境，譬如户外游戏、散步、入门教育等。我的小女儿活泼、聪慧，尤其喜爱音乐。她的姐姐伊雷娜已经到了上中学的年纪。伊雷娜和皮埃尔性格很像，沉默寡言，甚至在某些事物上反应迟钝，但有着超强的理解能力和推理能力，看来，她有可能像皮埃尔和我一样，热衷于科学事业。但我对现行的教育体制颇有微词，并不想让她进中学读书。我总感觉中学开设的课程太多，上课的时间太长，不利于孩子们的身体和智力发展。

在孩子的教育方面，我的观点是尊重其心理发育和身体成长的需求，留出一些时间来培养他们的艺术素养。可是，在大多数学校里，学生们的时间都被读写和做习题占用了，家庭作业也不少，压得他们喘不过气来。而且，这些学校设置的大部分理科课程，普遍与实践脱节。

我大学里的同事也和我持有相同的观点。我们一拍即合，决定开创一种新的教育模式：孩子们不再进入公共学校学习，而是由我们自己负责教育他们。我们一人负责一个科目，自己准备教学大纲。虽然大家工作都很忙，而且孩子们的年龄又各不相同，但我们都对这项教育改革的实验颇感兴趣。在少而精的课时里，我们把理科和文科的课程有机地结合起来，效果颇佳，孩子们也非常感兴趣。

这种教育模式持续了两年的时间。两年里，孩子们都有了很大的进步，伊雷娜更是其中的佼佼者。两年后，因为我们的工作愈加繁重，再加上有一部分孩子要参加公共学校的考试，以求获得被承认的文凭，我们的教育小组正式解散。

伊雷娜插班到巴黎一所中学的高级班，顺利通过了考试。她在很小的年纪便进入巴黎大学的理科专业学习。二女儿艾芙因为年龄的关系，没有接受过这种新模式的教育，但后来也进了一所学院。她开始只是选修部分课程，后来才转为正式学生，攻读全部课程。她的学习成绩良好，令我很感欣慰。

除了知识教育，我对伊雷娜和艾芙的体育教育也很关注，例行的散步是必不可少的，此外，我还十分重视她们的体操训练和各种户外运动。在法国，人们常常忽视了女孩子这方面的教育。我要求两个女儿每天都要做柔软的体操练习，假期的时候，还常常带她们去山里或是海边度假。所以，她们两个都会游泳、划船，至于远足和骑自行车远游，对她们来说更不是什么难事。我希望她们能有强健的体魄，这对她们未来的工作和生活很重要。

当然，照顾孩子只是我人生职责的一部分，我的大部分时间仍然用于科学研究。有些朋友，尤其是一些女性朋友，常常会问我是如何把家庭生活和科学事业协调好的。确实，这并不是一件容易的事，它需要坚强的意志力和自我牺牲的精神。我与两个已经长大成年的女儿一直关系甚好，相处得十分融洽。因为我懂得，家庭生活中最重要的是相互理解，彼此尊重，这样才能使我们的生活变得更加美好，才能使我们精力充沛地投身于工作中。我和女儿之间从来不说一句伤人的话，从来不做一件自私的事。

1906年，当我接替皮埃尔在巴黎大学任教时，我只有一间勉强可以工作的临时实验室，它不仅狭小，而且设备很不齐全。皮埃尔在世时，曾有一些科学家和学生与他一起工作，我接任后，有幸得到了他们的鼎力相助，才得以将研究工作继续下去，并且获得了令人满意的成果。

1907年，我获得了安德鲁·卡耐基先生的慷慨资助。他为我的实验室捐助了一笔奖金，作为研究之用，这使一些杰出的科学家和学生得以全身心地投入研究工作。这种资助的确很有意义，可以鼓励那些有志于科学研究并具备研究能力的学者完成自己的心愿，不必因资金问题而中断研究。为了科学事业的发展，社会上的有识之士真应该多多设置此类奖金。

当时，我的奋斗目标是竭尽全力提炼出几分克极其纯净的氯化镭来。1907年，我测出了镭元素的原子量。1910年，我终于提炼出了纯净的金属镭。此项提炼和测定过程需要极其精准的专业技术，而我能获得成功，离不开一位著名化学家的大力帮助。实验成功之后，我未再去重复这一实验，因为在实验过程中很有可能损失镭元素，只有极其细心、极其谨慎地进行操作，才有可能将镭元素完整地提取出来。这次成功使我终于看到了这神秘、美妙的白色金属镭，但我不能只顾自己欣赏，因为很多实验室等着用它。

但钋元素的提炼工作进展一直不顺利，因为它在矿石中的含量比镭还要少。不过用含钋丰富的矿物质做实验，一样可以取得很好的效果，这多少弥补了钋元素提炼失败的遗憾。

在这一过程中，我还专门花费了一番心思把实验室里的各种测量方法进行了改进。我曾经说过，镭之所以能被我们发现，精密的测量起了至关重要的作用。因此，我想进一步完善和提高测量的精密度，这样才有可能获得更多新的发现。

不久后，我想出了一个非常有效的方法——用镭产生的射气来测定镭的数量。我们立即采用了这一方法，没想到竟测出了1毫克的千分之一左右的极微量的镭，而且测量结果相当准确。对于镭含量相对多一些的物质，我们就选择镭射线中具有更强穿透力的 γ 射线加以测量。我的实验室中就有这种设备，利用这种射线来测量镭的数量，比用传统天平测量更快速、精确。不过，要普及这种新的测量方法，必须先要制定一个缜密、严谨的新标准。

对镭的测量方法必须建立在科学、可靠的基础上，这样才能作为实验和科学研究的标准加以推广和应用。当然，还有一个更加重要和紧迫的原因：镭在现代医学中的应用日益增多，所以如何控制其使用量以及镭射线的纯净程度都是必须解决的问题。

　　法国科研界就镭对生物所造成的种种影响，曾经做过初步的研究，实验效果不错。其实验室所用的镭，就是由我的实验室提供的。那时，皮埃尔还在世，实验结果令大家欢呼雀跃、备受鼓舞，因此，一个崭新的医疗分支——镭疗法（在法国被称为"居里疗法"）首先在法国诞生了，随后其他国家也普遍地使用起来。因为镭的作用非常惊人，制镭业迅速发展。第一家制镭厂率先在法国建立，随后其他国家也纷纷效仿。目前最大的一家制镭厂建在美国，因为美国有得天独厚的地理条件，那里蕴藏着含镭丰富的钒钾铀矿，这种铀矿提炼镭相对容易一些。随着制镭工业的蓬勃发展，镭治疗技术也得到了长足的发展。这种治疗技术对某些疾病具有特殊的疗效，尤其是在癌症治疗方面。因此，在许多大城市中，出现了一些采用这种方法治病的专科医院，甚至有一些医院存有数克的镭。镭在原矿中的含量微乎其微，又有巨大的应用价值，造价十分昂贵。在当时，1克镭达到了7万美元。

　　当初我们发现镭的时候，只看到了它在科学上的价值，无法预料到它在医疗方面的神奇作用。当看到它可以治疗可怕的疾病，造福人类时，我内心的欣慰、激动无以言表，相信读者也可以理解我当时的心情。这是皮埃尔和我多年坚持不懈、辛苦钻研所获得的丰厚奖赏，是无可比拟的回报。

　　镭治疗技术取得成功的前提是，必须保证用量准确无误。因此，镭的度量是至关重要的，无论是在科研上，还是在工业、医疗方面，都是如此。

　　鉴于此，各国的科学家成立了一个委员会，由全体成员共同制定了一个国际标准，共同遵循。制定这一标准的方法是，先用极其精确的方法测定若干极纯净的镭盐，以此作为基本标准；然后，再把若干纯净的镭盐的放射性与基本标准进行比对，作为副标准，以备各国参考和使用。委员会将制定基本标准的任务交给了我。

　　这种测定工作需要特别细心，容不得半点马虎。由于镭盐的重量极轻，大约只有27毫克，称量时必须精确又精确。1911年，我成功地制定出了这个基本标准。这个基本标准样品装在一个长数厘米的玻璃管中，经委员会批准之后，

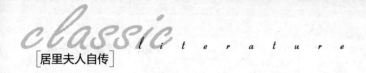

存放于巴黎附近的塞福尔国际度量衡标准局。委员会还参照该基本标准制备了几个副标准，并已投入使用。在法国，任何存有镭的玻璃管，其标准的鉴定都由我的实验室负责完成，鉴定的方法就是测量它们的辐射强度。在美国，这项工作由标准局来完成。

1910年，我被授予法国荣誉骑士勋章。此前，皮埃尔也曾被提名过这一荣誉，但他斩钉截铁地拒绝了。他对任何荣誉都不屑一顾，我也一样。因此，尽管内政部多次劝说，希望我能接受这一荣誉，但我还是果断地拒绝了。

也就是在这个时候，我的一些朋友劝我申请巴黎科学院院士。皮埃尔在去世前几个月曾被选为院士，但我对是否也申请成为院士，犹豫不决。因为，按照科学院的章程，如果我要申请院士，就必须去挨个拜访在巴黎的所有院士，这让我非常为难；但是，如果申请院士成功，我的实验室就可以获得资助，这是我最关心的事情。这个理由打动了我，我便硬着头皮按程序去拜访巴黎的所有院士，开始了竞选之路。

在此之前，科学院从来没有过女院士，因此，我的这一举动引起了社会公众的热切关注。大家就科学院是否应该接纳女院士展开了激烈的辩论，有一些老院士坚决反对接纳女性。最后，通过投票，我以几票之差落选了。从此以后，我再也不愿做此类申请了。因为这类申请需要挨个求人帮忙，这是我最为头疼的事情。我认为，这种选举应该以申请人的才能和过往取得的业绩作为衡量标准，而不是由申请人私下奔走，寻求帮助。譬如，有一些协会和学会，我从没有主动提出过任何申请，便已经被选为会员了。

1911年，种种费心劳神的事情接踵而至，耗费了我大量精力，令我心力交瘁，终于病倒了，而且病情不容乐观。就在这个时候，诺贝尔奖再次光顾了我，而且是授予我一个人的。这次我获得的是诺贝尔化学奖，是对我发现、提炼、分离镭的褒奖，这对我来说，是极大的殊荣。

当时我虽然正在病中，但还是坚持去斯德哥尔摩参加颁奖典礼。陪在我身边的是我的姐姐布罗妮雅和我的大女儿伊雷娜。诺贝尔奖的颁奖典礼令我印象深刻，隆重程度堪比接待国家元首，充分体现出人们对科学家、文学家等的尊重。我在斯德哥尔摩受到了热烈的欢迎，这让我受宠若惊。

因为我当时重病未愈，加上来去的舟车劳顿，等我回到巴黎后便一病不起，一连卧床数月。考虑到我的病情，再加上为方便两个女儿接受教育，我和女儿们从索镇搬到了巴黎市内居住。

1905年革命后，俄国的统治地位开始动摇，华沙也取得了前所未有的发展。1912年，我有幸同几个人合作，在华沙创建了一个镭实验室。这个实验室归华沙科学院管理，我被聘任为主任，参与指导工作。当时我身体欠佳，实在无法再承受鞍马劳顿之苦，因此我没有离开法国回到波兰，但我非常乐意尽自己所能远程指导这个实验室的研究工作。

等到我的病情稍微好转之后，我迫不及待地努力要在巴黎筹建一所更合适一点儿的实验室，于是按捺不住，开始四方奔走。功夫不负有心人，连续数日奔波之后，我的努力终于见到了成效，我理想中的实验室于1912年开始动工兴建。巴斯德研究院表示了与新创建的实验室合作的意愿，后经巴黎大学同意，联合成立了一个镭研究院。研究院包括两部分：一个是物理实验室，专门研究放射性元素的特性；一个是生物实验室，专门研究放射性在生物医学上的应用。但是因为经费问题，施工进展缓慢，直到1914年第一次世界大战爆发时，实验室还没有完全竣工。

1913年，我的身体略见好转，于是启程返回波兰参加华沙镭实验室的揭幕仪式。祖国人民对我表示出了热烈的欢迎，令我激动不已。

Chapter
第 三 章

— 战时人生 —

　　1914年的暑假，和往常一样，伊雷娜和艾芙在她们的家庭教师的带领下先于我离开巴黎，去布列塔尼海滨度假。我对这位家庭教师十分信赖，由她来照顾两个女儿很是放心。那里还有不少我的好朋友和他们的家属，我则因为工作太忙，很少能有时间陪她们度过整个假期。

　　我原本打算忙完巴黎的工作后赶去和她们会合，但是坏消息不断传来，说很快就会有紧急的军事行动，所以，我一直没有动身前往布列塔尼。

　　7月底，巴黎进入紧张的战备状态，这样的时刻，我离开巴黎显然是不合适的，我需要留下来静观事态的发展。没过多久，总动员令颁布了。随即，8月1日，德国便对法国宣战了，我实验室里的工作人员全部应征入伍，只剩下了我和一个患有心脏病的机械师。

　　接下来的历史性事件大家都知道。但是，1914年的八九月份，只有留在巴黎的人才能真正地体会到首都人民的心情，以及他们所表现出的那种临危不惧的英雄气概。这时的巴黎正笼罩在一种沉重的气氛之中。军事动员令下达之后，每个人都前赴后继地奔赴战场，去保卫自己的伟大祖国。我和许多在后方的人一样，每天焦急地等待着从前线传来的消息。

　　开始几天，传回来的消息反复不定，让人摸不着头脑，后来传回来的消息就让人感到事态的发展越来越严重、形势越来越严峻了。首先，小国比利时没有能够阻挡住德国军队，虽然军民浴血奋战，比利时还是被德国占领了。随后，德国长驱直入，直逼巴黎。不久，便有传言说法国政府即将迁都波尔多。这让很多人深感不安，许多市民怕德军最终会侵占巴黎，纷纷逃往较为安全的波尔多避难。有钱人家也连夜乘火车逃出巴黎，去往外省乡下避难。火车严重超载，拥挤不堪，难上难下。不管怎么说，尽管这一年多灾多难，但巴黎市民所表现出来的冷静、果敢的精神还是给我留下了难以磨灭的印象。8月底至9月初的这几天，天气突然变得风和日丽起来。在仍旧留在巴黎城中的人们眼中，首都那些极具历史感的古老建筑在湛蓝如洗的天空的映衬下，显得更加巍峨、庄重了。

德军日益迫近巴黎，情况万分紧急，为了以防万一，我决定将实验室储存的那克贵重的镭转移到安全的地方去。根据政府的指令，我要把这些镭护送到波尔多。但是，我并不想留在波尔多，所以决定送达之后立刻返回巴黎。我不愿想象，万一有一天巴黎沦陷，我的实验室会遭受何种毁灭性的打击。

此次波尔多之行，我乘坐的是运送政府工作人员和行李物品的专列。一路上，从车窗向外望去，只见沿途公路上逃难的人拥塞不堪。有步行的，有乘车的，全都盼着尽快逃离巴黎，到外地去避难。我看到逃难的民众流离失所，心里非常难过。

我到达波尔多时，天色已经不早了。我随身携带的箱子里装着我的镭，箱子是用铅皮密封的，沉得要命，我根本没办法提动，只好在车站前等候事先约定接我的人。可他一直没来。最后，一个和我同车到达波尔多的政府工作人员帮了我一个大忙。他帮我找了一个私人的住宅，请他们腾出一个房间让我住了一夜，因为当时旅馆早已爆满，根本订不到房间了。

第二天，我把镭安置在波尔多后乘车返回巴黎。在波尔多短暂停留期间，我曾有机会同一些波尔多人聊天，一些人急切地向我打听巴黎的情况。当他们得知我在这样危险的时刻还要返回巴黎时，都露出了惊讶又感佩的表情，这让我觉得十分有趣。

在返回巴黎的路上，列车走走停停，有时中途受阻，一停就是几个小时。

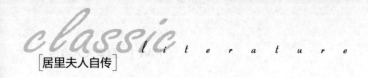

车上的军人都随身带着干粮，而同我一样的许多普通乘客却毫无准备，看到我们饿得不行了，他们便分给我们一些面包吃，让我们充饥。等终于回到巴黎时，我得到一个消息：德军改变了进攻路线，马恩河战役已经打响了。

在这次大战期间，我和巴黎市民一样，时而为胜利在望而欢欣鼓舞，时而又因为觉得失败在即而忧心忡忡。最让我担心的是，如果德国人攻陷巴黎，我与自己的女儿就将长久分离。尽管忧心如焚，我仍然决定忠于职守，绝不离开巴黎。

当马恩河战役以法军的胜利而告终时，巴黎沦陷的危险也就不复存在了。于是，我通知女儿们从布列塔尼返回巴黎，继续上学。虽然巴黎的警报暂时解除了，但许多巴黎市民认为，在目前的形势下，远离巴黎，住在外省，会相对安全一些，所以，并不急于返回巴黎。但我的两个女儿却毅然决然地决定，立刻启程，回到我的身边。因为她们既不愿意与我分隔两地，长久分离，也不愿意中断学业，这让我感到安慰。

战争期间，大家都积极行动起来，尽可能地去为国家排忧解难。政府对大学教职员没有做任何硬性规定，但大家都想方设法地为国家贡献自己的力量，我也决定利用自己所学的知识，为国家尽一点绵薄之力。

1914年，战场的情况发生了急剧变化，从中也暴露出了对这场战争法国并没有做好充分的准备。特别是在救护伤员方面，非常缺乏有效的组织和管理，因此引起了舆论的极大不满。我对这一情况十分关注，很快便意识到自己很适合去做救治伤员的工作，于是迅速加入到这项工作中。从这时起直到战争结束，我的大部分时间和精力都投入到了这项工作中。具体地说，我的工作是为军队的医院组织X射线检查和组建医疗队。此外，在艰苦的战争期间，我的研究工作也不得不做出一些改变，我将自己的实验室迁到了镭研究院的新楼里，并尽可能多地继续给学生们讲课。与此同时，我还经常研究有关军事方面的各种问题。

众所周知，X射线在医学上的作用显著。尤其是在战场上，通过X射线治疗设备的检查，可以很快确定弹片在人体中的确切部位，便于医生进行接下来的外科手术。而且通过X射线可以观察到人体骨骼和器官的状况，医生可以随时掌握伤员的恢复情况。战争期间，这种设备挽救了无数伤员的生命，减轻了很多人的痛苦并使他们免于落下残疾，而且还缩短了伤员的康复时间。

　　战争开始的时候，军队中的医院没有X射线的治疗设备，也没有相关的技术人员；即便是在地方医院，除了几所大医院外，这种设备也很少见，而且X射线技师也寥寥无几。战争爆发后，法国各地纷纷组建医院，但都没有这种设备。为了解决这个难题，我立即把各实验室的X射线设备集中起来，并于1914年八九月间建成了几个固定的医疗站，由我培训过的志愿者对这些设备进行操作。在马恩河战役中，这几个医疗站发挥了很大的作用，但是，仅有的医疗站无法满足战时庞大的数量需求。

　　于是，我在红十字会的帮助下，发明了一辆流动X射线透视车：透视车由普通的敞篷车改装而成，把一台设备齐全的X射线设备和一台发电机固定在车厢里，利用汽车的发动机来带动这台发电机的运转，再由这台发电机供给X射线设备所需的电力。这辆流动车可以前往任何地方，巴黎的任何医院，无论大小，只要有需要，流动车就会立即赶到。各家医院经常会收进危急病人和重伤员，而他们的伤情又不允许将他们转到很远的医院，这时候，这种流动医疗车就有了用武之地。

　　正是由于这种流动医疗车在战时发挥的作用巨大，所以它的需求量非常大。这时，我得到了一个名为"全国伤病员救护会"的机构的帮助，他们办事效率极高，我提出的增加X射线医疗车的庞大计划很快便得以落实。

　　在法国和比利时的战区以及法国的其他一些地区，我总共创建和改造了200多个X射线医疗站，装备了20多辆X射线医疗车，以供军队之急需。这些流动车都是各界人士慷慨捐赠的，此外，还有一些友人捐赠了整套的X射线治疗设备。

　　这些社会各界人士捐赠的车辆、设备，在战争初始的前两年，在救治伤员

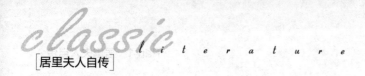
上发挥了重大作用，因为当时军队中的救治部门很少配备X射线治疗设备。后来，卫生部注意到这些捐赠的设备所起的重大作用，便开始大规模地对这种设备进行生产。但因军队的需求量太大，卫生部同民众的这种合作依然是不可缺少的。直到战争结束后的几年，这种合作一直存续。

假如我没有前往各医院和救护站进行考察，我便无从知晓他们的需求是如此之大，如此之迫切，也就很难切切实实地将这项工作完成。在红十字会的帮助下，再加上有卫生部的批示，我得以来到战区和法国各地做一系列考察，我甚至还在北部战区和比利时军队驻防区进行了考察。

我的足迹遍布各地，在一些远离战区的地方，我还经常在各个救护站帮助那里的医疗救护员们做一些救治工作，因为当地人手紧张，工作又极其繁重。对于我在他们极其困难的情况下所提供的帮助，他们都满怀感激之情，他们还给我写过一些热忱的感谢信，这些信件直到今天我依然珍藏着。

每当救护站的医生请求我给予帮助的时候，我便驾驶着我自用的装有X射线设备的流动车前去驰援。在替伤员们检查的同时，我还会顺便了解一下当地急需什么药物和设备，等返回巴黎后，便想方设法为他们解决这些问题。

战区救护站的工作人员大多不会使用X射线设备，为此我还挑选了一些合适的人员对他们进行详细的讲解与培训，让他们能够独立完成工作。经过几天的培训，这些医务人员便掌握了操作规程，而伤员们也在这期间做了必要的检查。刚开始，了解X射线设备功能优势的医生并不多，经过培训之后，他们完全明白了这种设备的妙用，我与他们之间的关系因而变得更加亲切友好。

有几次我驾车去外地救护站时，大女儿伊雷娜也陪着我一同前往。她那时已经17岁了，高中毕业后，正就读于巴黎大学。她也怀着一颗报国之心，除了功课，她把自己的课余时间都用来参与战地服务。早在战争初期，她就通过了护士文凭的考试，还学会了X射线拍照技术，竭尽所能地帮助我。她曾多次独立在战区参加救护工作，从而受到政府的嘉奖。

战争期间所做的救护工作给我和伊雷娜留下了难以磨灭的印象。在开车前往各个救护站的路上，我们会遇到各种各样意想不到的困难。我们常常无法确切地知道还能否继续前行，更不知道在何处投宿、吃饭。幸运的是，我们信心坚定，因而苍天格外眷顾我们，一个接一个的困难全都迎刃而解了。不管到了哪里，事无巨细，我都亲力亲为。有时，我要同军事指挥首领进行交涉，以求得放行并获得运输许可。许多时候，为了避免仪器设备在车站滞留，使其能够迅速地运到目的地，我会在助手的帮助下，将设备装上火车。到了目的地后，我还要到存放那些设备的车站对它们进行检查。

当我驾驶着我那辆配备有X射线设备的流动车四处奔走时，其他一些问题也出现了。比如，我需要替车子找一个安全的地方停放，我要解决助手们的吃住问题，有时还要替车子找各种零配件等。由于当时司机短缺，而我会开车，所以流动车通常都是由我驾驶。其实这样反倒更合我心意，虽然人累一些，但我可以处理事情，而且还可以保证仪器设备等迅速运达目的地。如果这些事情交由卫生部门去处置，必然会耽误时间。所以军事长官对我为战区所做的一切赞不绝口，尤其对我处理紧急情况的能力更是钦佩不已。

我和女儿在回忆我们一起奔赴各个救护站的情景时，总有一种愉快、激越的感觉涌上心头。

我们同各个医院以及救护站的医生护士相处得都非常好，他们中的一些女性吃苦耐劳、不怕牺牲的品质，令我和伊雷娜由衷钦佩。我们常常以她们为榜样，鞭策自己去克服一切困难。正是这种共同的追求、共同的信仰，使得我们大家亲如一家人，彼此相互帮助，很好地完成了种种任务。

当我们为比利时救护队提供帮助的时候，比利时国王和王后经常前来视察，并接见过我几次。国王和王后热忱诚恳，和蔼可亲，对伤员嘘寒问暖，给我留下了非常好的印象。

然而，最让我们感动的还是那些在战争中受伤的战士们。他们忍受着巨大的疼痛，在接受救治的时候一声不吭。每当我们满怀着同情和钦佩去为他们做透视、拍片子时，我们都尽量做到又轻又慢，以减少他们的痛苦。相处一段时

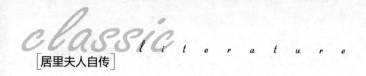

间后，彼此之间渐渐熟悉了，我们便在简单的交谈中向他们表达我们的敬意。他们对X射线这种神奇的设备都非常好奇，即便是没有做透视的伤员也非常渴望了解这种设备的作用以及它对人体的影响，我们便对他们详加讲解。

战争的残酷，没有经历过的人永远无法体会。我永远也无法忘却战争期间所遇见的那些摧残人类健康的种种悲惨恐怖的场景，我对战争的憎恶之情由此而来，且愈加强烈。

我看见无数的伤员在我跟前经过，他们浑身血迹，气若游丝，惨不忍睹。即使是一些伤势不致命的患者，也需要忍受长年的痛苦，身体才有可能慢慢地恢复。种种悲惨的场面仿佛是人间地狱。

在战争期间，要找到一个训练有素的助手，协助我使用X射线治疗设备，实在是一件困难的事情。当时，X射线拍片技术还十分罕见，所以懂得这方面知识的人少之又少。而X射线设备又非常精细，如果使用不当很容易损毁，过不了多久就会成为一堆废弃物，因此必须要由具有足够医学知识的专门人员操作才可以。

但是在战争时期，我们无法要求操作这种仪器的人具备太多的医学专门知识，因此，我只能挑选那些能够识文断字、心灵手巧、略微懂点电机知识的人，对他们进行培训后，让他们迅速上岗。如果是大学教师、工程师或大学生，稍加培训，便能成为合格的X射线设备操作员。不过，战争期间，我只能聘请那些暂时免服兵役或者恰好在我开展工作的地点常住的人，作为我的助手。可是，即便是有幸找到了这样的人，也说不好哪一天此人又会被征入伍，如此一来，我又要重新寻觅新的助手了。

鉴于这诸多不便，我只得另辟蹊径，培养一些女性做我的助手，这样我就不用担心哪一天她们会奔赴前线，让我措手不及了。

我向卫生部提出建议，在当时刚成立不久的伊迪斯·卡维尔医院的附属卫校增设一个X射线照相科，由我的镭研究院负责相关的培训工作。我的建议获得了批准。

　　整个战争期间，我们共培训出了150名女性X射线照相技师。她们初来的时候有很多人文化水平不高，但一个个都非常努力，经过我们的严格培训，她们完全掌握了相关的技术。她们除了要学习基础理论和进行一般的实习外，还要学习解剖方面的知识。课程由包括我女儿在内的一些热心学者来讲授。从培训班毕业的女子，有一些甚至在以后成了优秀的X射线照相技师，还多次受到过卫生部的嘉奖。就她们所学习的课程而言，她们只能成为医护助手，但其中有些人完全具备独立工作的能力。

　　战争期间从事X射线照相工作的这段经历，使我在这门医疗检查的新技术方面积累了丰富的经验。我觉得应该把这些知识和大家分享，所以写了一本名为《放射学与战争》的小册子。我写这本书的目的是想说明并证实X射线照相技术在医疗实践中的重要作用，此外，在书中我还将X射线照相技术在战争期间所获得的发展及其在和平时期的用途做了详尽的比较和说明。

　　现在，我来谈一下镭治疗在战争期间发挥的作用以及镭研究院创办的相关情况。

　　1915年，保存在波尔多的镭被运回了巴黎。我当时已无暇顾及正式的科学研究，所以便专注于用镭来治疗伤员。当然，我们也有一个原则，那就是在使用镭进行治疗时，必须确保不把这种宝贵的物质用尽。治疗中，我们使用的并不是镭这种元素本身，而是镭的射气。采用镭的射气要比直接用镭元素进行治疗方便、实用得多。我们将镭射气收集到一定数量后，便将其交给救护单位去使用。当时的巴黎只有大一些的医院有能力使用镭射气进行治疗，治疗方法也各不相同。

　　当时的法国还没有建立国立的镭疗养院，各家医院也没有镭射气可供使用。我便向卫生部建议，由镭研究院提供装有镭射气的玻璃管，按时供给各救护单位使用。我的建议获得批准后，1916年镭射气服务开始实施，并一直持续到战争结束甚至更久一些。当时我没有助手，所有的镭射气玻璃管都由我自己制备。镭射气的制备需要很高的精确度，这是一项极为细致的工作，需要耗费大量的精力。让我欣慰的是，不计其数的伤员和百姓，因为接受了这种方法的治疗而得以康复。

巴黎遭遇空袭后，卫生部十分重视对我的实验室的保护，以防其遭到敌机的轰炸。制备镭射气玻璃管就不得不与镭打交道，这是具有一定的危险性的，所以制取人在工作室要想方设法地保护好自己，以防遭受射线的辐射（我有几次感到浑身不舒服，就是因为不小心受到了射线的辐射）。

不可否认，医疗救护是我在战争期间的主要工作，不过，我还是抽时间做了其他的一些事情。

1918年夏天，德国的总攻失败后，我接受意大利政府的邀请，赴意大利对其放射性矿藏的拥有量进行考察。在意大利逗留期间，我收获颇丰，意大利政府也因此对这一问题更加关注。

把时间拉回1915年，那年，我的实验室搬进了皮埃尔·居里街新建的大楼里。由于经费和人手不足，导致搬迁时困难重重。搬完后，还要将仪器设备分门别类，重新加以整理，劳动强度可想而知。

这期间，我没有太好的助手可以帮忙，只有那个患心脏病的机械师和伊雷娜陪在我身旁。伊雷娜有学业要顾，机械师的身体不好。大部分的时间，我自己驾驶着配备有X射线照相设备的车子在新居与旧屋之间来回奔忙。我就像一只搬家的蚂蚁一样，把实验仪器一点一点地搬到新居去，拆卸、打包、搬运、组装……周而复始。

刚开始搬迁时，我就留意到实验室周围有一点点空地，可以用来种树。我始终认为，春夏之际，在实验室工作的人如果能够看到窗外绿草如茵、树木葱茏，心情一定会十分舒畅。因此，一搬进来，我便将空地上能种树的地方全都种上了菩提树和枫树，我还开辟出几个花园，种上了玫瑰花。记得就在德国人炮轰巴黎的第一天，我去花市买花回来，正忙着在花圃里种植，忽然有几发炮弹落在了不远处，吓了我一大跳。

尽管困难重重，但我们的新实验室总算安顿好了。到战争结束，部队士兵开始复员时，我们的实验室也基本上准备完毕，在1919年到1920年，我们已经可以接收新生入学了，我对此感到尤为欣慰。

第一次世界大战期间，我同其他许许多多的人一样，过着一生中最艰苦、最劳累的日子。

在那段艰苦岁月中，我几乎从未休过假，只是偶尔在探望两个休假的女儿时才会休息一两天。我的大女儿伊雷娜也一样，她的生活，就是在大学和战区医院之间奔波。为了保证她的身体健康，我有时不得不强迫她休息几天。二女儿艾芙当时还在读高中。当巴黎遭遇炮火洗礼的时候，她们两个都不愿到乡下去避难。

四年多的大战对巴黎造成了前所未有的毁灭性破坏，那是人类所经历的一场浩劫。

1918年，经多方努力停战协议终于签订。四年的战争结束了，然而，真正的和平至今仍未完全到来。战后的大地早已是千疮百孔，人们仍在水深火热中苦苦煎熬着，往日宁静欢快的心情也难以再现。战争的创伤真不是一时半会就能恢复过来的。

如果说这期间有让我感到安慰的事，那就是在这场世界大战之后，我的祖国波兰终于获得了独立。我从不敢相信在自己的有生之年，还会看到被奴役的祖国能够恢复自由之身，我激动的心情难以用语言来表述。

波兰人民遭受了数百年的奴役、压迫，但忠于祖国的民族精神、斗争精神始终不灭，这使得波兰在战火硝烟中浴火重生，终于获得了独立、自由。这是波兰人民的胜利和骄傲。在举国欢庆的时刻，我回到了华沙，和我的家人、同胞共同分享这份无法言喻的喜悦。

战后的法国一片废墟，满目疮痍。战争遗留下来的伤痕不可能一下子消除，只能慢慢恢复元气。各个实验室，包括我们的镭研究院在内，都难以在短时间内步入正轨。

难能可贵的是，一部分在战争期间建立的X射线医疗组织在战后得以保

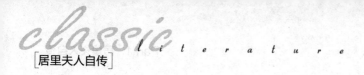

存，我所建立的学习X射线照相技术的医学卫校也在国际卫生部的坚持下保留了下来。镭射气的供应工作非但没有中断，反而扩大了供应的规模，不过，这项工作在战后已交由巴斯德实验室主任瑞格博士负责；后来，这一业务还发展成为全国性的大规模镭治疗事业。这些对战后医疗体系的发展都起到了重要的作用，我个人觉得十分欣慰。

战后，复员的职员和学生们陆续回到了研究院，我的实验室经过重新整顿后，工作渐渐步入正轨。但因国家财政困难，实验室想要获得全面发展也并非易事。就我个人而言，我认为目前最为紧迫的任务是，应建立一个独立的镭疗（在法国被称为"居里疗法"）医院。此外，我们还应该在巴黎郊区建立一个实验分所，以便对大量原矿石进行实验分析，从而增强我们人类对放射性元素的认识。

我已不再年轻，精力也大不如前了。尽管政府已经开始对我的实验室进行资助，而且，一些热心人士也常常会给予我们一些私人的捐助，但我仍然无法确定，自己能否为后人建起一座镭学研究院，既可以实现皮埃尔·居里的遗愿，又能为人类谋幸福。

幸运的是，1921年我得到了一个非常可贵的帮助。美国的一位非常慷慨的女性W.B.麦隆内夫人，在她的国家发动全国性的捐款，成立"玛丽·居里基金会"，她们用募捐来的钱买了1克镭送给我作为研究之用。麦隆内夫人还邀请我与两个女儿前往美国旅行，同时，接受这份礼物和证书，届时，将由美国总统在白宫亲手将礼物和证书交给我。

捐款是在全美国募集的，大家纷纷解囊，捐助多少不一。我非常感谢美国女性朋友们对我的深情厚谊，因此，5月初，当巴黎歌剧院为我们母女三人举办完赴美欢送大会后，我们便乘船前往美国纽约。

在美国度过的那几个星期的情景，我至今仍历历在目。在白宫举办的欢迎会上，总统先生发表了热情而又亲切、诚挚的演讲。在参观大学和各个学院时，我为人们的热情所深深感动，不少院校还授予我名誉学位，让我真不知该如何感谢才好。在公众集会上，许多人争相同我握手……这种种厚爱，我永远都会铭记在心。

我还游览了尼亚加拉大瀑布和大峡谷，大自然的鬼斧神工使我赞叹不已。

遗憾的是，因为身体状况欠佳，我无法完成全部计划。不过，这趟旅行让我获益匪浅，学到了不少东西。

通过这样一个难得的机会，我的两个女儿不仅度过了一个意料之外的精彩假期，而且增长了见识。目睹自己母亲的研究成果获得人们这样的尊重和赞赏，她们由衷地感到自豪。6月底，我们要启程返回欧洲了，在与好友麦隆内夫人以及其他友人进行告别时，我们内心有深深的不舍，谁都不知道今生是否还有机会再见面。

返回研究所后，因为有了美国友人相赠的这1克镭，我的研究工作得以顺利进行，同时，两国人民间的友谊更增强了我们进行科研的勇气和信心。但是，经济方面的问题依然困扰着我们，让我们的研究举步维艰。每当因为经济拮据而无法完成预期目标的时候，我的脑海中总会浮现出这样一个疑问：一个科学家对科学发现应该秉承什么样的态度？

我的丈夫和我，一向都是拒绝从自己的科学发现中获取任何物质利益的人，因此，从一开始我们就毫无保留地把提取镭的方法迅速公之于众。我们既没有申请专利，也没有向利用它来牟利的企业家提出过任何个人权益方面的要求。提炼和制取镭的方法极为复杂，但我们详细地公布了它。可以说，正是由于我们毫无保留地将这种复杂而精细的提炼方法公之于众，镭工业才能够如此迅速地发展起来。直到现在，制镭工业中所使用的方法和流程，都是当时我们确定下来的。现在，工业上提炼镭所采用的矿石处理方法和部分结晶的程序，也完全是我们以前在实验室中使用的方法，要说唯一的不同之处，我想就是现在的仪器设备比我们当时使用的先进些罢了。

皮埃尔和我将提炼、制取的镭全部赠送给了我们的实验室。由于镭在矿物中的含量极少，决定了它的价格也就极其昂贵，再加上它在医学上有重大作用，可以用来治疗癌症病人，因此，制镭工业获利不菲。

皮埃尔和我在发现镭后，主动放弃了专利权。我们没有用它来谋取任何的利益。我们自动放弃从这项发现中所应获得的利益，也就等同于放弃了大量财富——如果我们没有这样做，我们的儿孙们将成为富翁。但是，我们从未考虑过自己的利益，即使在那之后，我们数次遇到经济拮据的时刻，也从来没有后悔过。

倒是一些朋友善意的提醒，才让我们开始思索这一问题。他们愤愤不平地对我说，如果你们保留了原本该属于自己的权益的话，你们早就有足够的财力去创建一所设备精良的镭研究院了，哪里会像现在这样举步维艰。我承认这些朋友所言不假，我们资金短缺，困难重重，我常常感到力不从心，以致无法顺利地进行研究。但我始终坚信，皮埃尔和我的决定是完全正确的。

无疑，人类努力工作的同时谋求自身的利益是无可厚非的，这与人类的普遍利益也毫不冲突。但是，人类中毕竟也存在着少数的理想主义者，他们因为追求更崇高的理想而无暇顾及自身的物质利益。这些追求崇高境界的、大公无私的人，因为无意于追求物质享受，因此也就没有享受物质的可能。

我认为一个完善的社会应该为这些理想主义者解决物质给他们带来的后顾之忧，应该为这些理想主义者提供必要的研究经费和个人生活保障，让他们能够全身心地投入到科研事业中去。这才是我心中的理想社会。

Chapter
第 四 章

一 美国之行 一

在上一章中，我已经提到过那趟愉快的美国之行。我是受麦隆内夫人之邀，才得以到访美国的。

1920年，麦隆内夫人从纽约来到巴黎对我进行采访。她是美国一家大型刊物的主编。她听说我希望得到1克镭用于实验研究，决定帮我实现这个愿望。

麦隆内夫人回到纽约后，组建了一个募集委员会，委员会的成员都是美国妇女界的知名人士和有名望的科学家。她们在募集到几笔较大的款项后，开始号召全国的妇女慷慨解囊。募集资金的工作进展顺利，不仅获得了美国许多妇女团体的响应，各个大学和各家俱乐部更是不甘落后。捐赠者中还有一些人是通过镭治疗康复的受益者。由于捐赠者十分踊跃，所以10万美元的款项很快到账。麦隆内夫人用这10万美元买了1克镭，准备赠予我，并且，美国总统哈定同意在白宫举行仪式，亲手将这份厚礼交给我。

麦隆内夫人邀请我们母女三人5月中旬去美国访问。尽管尚未到放暑假的时候，巴黎大学还是破例批准我接受邀请，前往美国接受赠品。

对于旅途中的一切事情，邀请者都进行了精心安排，不需要我费一点儿心思。为了表示诚意，麦隆内夫人亲自来到巴黎接我们。1921年4月28日，法国刊物《全知》为巴黎镭研究院全体工作人员举办了庆祝大会，麦隆内夫人也参加了。在会上，主办方对美国妇女界的深厚情谊表示了由衷的感谢和高度的赞扬。

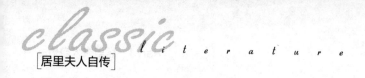

随后，在麦隆内夫人的陪同下，伊雷娜、艾芙和我登上了开往美国的邮轮。美国人做事雷厉风行，举行的仪式大多场面宏大。而且，美国幅员辽阔，美国人对长途旅行早已习以为常，而我却不习惯这种长途跋涉，她们对我的不适无法感同身受。不过，一路上，麦隆内夫人把我和两个女儿照顾得无微不至，竭尽所能地减轻我们的舟车劳顿之苦。

邮轮驶入纽约港的时候，我们看到码头上有大批的学生和相关人士等着迎接我们。欢迎人群中还有旅居美国的波兰侨民，他们看到我分外激动，仿佛看到了自己的祖国一样。无数的鲜花献给了我们。然后，我们便被安排到一处清净的住所休息。

这趟美国之行，委员会为我安排的行程以及各种捐赠仪式多到使我应接不暇。我不仅要出席白宫的捐赠仪式，还要前往好几座城市，参加那里的大专院校举行的欢迎仪式。仪式上，我还会被授予许多荣誉头衔。

第二天，卡耐基夫人在自己的豪华寓所设宴为我们接风洗尘。席间，我结识了一些募捐委员会的人。卡耐基夫人私邸中陈列着她的丈夫安德鲁·卡耐基先生的一些遗物。卡耐基先生以慈善家闻名于世，在法国也享有很高的声誉。

从第三天开始，我便在麦隆内夫人的陪同下到美国的几所大学进行参观。这些高等院校最能反映美国人的生活以及他们的文化，不过，由于时间仓促，我也只能走马观花地看一下，无法对美国的教育做出确切的评价。但是，几天的参观还是令我感触颇深。美国的大学和法国的大学有很大的不同。前者对学生的健康和体育锻炼极为重视，也注重对学生独立自由精神的培养，学生们组织了不少的社团。而在法国，这两方面都未受到足够的重视。

美国的大学建筑布局既和谐又壮观。我所到过的几所大学中，教学大楼通常屹立于一片空旷的场地中央，各座大楼之间遍布着树木和草坪。校舍窗明几净，给人以清爽之感，生活、学习设施都很齐全。学生公寓非常整洁，还有供学生们聚会用的大厅。体育锻炼的项目也很丰富，学生们可以根据自己的爱好，打网球、棒球，或在室内体育馆里练习体操，还可以游泳、骑马等，总之，每个人都可以自由选择。学校里还设有医务室，守护同学们的健康。美国的母亲们普遍有这样一种想法，即大城市，尤其是纽约，喧嚣的环境不利于女孩子们的教育，而乡间宁静且质朴，不但对她们的身心健康有益，还能够使她们静下心来学习。

在每一所学院中，女生们都会发起组织学生会，委员由大家投票产生。学生们积极参与校内外公共事务，她们自己编印刊物，还排练戏剧在校内外进行演出，我对她们所演的戏剧非常感兴趣。学生们的出身不尽相同，有的来自富贵人家，有的则要靠奖学金维持学业，但在学生会里，大家都平等相待，没有贵贱之分。学院里也有不少外国留学生，我曾遇到过几个法国留学生，他们告诉我，他们对学校的生活、学习环境都非常满意。

美国的学院大都是四年制教学。学习期间，大大小小的考试不断。学生在完成四年的学业后，可以选择继续进行研究工作，以获取博士学位。美国的学院都有自己独立的实验室，这一点令我很是羡慕。

此外，大学女生朝气蓬勃的状态也给我留下了深刻的印象。她们总是积极参与各种活动。在我参观学院的时候，她们自排节目欢迎我的情景至今仍留在我的脑海中。

在去华盛顿之前，我还参加了一系列的欢迎会：化学学会的午餐会、社会科学院的晚宴、各大学联合举行的欢迎会等。在这些欢迎会中，许多社会名流发表了热情洋溢的演讲，我被授予各种荣誉头衔。这些荣誉都满含着授予者的真情，因此我格外珍惜。不同国家与民族之间的友谊是人们经常提及的话题。在致辞中，副总统柯立芝对法国人民和波兰人民在美利坚合众国创建过程中所给予的帮助表示了诚挚的谢意，他还强调，这种友谊在大战中得到了进一步的发展。

1921年5月20日，我来到白宫参加赠镭仪式。时值五月，阳光明媚的午后天朗气清，碧草如茵，白宫屹立于一片草坪之中，看起来洁白晶莹，美不胜收。美国总统哈定及夫人、政府高官、使馆人员以及各界的代表都出席了这次隆重的活动。

仪式正式开始，法国驻美大使首先致辞，接着，麦隆内夫人代表美国妇女界讲话，然后是哈定总统的演说。之后，我进行了简短的答谢。接着，参会的来宾排成一队，相继从我面前走过，同我握手表示祝贺。最后，全体与会人员集体合影，留作纪念。

赠镭仪式中，这个伟大国家的总统代表美国人民向我表示欢迎与敬意，让我感到无比荣幸。总统先生在其致辞中，再一次地代表美国人民向法国和波兰人民表达了谢意。他致辞的内容与柯立芝副总统的讲话大致相同，但总统先生更侧重于谢意的表达，再加上赠送镭的特殊性，令他的情谊表达更加贴切，浓烈而真挚。

美国人热情直率，对于造福民众的事情总是会立即表示赞赏。镭的发现在美国之所以能引起如此广泛的关注并受到人们的赞许，不仅仅是因为它具有重大的科学价值，不仅仅是因为它在医学上有重要应用，更重要的是，镭的发现者不为自己谋取个人利益，而是无偿地、毫无保留地将它奉献给了全人类，这种崇高的精神，让美国朋友感到由衷钦佩和赞赏。

赠送给我的镭并没有被直接带到欢迎仪式上去，而是由美国总统亲手交给我一把小小的钥匙，利用它可以打开装有镭的那只箱子。

白宫的欢迎仪式后，我在华盛顿继续逗留了几日。除了参加法国使馆、波兰使馆以及国家博物馆的欢迎会外，我还参观了美国的几所实验室。

告别华盛顿后，我们又先后访问了费城、匹兹堡、芝加哥、布法罗和波士顿等城市，并游览了大峡谷和尼亚加拉大瀑布。我受到了这些城市的一些高等院校的邀请，前往参观访问，并接受了他们授予我的名誉学位。对于他们的这番好意，我感激不尽。

美国的大学在为学子授予名誉学位时，都要举行隆重的仪式。通常情况下，这种仪式与每年学生的毕业典礼一起举行，接受名誉学位的学子必须出席，但有几所大学特意破例，为我单独举行了这种仪式。在美国的大学里，这类庆典活动要比在法国举办的多，这是学生们重要的活动之一。每年一次的毕业典礼都非常隆重。举行典礼时，学校的教师和应届毕业生都要穿上学位袍，戴上学位帽，列队在校园中游行，然后步入大礼堂。接下来，校长宣读获得学士、硕士、博士学位的学生名单，在学子们接受学位证书时，乐队还会演奏热情洋溢的乐曲。这之后，该校的教师或者外校的代表会上台演讲，内容都与宣扬教育思想以及为人类谋幸福有关。这种仪式很令人感动，对联络毕业生的感情有着重要的作用。

在耶鲁大学，我很荣幸地代表巴黎大学出席了该校第14任校长的就职仪式。在麻省，我参加了美国哲学学会以及医学学会的会议。在芝加哥，我参加了美国化学会年会，并在会上做了关于镭的报告。在这些会议上，我被分别授予斯科特奖章、富兰克林奖章和吉布斯奖章。

此外，美国妇女联合会还为我举办了几场欢迎会，在公众中引起了极大的反响。这一次又一次的欢迎会，让我深深地感受到了美国女性朋友对我的真挚情谊，她们对我的热情让我受宠若惊。在她们的眼中，女性的地位非常重要。她们认为在未来的科学事业以及其他各种事业中，女性都能发挥重大的作用。在美国，女性的工作待遇得到了特别的重视，女性在公益活动中的作用愈加明显，我的这趟美国之行就是最好的证明。

即使是美国的男同胞也抱有这样的想法，他们对女性的支持和鼓励，其他国家很难相比。

这次美国之行，稍显美中不足的是我没有充足的时间去参观各个实验室和科学研究机构。在为数不多的几次这样的参观中，我每次都怀着极大的兴趣和热情参与其中。每到一处，我都发现美国人非常关心科学事业的发展，他们实验室的设备非常先进且齐全。有些地方在建设新的实验室，而旧实验室也都配备了新的仪器。各个实验室都宽敞明亮，不像法国许多实验室都很狭小。在美国，筹建实验室的经费大多是由基金会或私人捐赠的。有一个依靠私人捐赠建立起来的全国研究会，它的宗旨就是激励科学研究的发展，并在科研和工业生产之间搭建桥梁，促成双方合作。

我还饶有兴致地参观了华盛顿的标准局。这是一个全国性的科学计量标准化机构，美国妇女界赠送给我的镭，就分装在几支玻璃管中，陈放在这里。该局的工作人员还认真地计量了这些镭，将其装置妥当，安全地送到我所乘坐的邮轮上。

我在旅行的过程中参观了美国的一些镭疗医院。医院里有独立的实验室，专门用来提炼镭射气。这些医院中贮存着不少的镭，医疗条件非常先进。

制镭业起源于法国，却在美国得到飞速的发展，因为美国拥有丰富的含镭矿物。在法国，还没有一家像我看到的美国医院一样，拥有那么先进的仪器设备和丰富的镭，这也导致了法国的镭疗技术远不及美国发达。对此，我多少觉得有些遗憾。我期盼着这一差距能尽快缩短。

1921年6月28日，我在纽约港码头又登上了一个多月前载我前来美国的那艘邮轮，返回了法国。

美国之行匆匆而过，我不能对美国以及美国人妄加评论。但在这短短的近两个月的时间里，美国人民对我和我的两个女儿的隆重而热情的接待，使我深受感动，这种感受是很难用语言来描述的。主人们想方设法地招待我，让我有宾至如归之感。许多美国人对我说，他们在法国时也曾受到法国人民的热情接待，因此，更加希望自己的热情可以驱走我们身处异国的陌生感。

当我回到法国后，在我内心深处除了想对赠予我珍贵礼品的美国妇女表达深深的谢意之外，我还深切地感受到我们两个伟大国家之间友谊的可贵。我深信，只要我们两国人民共同努力，一定能够为人类和平相处带来无尽的希望。

Part 2

皮埃尔·居里传

THE BIOGRAPHY OF PIERRE CURIE

　　《皮埃尔·居里传》是居里夫人为纪念丈夫皮埃尔·居里写的一部传记。在这部传记里，居里夫人用真挚诚恳的语言对皮埃尔的生平，尤其是他对科学的贡献做了真实的记录，让我们看到皮埃尔对科学不断求取、勇于创新的精神。此外，传记中还夹杂着不少皮埃尔的宝贵日记、书信及他人对皮埃尔的中肯评价，令我们深深地折服于皮埃尔为科学孜孜不倦、为真理不屈不挠、为人类默默奉献的伟大精神和人格魅力。

literature

Chapter
第 一 章

— 居里的家族 —

皮埃尔·居里的父亲和母亲头脑聪明，很有文化。他们家境一般，与上流社会一点关系都没有，与他们走动多的，不过是一些亲戚和几个好友而已。

皮埃尔的父亲名叫欧仁尼·居里[①]，他是位医生，出生于医生世家。欧仁尼·居里对自己的姓氏了解得不多，对原籍阿尔萨斯又是新教徒的居里家族也知之甚少。他的父亲在伦敦定居，但欧仁尼·居里接受教育的地方在巴黎。他在巴黎学习着自然科学和医学，还在格拉蒂奥莱附近，一个叫姆塞恩的实验室任教辅人员。

欧仁尼·居里医生为人正派，很受大家尊敬。他身材魁梧，年轻时是个满头金发的帅气小伙子。他有一双漂亮的蓝眼睛，眼神纯净，透着善良、聪颖，眼中的光彩即使到了垂暮之年也没有减少。欧仁尼智力非凡，十分热爱自然科学。

欧仁尼·居里本想从事自然科学方面的工作，但事与愿违。结婚后，沉重的家庭负担令他不得不改变计划。迫于生活，他做了一名医生。不过，在空闲时，他还是会进行一些医学实验，尤其热衷结核接种实验，因为在当时，人们一直无法确定这种疾病的病原体。因为痴迷科学，他养成了远足的习惯，常常外出寻找一些合适的植物或动物用于实验。居里医生热爱大自然，因此更加偏

---

① 欧仁尼·居里：1827 年，欧仁尼·居里在米卢兹出生。——原作者注

爱乡村生活。居里医生一直对自然科学怀有深厚的感情，直至暮年，也常因未能对其潜心研究而遗憾不已。

在当时，医生这个职业收入并不多，但居里医生在行医的过程中仍表现出正直无私的良好品质。当他还是个大学生时，共和国政府就给他颁发了一枚荣誉勋章，以表彰他在1848年革命中救治伤员时表现出来的英勇。不久，法国突发霍乱，他搬到巴黎的一个街区，以便更好地照顾病人。而当时，这个街区的医生都走光了。在巴黎公社时期，他在自己的公寓内建起急救中心，负责救治伤员，公寓旁就设有一个街垒。居里医生如此高尚的公民责任心，让他失去了不少资产阶级的顾客。就在这个时候，他接受了一项新任务——做保护低龄儿童服务中心的巡回医生，借此机会，他开始在巴黎郊区生活。对居里医生及他的家人而言，那里的环境和空气比城里更有利于他们的身体健康。

居里医生交友广泛，还和亨利·布里松①及他这一派的人成为好朋友。居里医生既是个自由的思想者，又是反教会者。因此，他没让自己的儿子接受洗礼，也不打算让他们信仰宗教。

皮埃尔的母亲名叫克莱尔·德普利，是位企业家的女儿。她家祖籍在萨乌瓦，她则生于巴黎近郊一个名叫普托的小城。她的父亲和兄弟们曾有过不少发明创造，在当地很有名气。然而，1848年革命爆发后，她家的企业纷纷倒闭。娘家家业衰败，丈夫收入微薄，令她和她的家人一直过着极为艰苦的日子。不过，出身优越的她坦然地接受了这一切。她相夫教子，冷静地面对眼前的困境，以极其坚强的心态和丈夫一起迎接不断出现的困难。

居里医生的两个儿子——雅克和皮埃尔，就在这个并不富裕的家庭中成长起来了。尽管困难接连不断，但他们家一直洋溢着一种相亲相爱的温馨气氛。皮埃尔最初和我谈起他的父母的时候，就以"琴瑟调和""相濡以沫"来称赞。事实也的确如此，父亲欧仁尼身为一家之主，思想积极向上。他是个公正

---

① 亨利·布里松（1835—1912）：法国政治家，曾任法国总理。

无私的人，从来不想也不愿利用手中的职权谋取私利，即便这样做能改善家庭的生活条件。他绝不会做违心的事。他深爱着自己的妻子和儿子，也很热心地帮助那些有求于他的人。母亲克莱尔个子不高，为人热情开朗。因为生了两个孩子，她的身体不是很好，但她从不怨天尤人，一直保持着乐观心态。她将自己简朴的家收拾得干净温馨，亲朋好友都愿意来她家做客。

　　我刚认识他们的时候，他们住在一座带花园的老式房子里，地处索镇的萨布隆路（今皮埃尔·居里路）。因为工作的关系，居里医生常年在索镇和附近其他地区奔波。闲暇的时候，他喜欢看看书或整理整理他的花园。星期天，常有一些亲友前来拜访。有时，亨利·布里松还会跑到这个安静的"世外桃源"来探望自己的老战友。这里的一切都给人一种怡然自得的感觉。

　　1859年，皮埃尔·居里的父母把家搬到居维埃路植物园的对面，同年5月15日，皮埃尔·居里出生。当时，他的父亲在姆塞恩实验室里工作，皮埃尔是居里医生的二儿子，比哥哥雅克小三岁半。年幼时在巴黎的生活，皮埃尔记得不是很清楚。但巴黎公社时期，他家附近街垒发生的战斗、父亲的急救中心，以及父亲在儿子的帮助下抢运伤员的事情，他倒经常对我说起。

　　1883年，皮埃尔离开了巴黎，和父母搬到郊区居住。1883年到1892年，他们住在丰特奈-欧罗斯。1892年到1895年，他们住在索镇，那时正值我们新婚。

　　皮埃尔在自己的家里度过了他的童年时光。他的启蒙老师最先是他的母亲，之后便是父亲和哥哥。皮埃尔没有进过学校，他虽天资聪颖，却无法适应学校里的正规教育。他的脑子里充斥着各式各样的幻想，完全受不了学校里那套强制性的教学方式。由于他跟不上学校的教育方式，人们总将他看成一个反应慢的人。久而久之，他也认为自己的脑子不够灵活。后来，他还常和我说起这些事。然而，我倒认为，自童年起，他的注意力总是全神贯注于某一特定的事物上，不管外界的环境如何变化，他总能保持自己的注意力不被打断，直到寻找到准确的答案为止。显然，这种专心致志的习惯蕴藏着很大的发展潜力，然而，公共学校却缺乏对他的这种潜力进行发掘的能力。

幸运的是，皮埃尔有一对明智的父母。他们不强求他成为一名优秀的学生，也完全了解他的优缺点，没有强迫他进入学校。否则，皮埃尔的智力发展恐怕要大打折扣了。可以说，尽管皮埃尔的启蒙教育并不正规，也不完整，但他也因此避免了学校教育里条条框框的约束，从而使他的智力得到了自由的发展。对于这一点，皮埃尔一直深深地感激着他的父母。

皮埃尔自由自在地成长着，在乡间的远足中对自然科学产生了浓厚的兴趣，他还常常带一些植物或动物回来，以供父亲实验使用。这种乡间漫步唤起了他对自然的喜爱，直到生命结束，这种热情都没有丝毫减退。

居住在城市，再加上传统教育的约束，真正能够认识大自然的孩子并不多。但皮埃尔早早地与大自然进行了接触，这对他的思想观念的培养起到非常关键的作用。在父亲的教育下，他学会了准确地观察、表达事物，还能辨识出巴黎附近的动植物。每年的不同季节，他知道什么样的动植物会在森林和草原、溪流和沼泽中出现。对皮埃尔而言，这些地方极具吸引力。他可以轻轻松松地抓到他感兴趣的东西——长相怪异的植物、青蛙、北螈、蝾螈、蜻蜓及其他在空中和水里居住的家伙们。他还很喜欢将某只小动物抓在手中研究。结婚后，我们一起外出散步，假如我反对他用手抓青蛙，他就会告诉我："看看，这个小家伙多可爱啊。"散步时，他也总要摘些野花。

对自然的喜爱，令皮埃尔在自然科学知识方面大有收获。此时，他对数学的热情也渐渐高涨起来，但文史方面就相对薄弱了。关于文史知识，皮埃尔主要是通过阅读来获得的。他的父亲知识面很广，还有间自己的书房，藏有许多名家著作。他父亲也很喜爱阅读，能和孩子们进行很好的沟通。

快14岁的时候，皮埃尔·居里得到了一个宝贵的机会——他被委托给罗贝尔·巴齐尔教授进行教育，这位教授主要负责指导他基础数学和专业数学。罗贝尔·巴齐尔是一位非常出色的教授，他很善于启发学生，不仅关心、督促皮埃尔努力学习，还帮他补习较差的拉丁文。同时，皮埃尔也和阿尔贝·巴齐尔——教授的儿子结下了深厚的友谊。

在罗贝尔·巴齐尔教授的教育下，皮埃尔的智力突飞猛进，才能也在不断增加。更重要的是，他发现了自己在科学方面的洞察能力。皮埃尔在数学方面的天分极高，尤其表现在他对几何概念的独到看法和空间问题的思索上。很快，他便获得了很大的进步。罗贝尔·巴齐尔教授所教授的这些恰好是他的兴趣所在，因此，他一直很感激这位教授。

皮埃尔并不满足单调地遵循一种学习计划，自那时起，他就喜欢独立思考。他曾告诉过我，当时，他刚刚学会行列式理论，因为很着迷，就计划画一个类似的三维图，打算找出这些"立体行列式"的具体特征和运用方法。基于他当时的年纪和学识，这种尝试显然是不会成功的。但不得不承认，他这种大胆的想法很值得肯定，能充分体现出他正在萌芽的创新精神。多年以后，执着于对称问题的他这样问自己："一切不过是一个对称的问题，就任意一个方程式而言，难道人们就找不到一种简单的方法来解它吗？"当时，他还不了解与这个问题有关的伽罗瓦群①理论。但随后，他便了解了五次方程下的几何运用情况。

皮埃尔在数学和物理方面进步飞快，在16岁的时候，他就获得了理科的业士学位②。从此，皮埃尔便可以顺着自己的兴趣爱好在科学的领域里专心致志地奋斗了。

---

① 伽罗瓦群：群是一种带有某种运算的、比较简单的代数结构，是可用来建立许多其他代数系统的一种基本结构。伽罗瓦群则是与一个多项式各根联系着的特殊扩张域的同构群。
② 业士学位：法国高中学业结束后取得的学历。有此学位便可直接注册入大学。

Chapter
第 二 章

－ 青年时期的梦 －

皮埃尔·居里进入大学，为取得物理学学士学位做准备的时候，年纪还很小。他在巴黎大学听课，并兼修实验课程。与此同时，他还进入前药学院勒鲁教授的实验室，协助他准备物理课的教案。皮埃尔的哥哥雅克当时是里希和赞弗莱什的化学课的教辅人员，因此兄弟俩常常一起做研究工作。

18岁时，皮埃尔就获得了物理学学士学位。早在上学时期，巴黎大学教育研究实验室主任德桑和副主任姆东就很赏识他，并在他19岁时，推荐他担任巴黎大学理学院德桑的助教。在这个职位上，皮埃尔一干就是五年，并在其间进行了自己最初的实验研究。

对皮埃尔而言，担任助教，带领学生做物理实验虽说是难得的研究机会，但由于繁忙的实验室工作和他自身的实验研究，他没办法自由选修课程，只好放弃了对高等数学的进修，也不再参加考试。不过，他也享受到了法国当时对从事公共教育的青年教师的优惠政策——不用服兵役。

皮埃尔·居里身材修长，拥有一头栗色的头发，表情腼腆而矜持。他的生活圈子极为狭小，这一点，从他与家人合照的全家福中就能看出来。他喜欢随意地用手支着脑袋，陷入深深的幻想之中。他的一双大眼睛灵活而生动，令人印象极深。他的哥哥雅克则与他不同，雅克有一头褐色的头发，目光坚定而有神。

他们兄弟间的感情很好，常常一起在实验室工作，闲暇时也会一起散步。他们有几个要好的童年伙伴，终生保持着联系：当了医生的路易·德普利堂哥、当了医生的路易·沃蒂埃、当了电信工程师的阿尔贝·巴齐尔。

每当对我说起在塞纳河度假的趣事时，皮埃尔·居里总是神采飞扬。他和哥哥沿着河边漫步，有时一走就是一整天，而且他们很小的时候就习惯在郊外徒步行走了。他们还会跳进河里洗澡或嬉戏打闹，他们俩都是游泳健将。有的时候，皮埃尔会独自漫步。与外界隔绝，有利于他潜心思考，每当这时，他就好像忘记了一切，宁愿一直走下去。

皮埃尔曾在1879年写的日记[①]中描写过乡村对他的有益影响：

在这里，我独自度过了多么美妙的时光啊。白天和夜晚，我在林中畅游，远离巴黎那些烦人的琐事，感觉愉快极了。如果有时间的话，我多想将我当时的幻想细细地讲述出来啊。那河谷幽静宜人，群莺飞舞，野花丛生。在比埃弗尔河的上方，新鲜而湿润的树叶高高地悬挂着。这个世界是多么漂亮啊！美丽的瀑布好像仙女宫，红石丘上长满石楠。还有米尼埃尔河边的树林，它是我至今所见过的地方中最喜欢的一个，置身其中，好像身处一个童话世界。

晚上，我沿河而上，返回时，脑子里装满了各种美好的幻想。

从皮埃尔的描写中，我们能够看出，乡间能为他提供冷静思考的环境，因此令他倍觉幸福。在日常的生活中，繁忙的琐事占据了他太多时间，令他没办法集中注意力，这令他焦虑万分。他很清楚地知道，此生他注定要与科学研究为伍了，他渴望能深入地了解各种自然现象，从而创建一种科学的理论来更好地解释它们。可是，众多琐碎的事务令他不得不分心，这让他十分气馁。

关于这些浪费了他时间的种种琐事，他曾在一篇题为《天天如此》的日记里提到过。在日记的最后，他写道："我的一天就这么结束了，但我什么都没有做。这是为什么呀？"后来，他又说到这个问题，并引用了一位著名作家的

---

① 皮埃尔·居里其实并未留下什么真正的日记，只随手写过为数不多的几页，记录了他一生中某一个短暂的时期。——原作者注

一句话作为标题，他写道：

以琐事来麻痹善于思索的脑子①

尽管我很弱小，但我很努力地让自己的脑子不随风飘摇，即使是最微弱的风。我想让周围的一切静止不动，或者，让我变成一只飞速旋转的陀螺，对外界的一切充耳不闻。

当我开始慢慢旋转的时候，我会努力地加快速度。然而，中途我很有可能停下，只因一件微不足道的小事、一句无关紧要的话、一个不必要的陈述、一份无用的报纸、一次没有意义的来访……这样，于我而言的那个重要时刻就会被无限制地推后。事实上，我原本只需加快速度，就能集中精力，将世界抛在脑后啊……吃喝、睡觉、懒惰、爱和生活中甜美的事情，都是我们的基本需求，但我们不能因此而沉溺其中，在做这些事的时候，我们应当坚守我们大脑中的主导思想，并让其不受干扰地继续发展下去。我们要先将生活变成一个梦，再把梦变为现实。

当时，皮埃尔只有20岁。一个这么年轻的人居然有如此鞭辟入里的分析，并以惊人的洞察力对人类思想的最高境界做了深刻的表述。这是一种真正意义上的教诲，它有可能为爱幻想的思考者开辟出新的道路。

皮埃尔所主张的思想集中，有时会被他的职业和社会生活所拖累，有时也会被其兴趣爱好所干扰，不过这种爱好促使他接触到更加广阔的文学艺术领域。和他的父亲一样，皮埃尔热爱文学，也不怕读晦涩的文学作品。若有人因此批评他，他会直接表示："我爱读艰涩的书籍。"因为他沉迷于真理，而真理有时正是与晦涩的东西绑在一起的。此外，对于绘画和音乐，皮埃尔也非常喜欢。他的日记里还保留着不少他亲手摘录的诗歌片段。

当然，所有的这一切都有个前提——他认为这应该是他的使命。一旦他

---

① 引自法国作家维克多·雨果的《国王取乐》。

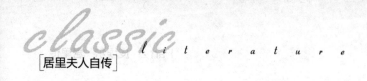
的科学思考没有被充分调动，他就会觉得自己并不完整。对于这种短暂的、因焦虑所引发的痛苦，他曾用消极的语言写道："以后，我会变成什么样子？我很少真正地从属于自己，好像我身体里有一部分一直在沉睡。唉，我可怜的大脑，为何你如此软弱，控制不了我的身体？唉，我可怜的思想，为何你如此无用？唯有在幻想中，我才有摆脱困境的信心，但我又害怕我的幻想早已死亡。"尽管疑虑重重，年轻的皮埃尔还是坚守着自己的信念，最终找到了属于自己的路——投身到科学研究的事业中。

对热波长度的确定是皮埃尔与德桑合作的第一个研究项目。他们使用的主要工具是一个热电堆和一个用金属丝做成的网。后来，在研究此类问题的时候，这种全新的方法得到广泛应用。

随后，皮埃尔和哥哥雅克一起研究晶体。那时，雅克在巴黎大学矿物系实验室担任弗里代尔的助手。在两人的共同努力下，他们发现了新的压电现象——无对称中心的晶体在被压缩或膨胀时，会在一个电极上产生压电。

他们能够取得如此大的成功，与他们兄弟俩对晶体材质对称的不断思索、反复琢磨的刻苦钻研精神是分不开的。这项研究的前期工作，他们是在弗里代尔的实验室里完成的。他们虽然很年轻，却以超出这个年龄的实验能力成功地发现了这一新的现象，创造出晶体中压电产生的必不可少的对称条件，也确立了相对简单的定量规律及某些晶体的绝对量。此后，很多著名的外国科学家，像罗恩根、康特、乌瓦特、里埃克等，都沿着他们兄弟俩开创出的新路进行相关的研究。

就实验来讲，这项研究的第二部分更是难上加难，因为它与压电晶体受制于电磁场作用时所出现的变形现象相关。物理学家李普曼对此有过预言，最终，这一现象被居里兄弟证实了。之所以说困难，也是因为这项研究所要观察的这个变形非常微小。后来，德桑和姆东为居里兄弟提供了一个与他俩的实验室相邻的屋子，好让他们能专心完成有关这一现象的微妙实验。在这些理论性和实验性相结合的研究中，他们很快得出一个新的实验结果。

居里兄弟在对压电进行研究的时候，常要使用一些测电设备。但当时已知的静电计，像象限静电计等仪器不够精准，因此，他们便动手做了一件更合适的新型仪器。这个仪器以压电石英为主体，它既能用绝对值来测量微弱电量，也能测量弱电压的电流。这个仪器后来在法国大受欢迎，被命名为压电石英静电计。在后来的放射性研究中，这个仪器也发挥了非常重要的作用。

对这对亲密无间的兄弟而言，亲情和对科学的热爱一直激励着他们。皮埃尔很喜欢沉浸在幻想之中，而在一起研究的时候，雅克的活跃与旺盛的精力对他很有帮助。相互合作的这几年，他们是幸福的，他们的成果也是十分丰硕的。

可惜，这种亲密美好的合作并没有维持很久。1883年，居里兄弟不得不分开了。雅克被任命为蒙彼利埃大学的矿物学教授，而皮埃尔则担任了巴黎市理化学校的实验室主任。巴黎市理化学校是在弗里代尔和舒曾伯格的推动下，由巴黎市政府出资创建的。舒曾伯格任这所学校的第一任校长。

在皮埃尔·居里和雅克·居里因晶体研究取得卓越成绩很久以后，他们于1895年获得了奖项。虽然有些晚，却是真实的——他们获得了普朗泰奖。

Chapter
第 三 章

— 最初的实验研究 —

　　在理化学校罗林学院的一幢幢旧楼里，皮埃尔·居里工作了二十二年。一开始，他担任实验室主任，后来成为教授。那里几乎占据了他科学生命的全部时间，就连他的回忆也同早已拆除的旧楼密不可分。白天，他在学校度过；晚上，他就回到父母居住的乡间。他很喜欢学校，在那里，他受到学校创建者舒曾伯格校长的关怀，也受到学生们的尊敬和喜爱。其中，有好几个学生不仅是他的弟子，也成了他亲密的朋友。关于这段经历，他曾在巴黎大学的一次演讲即将结束的时候提及：

　　我需要指出，我们所有的研究都是在巴黎市理化学校进行的。不管是哪种科研，一个人所处的工作环境对其影响是非常大的，甚至有些成果也得归功于这种环境。

　　二十几年来，我一直在理化学校工作，这个学校的第一任校长舒曾伯格先生是一位杰出的科学家，在我还是一个助手的时候，他就一直关照我，帮我争取工作所需的东西。后来他又打破惯例，让居里夫人在我身边工作。想到这些，我对他非常感激。舒曾伯格给予了我们一个极度自由的空间，而他对科学的热忱也深深地感染着大家。

　　在理化学校，教师以及该校的毕业生还构成了一个亲切有益、成绩斐然的科研氛围，令我受益良多。理化学校是一个非常好的集体，我有幸和大家共事，在这里我一并致谢。

皮埃尔刚任职的时候，比他的学生大不了多少。他待人和善、彬彬有礼，与学生亦师亦友，深受学生爱戴。有些学生至今难忘在他身边学习以及在课堂上讨论问题的情景。就一些科学问题，皮埃尔习惯主动和学生们进行讨论，这极大地鼓舞了学生们的学习热情。

1903年，校友们组织了一次聚餐，皮埃尔也参加了，他还笑着向大家回忆起当时的一个意外。一天，他和几个学生在实验室工作到很晚，等到要走的时候，发现门早已上了锁。最后，大家只好顺着二楼窗户旁的一根大管子一个个溜了下去。

皮埃尔为人内敛，不会主动表达自己的情感，鲜少能和大家打成一片，但因他平易近人，同他一起工作的人都很敬重他，下属们也非常喜欢他。皮埃尔在实验室的助手是个小伙子，在他极其困难的时候皮埃尔曾无私地帮助过他，他一直对皮埃尔心怀感激并充满崇敬之情。

尽管皮埃尔与哥哥分开了，但他们之间一直维系着往日的友谊与信任。每逢假日，雅克就会过来理化学校，两人继续进行科研合作。有时，皮埃尔也会过去看望雅克。当时，雅克正在奥维涅加紧赶制一份地质绘图，他们俩便一同进行实地勘察。

下文摘录了我俩结婚前不久，他写给我的一封信，信中是他对一次勘察的回忆：

> 很高兴，我和哥哥共同度过了一段快乐的时光。我们将眼前的烦恼抛在脑后，享受着独处的生活。每天，我们都不知道自己第二天会在哪里，因此我们连封信都收不到。有时，我感觉我们又回到了在一起生活的那个时期。我们对任何事情的看法都很一致。因此不用多说，我们就能心领神会。我俩性格大不相同，能做到这一点，是多么难得啊！

不得不说，从科研的角度出发，皮埃尔来理化学校任职，其实是耽误他的

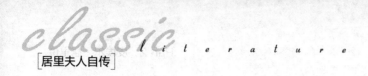
实验性研究的。要知道，他上任之初，学校百废待兴，一切都得重新开始，就连学校的围墙和隔板也才刚刚弄好。皮埃尔全权负责学生们的实验工作，好在他别出心裁，以新颖、独特的思想完成了这项任务。

要知道，当时的学生人数并不少，每个班都有大概30名同学。带领他们做实验本就不简单，而皮埃尔当时又仅有一个实验室助手帮忙。在开始的几年里，皮埃尔的工作十分艰苦。不过，对学生而言，有了皮埃尔的指导，他们的学业大有长进。

在这一阶段里，皮埃尔趁被迫中断实验研究的机会，开始补充自己的科学知识，尤其是数学方面的知识。

1884年，皮埃尔发表了一篇论文，阐述以晶体对称研究为基础的有关增长序和重现的问题。同年，就这一问题，他又做了一个更为广泛的报告。1885年，他又发表了一篇与此相关的论文。同年，他还发表了一篇重要的理论文章，研究晶体的形成和不同面的毛细常数。

在他所发表的这些论文里，我们能看出，皮埃尔是多么关心晶体物理啊。不管是理论研究还是实验研究，他都围绕着一个很普遍的原则——对称原则。1893年到1895年间，他陆续发表了一些论文，一点一点地将这个原则指出，最终将这个问题确定了下来。

以下就是他针对这一问题所提出的论证方式，此后也成了经典的论证方式：

当某些原因将产生某些影响时，原因的对称要素当出现在所产生的影响中。

当某些影响显出不对称时，这种不对称因素将出现在使之产生的原因中。

这两种假设的逆命题不见得正确，至少在实际中表现如此。换句话说，所产生的影响会比使之产生的原因更具对称性。

这是个简单的论证，但极其完美。而且，它还有非常重大的意义：它所引入的对称要素与所有的物理现象息息相关。

皮埃尔对自然界中可能存在的对称群进行了一次深入研究，对于这种既具几何学性又具物理学性的资料，他提出该如何利用这些资料去预见某种现象是否会发生，或在某些条件下不可能发生。

在一篇论文的开始，皮埃尔强调说："我认为，在物理学中，最好能为晶体研究者引入他所熟悉的对称概念。"

他在这个研究方向上取得了很大的成果。尽管后来他转变了研究方向，但他始终保持着对晶体物理的浓厚兴趣，同时也在这一领域内酝酿着不少新的研究计划。

皮埃尔一直挂念的对称原理可以算是物理学中的重大原理之一。这些原理数量虽少，但对物理研究有着极为重要的指导作用。它们在实验室所提供的概念中显现，并逐步挣脱出来，形成一种既普遍又完美的形式。于是，在动能和潜能的当量概念中又添加了热当量和功当量的概念，普遍的能量的保存原理因此得以建立。

同时，在以化学为基础的拉乌瓦齐埃的实验中，质量保存原理也渐渐变得明朗起来。研究证明，物体的质量与其内在的能量成正比。再聚合这两种原理，一种了不起的综合达到一个更普遍的程度。

研究电现象，李普曼提出电的保存普遍原理；卡尔诺原理（由生热装置的运作构思所产生）也具有了普遍色彩，它能预见各种物质系统最有可能的自行变化方向。

我们得承认，对称原理提供了一种可以比较变化的例子。起初，我们可就自然的观察来验证对称这一概念：若选用晶体化的矿物质，那么，这一规律则更加鲜明。

大自然中存在对称面和对称轴的概念。若对称面将物体一分为二，而所分的每一部分都可看作是其另一部分的形象——就像镜子里所反映的那样，那么，我们就说这个物体有一个对称面。人和许多动物的外部形象多由此而产

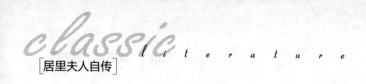

生。假如将某个物体沿某一轴线旋转，转到一周的几分之一时，物体又恢复原形，那么，人们就会说，这个物体有一个几阶的对称轴线。像一朵整整齐齐的四瓣花，就有一个四阶对称轴线，或称四阶轴线。而像岩盐、明矾一类的晶体就有好几个对称面和好几个不同序的对称轴。

在几何学中，我们知道，研究一种如多面体般被限定了的形象的对称因子，以及在这些对称因子中发现使它们聚集成堆的原因是很有必要的。了解了这些堆体，我们就有可能将晶体形式合理地排列成一个为数不多的系，其中每个系都由简单的几何形式得来。因此，正八面体与立方体属于同样的系，因为经对称轴、对称面所组成的堆体在这两种情况下是一致的。

在研究晶体物质的物理属性时，物质的这种对称性是必须要考虑的。通常情况下，这种物质是各向异性的。也就是说，当某种介质（以玻璃、水为例）是各向同性的（这源于在此种情况下，各个方向均相等）时，它在各个方向就失掉了相同的特性。光学研究最先指出，一个晶体的对称因子是光在这个晶体中传播的依据。这种观点对于导热性、导电性、磁化、极化等也同样适用。

正是这些现象的因果关系引导着皮埃尔来补充和拓展对称的概念。在他看来，这种概念是一种特有的空间状态，尤其是针对在一个现象中所出现的介质而言。为确认这种空间状态，我们既得考虑介质的构成，又得考虑其运动状态及从属的物理因子。因此，对一个直圆柱体而言，它就有与它在其介质中的轴互相垂直的一个对称面和通过此轴的无穷的对称面。倘若这个圆柱体能绕着它的轴旋转，那么第一对称面就存在，但其余的就被取消了；倘若这个圆柱体又被一股电流纵向通过，那它的任何对称面都留不住了。

不管是哪种现象，确定同它存在相容的对称因子是很有必要的。在这些因子里，其中的一些能与某种现象共存，但这并不意味着它们必不可缺。需要确定的是，它们中有些并不存在，是不对称在发挥作用，产生现象。当同一个系中重叠着好几个现象的时候，不对称自然而然就增多了（见皮埃尔·居里《论文集》第127页）。

如上所述，皮埃尔向大家阐述了一种普通的原理，其《论文集》对这一普通原理的研究更是达到了一定的巅峰。原理既已存在，接下来的不过是据此推论其发展方向而已。

我们应当先确定每个现象特有的对称，并将对称群分门别类。如质量、电荷、温度这类对称，我们称之为"标量"类，即圆球形对称；水流或单向电流这类对称，我们称之为"极矢量"类；而正圆柱体的对称则属于"张量"类。所有晶体物理都能按此归类，但要明白的是，用此方法，只要明确它们的各物理量在几何和解析中的关系即可，不必研究现象的具体情形。

因此，研究电场所产生的极化效应其实相当于研究两个矢量间的关系，并列出一组线性方程式，此方程式中含有九个系数。只需修改这些系数，就能用之表示导体中电流和电场的关系，或热流与温度、梯度的关系。同理，压电现象的各种特性也可以在研究矢量、张量的普遍关系时显现出来。另外，通过两组张量之间的关系，晶体弹性的种种现象也可展现出来。不过，通常情况下，这些张量需要用36个系数来表述。

通过这样的介绍，我们对自然现象中对称性在理论上的重要性有了基本的了解。皮埃尔更是以一种明白无误的方式表明了其重要意义。值得一提的是，巴斯德在观察生命时也采用了同样的观点，他说："我们的宇宙是个不对称的整体，因此，我认为我们所见到的生命受到了宇宙不对称的影响，也可以说，生命就是宇宙不对称产生的结果。"

皮埃尔在学校的工作渐渐地步入正轨，他终于可以考虑再次开始自己的实验研究了。可是，当时实验研究的条件非常不理想，他不但没有一间专属的实验室，就连一间闲置的屋子和实验经费也毫无着落。幸亏有舒曾伯格先生的支持，在工作几年后，他每年都能得到一小笔实验经费。另外，也是因为校长施恩，皮埃尔也能从学校实验室的日常开支里抽取出一点用于实验器材的采购经费。可惜，这些经费少得可怜。

说到实验场所，他能够占用的资源更是少之又少。有时，学生们不用大

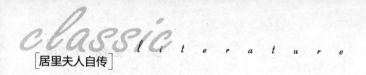
课堂了，他就能稍稍占用一会儿大课堂做做实验。不过，通常情况下，楼梯底下、学生的实验室里，才是他做实验的常用场所。就是在这样简陋的条件下，皮埃尔进行着磁学研究，并完成了这个漫长而又颇具奇效的研究。如此简陋的条件令皮埃尔的实验研究困难重重，但凡事都有弊也有利，借此机会，皮埃尔能更好地接触学生们，而学生们有时也能参与他的科学研究。

皮埃尔重新开始的实验，研究目标针对一个非常高深的课题——"直接称量最微小量的精密天平"。这些实验研究的进行时间是在1889年至1891年间。

皮埃尔研究的这种天平不再使用大家熟知的小砝码，而是在天平一臂的顶端装上一个测微计，通过显微镜来读数。在这种天平上，装着一种叫空气阻尼器的仪器，它能让天平两端在摆动的时候快速停止，之后就方便读数了。这是一种新式天平，与旧天平相比，它的称量速度非常快。要知道，称量的快慢在化学实验中极为重要，它能直接影响实验的准确性。因此，这种新式天平在化学实验室里得到了广泛应用。可以毫不夸张地说，皮埃尔发明的这种天平开创了天平制造业的崭新时代。

皮埃尔的这项发明并不完全是靠经验。早在进行这项研究之前，皮埃尔就对阻尼运动进行过仔细研究，之后又在学生们的帮助下，绘制出一些曲线图表，最终证实了自己的猜想，研究也因此获得了成功。

大概在1891年，皮埃尔·居里开始了长达几年的系统研究，主要针对物体的磁性与温度（从常温到1400℃）间的关系。1895年，在巴黎大学的教师会议上，皮埃尔的研究结果以博士论文的形式被当场宣读。在文中，皮埃尔以简洁明了的语言阐述了他的研究目的和研究结果。他这样写道：

> 物体根据其磁性，可被明确地分为抗磁性物体、弱磁性物体、顺磁性物体①这三类。表面看上去，这三类物体并不相同。但该研

---

① 顺磁性物体：顺磁性物体的磁化作用同铁相类似，有时呈现出极强的磁化（铁磁化），有时呈现出较弱的磁化。抗磁体系中，物体的磁化作用极弱，与铁相比，在同样的磁场中，它们的磁化极性相反。——原作者注

究的目的，主要是探求在这三种状态下，是否存在着一种过渡，能让某种物质按照一定的顺序经过这三种截然不同的状态。为此，我研究了许多物质在不同温度、不同磁场下的状态，还仔细观察并测量了它们的磁性。

在实验中，我还没能证实抗磁性物体和顺磁性物体的性质关系。但是，根据实验结果，我证实了磁性和抗磁性是由于一些不同性质的原因所造成的。而有着密切关系的，是铁磁性物质和弱磁性物质的性质。

实际上，这项研究的实验难度是很大的。因为它要求在1400℃的高温装置中测出非常微小的力。而且，这种力的重量不过百分之一毫克。

皮埃尔心里明白，从理论上讲，他所取得的这个结果意义重大。从中，他发现了"居里定律"。"居里定律"表明，物体的磁化系数和它的绝对温度呈现反比。这条定律并不难，堪比盖·吕萨克①的"理想气体的密度与其温度呈现反比"定律。

1905年，保罗·朗之万引用皮埃尔的这一定律，发表了著名的磁学理论，在理论上更进一步地证实了对抗磁性与顺磁性不一样的起因。皮埃尔的研究结果是非常精确的，朗之万和后来的P.魏斯的研究全都证实了这一点。此外，皮埃尔发现，当物质处在顺磁化状态下时，它可以与气态相比较，而当物质处在铁磁化状态下时，它又可以与凝聚状态相比较。由此，他发现了物体在磁化强度与流体密度之间的相似状态。

皮埃尔认为总有些新现象是不为人们所熟知的，因此，在研究中，他努力去探求这些不为人知的新现象。他试图寻找一种很强的抗磁性物质，可惜并没有成功。

他也研究过是否存在一些能传导磁性的物质，磁性是否能像电荷般呈现出

---

① 盖·吕萨克（1778—1850）：法国化学家、物理学家，以研究气体而闻名。

一种自由状态等问题，但也没有取得什么成果。不过，对于这些，皮埃尔并不气馁，他喜欢将自己的精力投入到对新现象的追寻中，不为著书立说，只为做自己感兴趣的事。

尽管对科研有着无限的热情，但皮埃尔从未想过利用自己最初的研究创作一篇博士论文。到了35岁的时候，他才将自己对磁性研究方面见解颇深的成果聚集起来，形成他的第一篇博士论文。

我至今都记得皮埃尔进行博士论文答辩时的情景。当时，我们已经建立了深厚的友谊。因此，我受邀去参加他的答辩会。评委会的组成人员有布蒂教授、李普曼教授和奥特弗耶教授。旁听人员有皮埃尔的老父亲，还有他的朋友们。

皮埃尔的父亲笑容满面，为儿子取得的成就骄傲不已。答辩时，皮埃尔语言简洁明了，论述条理分明，获得了评委们的一致好评。在评委们和皮埃尔进行问答式交流的环节中，我忽然感到我不是在论文答辩的现场，而是在参加一个物理学研讨会。

那天，那个小小的教室里似乎演奏着人类对崇高理想的追求之曲，我被深深地打动了。

回望皮埃尔1883年至1895年的生涯，作为学校实验室主任，他在学术上也取得了不少成就。在设备不完善、经费不足的这几年里，他成功地将实验室组建成一个全新的教学单位，还发表了不少重要的理论性文章和绝佳的实验研究报告，并制作出了十分精确的实验仪器。可以说，在这一时期，他不再像青年时那样彷徨，反而规范了自己的研究方向和方法，发挥了自己非凡的才能。

借此，他在国内外的声誉大增。在一些诸如物理学、矿物学、电气工程学等学术会议上，他常常与别人交流自己的研究成果，并积极探讨各种科学问题，发表自己独到的见解，与会者无不洗耳恭听。

在这期间，不少外国的科学家对皮埃尔评价极高，其中就有英国著名的物理学家开尔文勋爵。在一次科学讨论会上，开尔文勋爵与皮埃尔交流过后，就对他非常赏识，有一种莫名的亲近感。自此，开尔文勋爵一直很关注皮埃尔。

一次巴黎之行期间，开尔文勋爵参加了物理学会的一次会议。会上涉及带有保护环的标准电容器的构造和使用问题，皮埃尔就此发表了自己的看法。

皮埃尔主张将保护环与地面连接，用电池给保护环里的中央圆板进行充电，这样就能将另一块电板上所感应到的电荷集中计量。虽然说，采用这种构造的话，电线的空间分布会非常复杂，但只要使用静电学中的定理，就能对它的感应电荷进行统计。在这一过程中，公式运用起来同普通电容器在均匀电场中运用的公式一样，简单方便，而且照此方法，电容器的绝缘性能会更佳。

起初，开尔文勋爵认为皮埃尔的推论不够精准。但次日，他不顾年事已高，亲自来实验室拜访年轻的皮埃尔。两人在黑板上进行了一番讨论，最终，他愉快地赞同了皮埃尔的推论。①

尽管皮埃尔如此优秀，成绩斐然，但因无人举荐、无人关照，也没有得到有权之人的相助，所以常常被人忽视和遗忘。再加上他为人光明磊落，极度厌恶为了升迁而不断奔走、求人相助的行为，因此，多年来，他一直担任着小小的实验室主任之职，每月靠300法郎的薪水勉强维持日常开支。虽然处境不佳，但他始终坚持自己的研究工作。他曾在给我写的信中提到过这个问题：

> 有人和我说，我校有位教授可能要离职。若事实如此，我倒想接替他的职位。可是，令人头疼的是，不管是什么职位，都需要本人来申请。这么令人难堪的事情我实在做不来。世间还有什么事比这么去听人说三道四更难为情的呢？很抱歉，和你说到了这种事。

---

① 在访法期间，开尔文勋爵给皮埃尔写了封信，以下为摘要：
亲爱的居里先生：
　　感谢您周六的来信！对于信中的内容，我兴趣颇深，因此想在明天上午 11 点到贵实验室进行拜访，不知您是否会在？有那么两三个问题，我想与您探讨一番，另外，关于您所绘制的在不同温度下铁的磁化带曲线的图，我也想看看。

开尔文

1893 年 10 月

——原作者注

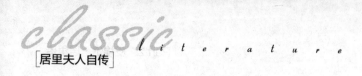

皮埃尔既不渴望晋升，也不渴求名誉声望。在他看来，谁如果一门心思追求这些，那绝对一点好处都得不到。因爱好而从事科研工作，这是人类最崇高的目标，也是最高尚的道德情操。皮埃尔就是如此，在举手投足间展现着他的高尚情操。校长舒曾伯格曾提议授予皮埃尔共和国一级教育勋章，尽管获此殊荣好处很多，但获悉此消息的他还是谢绝了。在给舒曾伯格的信里，他这样写道：

> 我十分感激您能再次提议将此项殊荣授予我。但我诚挚地请求您，请您不必做这么多。我已经决定不再接受任何荣誉了，假如您帮我申请成功了，对我而言，那是多么尴尬啊。校长先生，请您谅解我，将这一提议取消吧，免得我见笑于人。倘若您为了表达对我的关怀而这般做，那更是没有必要，您之前不遗余力地支持我从事研究工作，远比为我争取这虚名更令我感动。不过对您的这番心意，我仍然感激不尽。

皮埃尔一直没有违背自己的这一意愿。1903年，他又委婉拒绝了政府准备授予他的"荣誉勋章"。尽管他不会为了升迁而四处奔走，但他还是在1895年得到了升迁。

法兰西学院著名的物理学家马斯卡教授十分欣赏皮埃尔，再加上开尔文勋爵对皮埃尔的大力称赞，马斯卡教授于是向舒曾伯格力荐皮埃尔。最终，皮埃尔被聘为教授，在理化学校开设了一个物理学讲座。他的才能终于有了用武之地，可惜，皮埃尔缺乏研究经费的问题一直没有得到解决。

Chapter
第 四 章

— 品德与生活 —

　　我第一次见到皮埃尔·居里，是在1894年的春天。那时候，我已经在巴黎大学学习了三年，通过了物理学科学士考试①，正在着手准备数学学士学位的考试。与此同时，我也开始在李普曼教授的实验室做起了研究。我认识的一位波兰物理学家很敬重皮埃尔。一天，他邀请我和皮埃尔与他们夫妻共度周末。

　　我走进客厅的时候，一眼就看到了皮埃尔·居里。当时，他就站在向阳的落地窗前。尽管他已经35岁了，但看上去还很年轻。他身材修长，双目炯炯有神，十分潇洒，令我印象极深。他个性率直淳朴，微笑时，让人感觉如沐春风；他说话从容不迫，既真诚又严谨，令人觉得十分可信。很快，我们就聊得十分投机了。

　　起初，我们的话题一直围绕在科学问题上。对于他的意见，我感到很有必要听一听。后来，我们又将话题转移到社会问题和人类问题上。我们虽然国籍不同，但在这些共同感兴趣的话题上，有着相似的意见。或许，这同我们两个家庭相似的道德教育有关吧。

　　后来，在物理学会与实验室，我们又遇到了。之后，他很有礼貌地征询我的意见，希望能来拜访我。

---

① 在法国大学学习可分为三个阶段：第一阶段是基础阶段，为一二年级；第二阶段是学士阶段（三年级）和硕士阶段（四年级）；第三阶段是大学博士阶段。在这以后，方可继续深造，最终获得国家博士学位。

当时，由于经济条件有限，我住在大学区一栋极其破旧的楼房的七层。不过，能在科学方面继续深造一直是我的心愿，既然愿望已经达成，我认为这些都没什么，因此我还是很开心。

皮埃尔来到我住的地方看望我，发现我的居住条件如此糟糕，心生怜惜，对我表示了真诚的关怀与同情。

此后，皮埃尔经常和我谈起他的梦想——为科学事业奋斗终生。他也请求我，希望我能和他一起完成这个梦想。可是，我一直犹豫不决。因为一旦那样做了，我就会离开我的家庭、我的祖国，我也会放弃之前所设想的种种为祖国服务的计划。要知道，这些计划在我的心里是弥足珍贵的。毕竟，我的祖国波兰一直惨遭蹂躏，我是在一种浓厚的爱国主义氛围中长大的。我希望我能同祖国无数的青年一样，为保存我们的民族竭尽全力。

假期，我离开巴黎，回到了波兰我父亲的身边，我和皮埃尔之间的事情也暂时被放了下来。在这段日子里，我们虽身处两地，但常有书信来往。彼此间的感情由于这些书信，不但没有减弱，反而更加深厚。

1894年的夏天，皮埃尔给我写了一些信，这些信感情真挚、文采不凡。由于他早已习惯简明扼要，因此信的内容都不长。但是，这丝毫不影响他表达对我的一片深情，他真真切切地希望我能成为他的终身伴侣。

说实话，我非常钦佩他的文字功底。他的信都不长，却很有文采。是啊，谁又能像他那样，仅用三言两语就能将一种浓厚的情感表达出来，只用一种非常简单的方式，就能告诉你事情的本质呢？凭这份功力，他或许都能成为一名作家了。在这本书的前面，我已经引用过他的几段信了，其他的我今后还会引用到。现在，我再来引用几段，这几段是他殷切渴求我能成为他的妻子的引述：

没有比得到你的消息更使我快乐的事情了。我哪里都不想去，一个人在乡间消磨时光。真希望10月份你能按时回来。

我们已经承诺至少做彼此最好的朋友，希望你不会改变主意。

但是我斗胆恳求你，希望我们能彼此相依，在我们共同的梦想中携手一生：你想报效祖国的梦，我们为人类谋福祉的梦，我们的科学梦。在这些梦里，最有可能实现的就是最后一个梦了。我的意思是，对于社会现状，我们没多少能力去改变，即使可以，但若只凭一时意气，或许会适得其反，阻碍了社会的发展进程。但是，在科学方面就没有这种顾虑了。这是个踏踏实实的领域，我们是可以为之做些什么的。尽管这一领域很狭小，但我们一定会有所得。

如果你决定离开巴黎，我们可能永远见不到面了。这样的友谊未免太柏拉图式了。我很想和你永远在一起，希望你不要因为我的话生气。我知道无论从哪方面来讲，我都配不上你。

我想去弗里堡和你会面，不知道可不可以？

希望能在回信中得到你10月即将返回巴黎的消息，这样我会很开心。当然，盼你回来并不是完全出于我作为一个朋友的私心，还因为我觉得巴黎更适合你学习深造，并且，你在这里可以完成更多实际而有用的工作。

从这封信里，我们也能看出皮埃尔的人生规划。为了科学梦，他决定奋斗一生。而且，他也希望他的伴侣能陪他一起完成这个梦。皮埃尔多次和我提起，他之所以到30多岁还没有结婚，就是因为他不相信这个世界上会有符合他结婚条件的那个人。

在22岁那年，皮埃尔在日记里这样写道：

女人比男人更喜欢为生活而生活。天才的女人简直是凤毛麟角。

因此，当我们被神秘的爱情驱使，打算进入某种反自然的道路，并对此自然奥秘全神贯注之时，我们会与世隔绝。我们常常要和女人去斗争，而这种斗争几乎永远不可能是势均力敌的，因为女人会以生活和本能的名义扯住我们的后腿。

此外，从上述所引用的信中，我们能够看出皮埃尔对女人的态度和对科学的信任。他坚定地相信科学于人有着无穷的力量。在这一点上，皮埃尔与巴斯德的看法相似，巴德斯说过："科学与和平将战胜愚昧与战争，在这一点上，我坚信不疑。"

正是因为这样的认知，对于政治，皮埃尔很少参与。同他的父亲一样，皮埃尔热衷于公民应尽的义务。皮埃尔反对暴力。他曾给我写过一封信，信中是这样说的：

> 假设有个人打算用头去将一堵墙撞倒，你对这种人有什么看法呢？没错，或许他是因为某种美好的愿望而产生了这样的想法，但事实上，这种想法荒谬至极。我认为，对于某些问题，人们并不需要采取什么特殊的方式，采用一般的方法就能解决。倘若一个人走上了一条看不到出路的路，那他很有可能会做出许多不好的事情来。我还认为，在当今世界，正义难存，似乎只有强权政治或经济强国才有可能立于不败之地。尽管一个人呕心沥血、劳心劳力，但他依然过着苦不堪言的日子，这是件多么令人气愤的事情啊。可是，就算你很气愤，这件事也依然存在，不会消失。当然啦，这种情况也有可能会消失，毕竟，人就是一部机器。从经济学的观点来看，对付一部机器的上策就是让它在正常情况下，而不是在强制状态下运转。

皮埃尔能清楚地认识到自己的内心想法。在他看来，遵从本心是最重要的事情。当然了，这也得尊重他人的意见。为了减少不必要的矛盾，有时就得权衡利弊，谦让他人。可即便这样，矛盾还是会常常出现。为此，皮埃尔感到十分痛苦。他曾在给我的一封信里诉说过他这种苦闷的心情：

> 我们都是情感的奴隶，是我们所爱的人的偏见的奴隶。而且我们需要谋生，因而都是生活这部机器上的一个齿轮。可是，令人痛苦的是，社会上有那么多成见，你有时不得不为此做出让步。而你

自认为的强大或是弱小，往往决定了让步的多少。倘若让步太小，你势必会被压得粉碎；倘若让步太多，你又好像成了一个卑鄙小人，这样的人，连自己都不会喜欢啊。

今天，我离自己十年前的原则多么远啊。那时候，我认为做什么事都要坚持，绝不能对周围的事物妥协。当时的我觉得，一个人的缺点没什么好掩盖的，将它像展示自己优点那样展现出来就好。

这就是皮埃尔当时的思想状况。他没钱没势，他遇见的那个女大学生一贫如洗，但他是那么真切地想同她结为夫妻。

假期之后，我和皮埃尔的关系更加亲密。我们都很清楚，除了对方，这世上再也找不到第二个与自己的灵魂如此契合的人了。于是，我们决定结婚。

1895年7月26日，我们举行了婚礼。这个婚礼是完全依照我们的共同兴趣举办的，没有采用宗教的形式，仪式简单极了。皮埃尔的父亲真诚地欢迎我加入他们的家庭，我的父亲和哥哥姐姐也都参加了婚礼，他们为我能有这样的归宿感到高兴。

当年10月，我们俩住在格拉西埃尔路的一个三居室里，那儿离理化学校很近。房间很简陋，连家具都是从他父母那儿搬过来的简单几样。由于囊中羞涩，我们一个用人也不敢雇。家中所有的家务都落在我的身上，不过还好，我在上学的时候就养成了自己动手的习惯。

皮埃尔的薪水是每年6000法郎。那时，我们认为他不能再做兼职，至少一开始不行。我呢，为获得一个教职，则一门心思准备着教师资格考试。

1896年，我终于通过了这个考试。舒曾伯格同意我在皮埃尔身边一起工作。后来，我们的生活就是以我们的科研为基础来安排的。整个白天，我们都会待在实验室里。

那时候，皮埃尔对晶体研究的兴趣极大。他很想弄清楚，是因为生长速度不同还是溶解度不同，才造成晶体某些面特殊的发育与生长。不久，他便获得了一定的答案（只是他没有发表）。后来，由于需要做放射性的研究，他只好

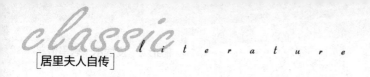
中断了对晶体的研究，这算是他的一大憾事吧。那时候，我则忙于研究淬火钢磁化作用。

在学校授课的时候，皮埃尔备课非常细致、认真。他教授的课程是新开的，因此学校对教学大纲没有做硬性的规定。起初，皮埃尔将他的课程分为晶体学和电学两部分。后来，他深深地感觉到，要培养未来的工程师，电学理论的课更为重要。之后，他便一门心思专讲电学理论了。再后来，他甚至将这门课变成了一门正式课程（共分为20课时左右）。在那个时候，他的这门课程堪称巴黎大学最完整、最现代的课程了。

我看到他为了讲好这门课，付出了很大的努力。他将各种现象、理论、观点的演变分析得既全面又准确。他一直计划着将自己的讲义编册出版，可惜由于工作繁忙始终未能如愿。

我们俩都对理论工作、实验室的实验、备课等事情有浓厚的兴趣，因此我们的生活也很融洽。一起生活的十一年里，我们极少分开，因此就不需要书信交流了。

每逢休息日或假日，我们就会外出，或徒步，或骑车。我们有时候到巴黎郊区的田野里，有时候到海边，有时候又会到山里。皮埃尔是个很喜欢工作的人，通常，如果在哪个无法工作的地方待得久一点，他就会觉得自己好久没有做过些什么了。但是，如果外出郊游，即使出去好几天，他都兴致勃勃，玩得非常愉快。就像他从前和雅克一起出去一样，每次我们俩也都结伴前往。

我们俩跑遍了萨凡纳地区、奥弗涅山区以及法国的海滨和几处大的森林。当然，就算正在游山玩水，皮埃尔对科研问题的思考也不会停止。

大自然的风景太美了，令我们难以忘怀。记得在一个风和日丽的日子我们爬山爬了很久，最终筋疲力尽地到达了奥布拉克高山草甸。那里空气清新、芳草碧绿，令人心旷神怡。还有一次，那是个傍晚，我们正在特吕埃尔山谷间徘徊，忽然传来悦耳的民间小调，紧接着，一只小船顺流而来，之后，歌声渐渐远去。我们恍若置身人间仙境，好久都回不过神来，在那儿流连到翌日清晨才回到住处……归途中，突见一辆马车驶来，由于拉车的两匹马被我们的自行车吓到了，狂奔起来，我们赶忙下了大路，在犁过的田野上穿行，走了许久才又折回大路上来。这时，已近黎明，月亮似有若无，太阳即将喷薄而出，牛栏中的奶牛睁着温驯的大眼睛，注视着我们俩，仿佛在思索着什么。

春天的贡比涅森林美多了。大片浓密的树叶一望无际，林间的春花和野葵赏心悦目。布列塔尼海边，气氛宁静，周围是大片的金雀花和欧石楠，令我们着迷不已。皮埃尔还很喜欢枫丹白露森林边缘的鲁安河畔。

不过，我们的孩子出生后，远游就没那么方便了。于是，我们找了一个固定的地方度假。在那里，我们生活得很简单，同当地的居民没什么区别，别人也不知道我们是谁。

记得有一次在普尔杜村的时候，一位美国记者找到了我。当时我正坐在屋前的石阶上倒鞋里的沙子。第一眼看到我，那位记者愣了一下，最后他索性坐到我身边，掏出记录本记起我们的对话来。

我和皮埃尔父母的关系很好，经常到索镇去看望他们，皮埃尔婚前所住的房间，永远空着，等待着我们去住上几天。我和皮埃尔的哥哥雅克一家（雅克也已经结婚了，有两个孩子）也相处得非常愉快，我将他当作自己的亲哥哥。

1897年，伊雷娜——我们的大女儿出生了。可没过几天，皮埃尔的母亲竟然去世了，后来，他的父亲便同我们住在了一起。那时候，我们住在巴黎蒙苏利公园附近克勒曼大道108号，这个房子还有一个花园。直到皮埃尔不幸去世前，我们一直住在那儿。

孩子的出生很是影响了我们的研究工作，因为我得花更多的时间来操持家务。幸好，她的爷爷很喜欢照顾她。家中人口增加，还得请保姆，我们不得不想办法节约开支。由于一直致力于放射性问题的研究，我们的经济条件一直得不到改善。直到1900年，情况才稍有好转。只是，那牺牲了我们多少科研的时间啊。

我们拒绝了很多社交应酬。皮埃尔天生厌烦这些无聊或为了拉关系的应酬。他为人严谨认真、寡言少语，不喜和别人闲聊，有那个时间他宁愿独自思考问题。不过，他同儿时的朋友，同有着共同科学爱好的朋友一直保持着密切联系。

在那些和皮埃尔一样对科学感兴趣的朋友中，里昂理学院的古侬教授和他的关系最为密切。早在巴黎大学当教辅人员的时候，他们就有了交情。后来，他们经常以通信的方式探讨科学问题。当古侬教授因故在巴黎短暂停留的时候，他们一定要讨论个没完没了。

现出任塞福尔国际度量衡标准局局长的纪尧姆，也是皮埃尔的老相识了。他们两个时常在物理学会见面，周末的时候还会到塞福尔和索镇聚会。

此外，还有些进行物理和化学研究的年轻朋友聚集在他身边，他们都是这两门学科研究中的佼佼者：安德烈·德比尔纳，他的好朋友和放射性实验研究上的合作者；乔治·萨尼亚，他在X射线研究上的合作者；保罗·朗之万，他以前的学生，后来成了法兰西学院的教授；让·佩韩，巴黎大学的物理化学系教授；乔治·于尔班，巴黎大学化学教授。这些人经常来到我们幽静的住所拜访，大家一起聊起最近或将来的实验，一起讨论科学研究中的种种问题，对当时物理学的飞速发展，他们都振奋不已。

一般情况下，皮埃尔并不喜欢邀请很多人到家里来。皮埃尔觉得少数几个朋友聚聚才更令人惬意。他也很少参加除学术会议以外的会议。假如他碰巧参加了一次多人会议，又恰好对谈话内容没什么兴趣，他就会躲在小角落里静静地思考。

我们的亲戚不多，距离也很远，因此，我们之间的联系并不密切。不过，只要有我的亲戚来看我，皮埃尔就会满怀热忱地欢迎他们。

1899年，皮埃尔和我一起到了波兰的喀尔巴阡山，当时它由奥地利管辖。我有个学医的姐姐——布罗妮雅住在那儿，和德卢斯基大夫结婚后，他们一起经营着一家大型疗养院。皮埃尔其实不喜欢学外语，但为了多了解我的喜好，他学了波兰语。其实，我觉得他学波兰语没什么用，不过，皮埃尔深深地同情着我的祖国，他认为，一个自由的、新的波兰注定会诞生。

在共同生活的几年里，我对皮埃尔有了更加清晰的认识，他比我刚结婚时所设想的还要好。我佩服他的才能，有时甚至觉得世上没有谁能比得过他。世人常有的虚荣心和鄙俗，你在他的身上根本看不到，这就是皮埃尔的魅力吧！

和他共处时，他沉思的样子和明亮的眼睛深深吸引着我。后来，我又发现了他的温柔。他常常说，自己并不喜欢争强好胜。这倒不错，他很少发火，所以你要是想跟他吵架，注定是吵不起来的。为此，他调笑着说："我并不擅长发火。"

如果说他没几个朋友，那他更没一个敌人。他从不愿伤害别人，就连不经意地伤害别人的事，他也没有做过。但是，他坚持自己的行为准则，没有一个人能让他改变。所以，他的父亲常常说，他是一个"温柔的倔强者"。

皮埃尔喜欢直截了当地表达观点，在他的眼中，外交的方式简直太幼稚了，最好的方式就是简单明了、自然坦诚。人们都知道他率真的个性。不过，他的这种率真也不是直白，他所说的话都经过了深思熟虑。他常常自我批评、自我反省，因此，他能够一眼看出他人的思想动机。通常情况下，他并不发表意见，而是将某种判断放在心里，但是，一旦需要说出来或说出来会更好的时候，他肯定会将自己的想法和盘托出。

在科学界的朋友圈里，他从不嫉妒别人。无论谁做出成功的实验，即便是他未领先的一个领域，他都为之欢喜不已。在他看来，对于科学，人们不应该关注人，而是应该将注意力放在事情上。

他反对那些争夺第一的想法，也反对中学里依据成绩颁发荣誉证书的做法。只要他认为哪个人有从事科学的能力，他总会支持、鼓励。因此，直到今日，还有不少人深深地感激着皮埃尔的知遇之恩。

皮埃尔不仅在态度上已达到文明之巅，他的行为举止也丝毫不差。他待人宽和、热心助人、不事张扬。对那些身处困境的人，他总是尽自己最大的努力去帮助他们，即使牺牲掉自己的时间也在所不惜。

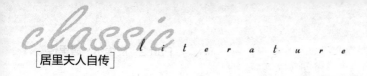

对于一位科研工作者而言，他的时间是多么宝贵啊，但他从不说这些。皮埃尔认为，除了维持简单的生活以外，钱财的用处就是用来帮助别人，或满足自己的工作所需。

我不知道该如何落笔，才能将他对亲朋好友的爱描述清楚。我说过，皮埃尔的朋友不多，但任何人一旦能成为他的朋友，就能够获得皮埃尔最忠诚、可靠的情感。这是因为，他们有共同的思想观念做基础。就像他对哥哥的感情，对我的爱，这是多么难能可贵啊。他的体贴、他的关怀会令人感到像掉到了蜜罐子里一样。若失去了这份关怀，就会让人感到现实是如此冰冷。

我们俩有过几次短暂的分别，他曾在一封信中表达过对我的爱：

> 我是如此思念你，你早已融进了我的血液里，但我还是奢求你能再给我一些新的力量。如同现在这般，我每次将自己的思想倾注于你的倩影上时，你的模样、你的一举一动就会悄悄地出现在我的心里，好像此时的我已完全属于你了。然而，你并没有在我面前出现。

对自己的身体状况，我们没有多大的信心，而且，我们也不知道自己的身体能否抵抗住艰难的科学实验。我们在一起生活的日子越是幸福，我们就越担心离别的到来。

每当这时，皮埃尔就会勇敢地对我说："无论发生什么事，一个人即使成了没有灵魂的身体，也应该照常工作。"

Chapter
第 五 章

— 镭的发现 —

在前面，我已经提到了。1897年的时候，皮埃尔正在进行晶体的生成研究。暑假开始时，我的研究——淬火钢也完成了。因为这个研究，我还获得了少量补助，这是由国家工业奖励协会发放的。

这年9月，伊雷娜出生了。在身体恢复以后，我再次回到了实验室工作，并同时准备着自己的博士论文。

1896年，我们的注意力被一个奇特的现象吸引住了，那源于亨利·柏克勒尔的一个奇特的发现。由于伦琴发现了X射线，当时不少物理学家开始研究在太阳的照射下，荧光物质是否会发出类似X射线的射线来。亨利·柏克勒尔研究铀盐时，就发现了一个非比寻常的现象：铀盐自身能发射出一种性质独特的射线。由此，放射性被发现了。

下面，我们来简单地说一说亨利·柏克勒尔的发现。

在阳光直照铀盐的时候，会得到一个影像。把照片底片用黑纸裹严实，再将铀盐放在上面，之后，把照片底片放在暗处，几天后，底片上就会显现出一个影像——同阳光照射铀盐的情况下所获得的影像非常相近。显然，后面这种影像是因为铀射线穿过黑纸形成的。而同X射线一样，这种铀射线可以使验电器放电，并能将验电器周围的空气变成导电体。

在亨利·柏克勒尔看来，铀盐这种独特的性质与在暗处放多久没有直接关系。就算放的时间再长，它的放射性依然不变。既然这样，疑问就出来了，尽

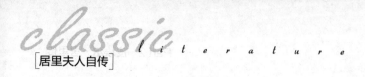
管这种射线的能量小得可怜，但仍源源不断地从铀盐中被放射出来，那么，这种能量到底是从哪儿来的呢？我们对这个问题产生了浓厚的兴趣。当时还没有人涉足这个领域，我决定开始研究了。

想要进行研究，就离不开实验场所。经校长批准后，皮埃尔在理化学校大楼底层收拾出一间带有玻璃门窗的屋子——这里原是学校的贮藏室和机器房，我就在这里进行实验。

要想对柏克勒尔所获得的结果做进一步研究，离不开精确的定量测量。而铀盐辐射的射线在空气中具导电性质，最适合计量了。这种现象又叫电离作用，X射线也会产生这种现象，也正是在这种现象里，人们才获知了X射线的那些主要特性。

铀盐辐射经过空气的时候会使空气离子化，从而产生微乎其微的电流。为了测量这一电流，我使用了皮埃尔和雅克两兄弟发明的仪器。方法如下：选一个非常灵敏的静电计，将由电离作用引起的微小电流所含的电量置于其中，再同另一块压电石英结晶所得到的电量相比，若其平衡，就能计算出这种极微小的电流了。

因此，我们所需要的实验设备如下：一个非常灵敏的静电计、一块压电石英和电离室。电离室由一个平板电容器构成，它的上板连接静电计，下板加上一定数量的电压，板上还涂上一层薄薄的待计量的物质。不过，在潮湿狭小的大楼底层，这种实验仪器使用起来并不方便，因此需要考虑到误差。

经过实验，我证实了铀盐的放射性是能够被测量的，而且它的放射性属于铀元素的原子特性之一。化合物的化学性质和外界的光与热都对它不起作用，它的强度只同化合物中所含铀的数量成正比。

我想弄清楚是否还存在其他一些类似的物质也具有放射性性质，于是，我又着手研究当时已知的所有元素。无论是纯元素还是其他化合物，我全都分析了一遍。最后，我发现，与铀相类似的射线，只有钍的化合物能放射出来，而且，它们的放射性强度处在同一水平。放射性也是钍的特性。

为了确定钍、铀等物质显示出的这种新特性，我们有必要给它们起个新名字。我建议使用"放射性"，后来，这一名称被广泛使用，人们就用"放射元素"来称呼那些具有放射性现象的元素了。

在研究的过程中，我分析了各种盐和氧化物之类简单的化合物，同时也分析了一些矿物。有几种矿物中含有铀和钍，因此它们同样具有放射性。不过，令我惊讶的是，它们放射性的强度比纯铀或纯钍所具有的放射性还要强。我可以确定，这并不是实验的错误，可为什么会有这种反常的现象呢？我必须为这种反常的现象找出一种答案来。

于是，我做了一个假设：在含铀和钍的矿物中，可能存在着另一种少量的元素，这种元素的放射性比铀和钍都强。如今，我们已经对所有的已知元素都做了研究，那么这种元素一定是我们所不知道的。因此，这应该是一种全新的化学元素。

我急不可耐地想动手证实这个假设。皮埃尔也对这个问题很感兴趣，于是决定暂时搁置他的晶体研究（在他看来只是暂时搁置而已），和我一起投入到寻找这一新元素的研究中。

我们选取了一种含铀矿石——沥青铀矿，在纯净状态下，它的放射性比纯铀强四倍。

经过准确的研究和精确的化学分析后，我们已基本掌握了这种含铀矿石的成分，因此，我们期待着能从中找到至少百分之一的新元素。后来，我们的确发现沥青铀矿中含有一种新元素，但是它的含量却微乎其微——竟连百万分之一都不到。

在研究的过程中，我们使用了新化学分析法，它主要以放射性现象为依据：首先，运用普通的化学分析法，将沥青铀矿中的各组成部分逐一分离，之后，再将各部分的放射性置于合适的条件下进行计量。借此，我们就对各部分放射性元素的化学特性有了一定的了解，并进一步发现，在一部分物质中，其放射性元素的浓度在增强。

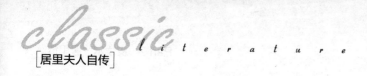

基于这样的实验基础，不久之后，我们又发现，未知的放射性元素主要集中在两种不同的化合物中。因此，我们认识到，在沥青铀矿中，至少含有两种人们未知的新的放射性元素。我们分别给它们命了名——钋和镭。1898年7月，我们宣布发现了钋。同年12月，我们又宣称发现了镭。①

研究虽取得了较为显著的进展，但并不能说这项研究已经完成了。我和皮埃尔认为，要想得到化学家的认可，必须将这两种既定的放射性元素分离出来才行。

然而，在我们所获得的化合物中，尽管其放射性比铀强数百倍，但其中钋和镭的含量少得可怜。钋可以和沥青铀矿中所提取的铋相化合；镭可以和钡相化合。不过，虽然我们已经掌握了将钋和镭从铋和钡的化合物中分离出来的方法，但要想进行这一分离实验，大量沥青铀矿石必定是少不了的。但是，正是在这一研究阶段，由于进行实验的地方狭小、资金匮乏、人手不足，我们的实验一度受阻。

沥青铀矿石的价格贵得离谱，我们根本没有办法买那么多的矿石用于研究。当时，波希米亚的圣约阿希姆斯塔尔是这种矿石的主要生产地。为了开采这种矿石，奥地利政府还特意在那儿开了一个矿。在提炼完铀之后，人们会将剩余的矿渣抛弃。

我们猜想，就在这些抛弃物中，必定有部分矿渣会含镭和钋。在那个时候，这种矿渣被视为没用的废弃物品，想得到它们并不是一件难事。再加上有维也纳科学院的帮忙，我们花了很少的钱，买来了好几吨这样的矿渣。这些矿渣成了我们的实验材料。

起初，实验所需的资金都是我们自己想办法解决的，直到后来，我们才得到了一点科研补助和外界的少量资助。

实验的场地问题也让我们很头疼，我们不知道什么地方可以让我们做化学

---

① 对镭的发现是我们同 G. 贝蒙一起宣布的，他曾和我们一起做过实验。——原作者注

分析。最后，我们选择了理化学校里一个废弃的棚屋，它与我放静电仪器的房间只隔了一个院子。

这个棚屋是用木头搭成的，沥青地面，棚顶是玻璃的。由于废弃多年，棚屋早已破烂不堪，遇到下雨天，棚屋里也跟着一起漏水。棚屋里有几张松木桌子，也已经残破不堪，还有一个铸铁取暖炉，可惜怎么烧也烧不暖。对了，里面还放着一块黑板，皮埃尔很喜欢它，经常在上面写写算算。要进行化学实验，难免会有有毒气体逸出来，可这个棚屋里连个通风设备都没有，无奈之下，我们有时不得不跑到院子里做实验。如果遇到刮风下雨的天气，我们就得待在棚屋里做实验，但必须得把所有的窗户都打开。

在这个勉强能称之为实验室的棚屋里，我和皮埃尔在没有助手帮忙的情况下工作了整整两年。由于没有助手，我们只好一边做化学分析，一边探究我们所获得的逐渐增多的放射性提炼物质。但到了后期，由于研究需要，我们的工作不得不分头进行：皮埃尔继续研究镭的放射性；我则做化学分析，以提取纯净的镭盐。

需要我处理的原材料有很多，有时能达20多公斤，因此，在这个棚屋里，随处可见一些大容器，里面放着满满的液体和沉淀物。我得搬动它们，还要往里面倒水。在一口大铁锅里放有沸腾的沥青铀矿渣，我也得拿一根大铁棒不停地搅拌，有时候一搅就是几个钟头，让人精疲力竭。

在矿石中，我将含有镭的钡化合物（其成分为氧化钡）提炼出来以后，需要采用分步结晶的方法对其进行分离、提取。到最后，就会出现最难溶解的化合物，镭元素就集中在其中。要想将这种结晶提取出来，操作方法上一定要非常精密。可是，我们那间棚屋中的灰尘、煤烟实在是太多了，要在那儿提取的话，势必会影响到结晶的纯净度。

一年后，我们的研究结果清楚地显示，比起钋元素，镭元素更容易被提取。于是，我们便将所有的精力集中在对镭元素的提取上。所提取出来的镭盐，我们都做了研究，以测定其放射性能力。我们还将镭盐的一些样本借给了不少科学家①，尤其是亨利·柏克勒尔。

1899年到1900年间，我和皮埃尔一起发表了几篇论文：一篇论述的是镭产生的感应放射性的发现；一篇论述的是放射线的作用，如发光、化学作用等；还有一篇论述的是放射线所携带的电荷的问题。此外，还有一份报告，总结了新的放射性物质及其放射性，是皮埃尔在1900年的物理学会大会上所做的报告。

皮埃尔发明了对镭射线进行测量的晶体验电器，并携带它参加了1900年在巴黎举行的物理学会大会。另外，皮埃尔还发表了一篇有关磁场影响放射线的研究报告。

经过我们及其他几位科学家的努力，在这段时间内，我们取得了一定的成果。我们让人们认识了镭放射出的射线的性质，并向人们展示了属于三种不同范畴的射线。

镭会放射出一些带有放射性且运行速度极快的微小粒子束。其中有 α 射线，是由带正电的粒子束构成；还有 β 射线，是由更细小的带负电的粒子束构成。运动时，α 射线和 β 射线都会受到磁场的影响。而第三组则不会受到磁场的影响，它是由 γ 射线组成。今天，我们已经知道，它的辐射同光、X射线非常相似。

在研究中，我们发现含有镭的化合物都能自行发光，这一点让我们很感兴趣。之前，皮埃尔只是希望它们有美丽的颜色，谁会想到它们还具有自行发光

---

① 自1899年开始，皮埃尔就给波尔森提供放射性物质。波尔森曾给皮埃尔写过一封感谢信，在此，我想引述一下：
尊敬的先生及同事：
　　我现在在冰岛北部，刚收到您8月1日写的信，不胜感激。
　　之前，我们依据空气来计量一个固定导电体某一点的电压，如今，我们不再使用这种方法，而是采用了您的放射性粉末的方法……
　　尊敬的先生及同事，请接受我由衷的感激，多谢您对我的研究工作的巨大支持。
　　　　　　　　　　　　　　　　　　　　　　　　　　亚当·波尔森
　　　　　　　　　　　　　　　　　　　　　　　　　1899年10月16日
　　　　　　　　　　　　　　　　　　　　　　　　　于雅克雷伊
　　　　　　　　　　　　　　　　　　　　　　　　　——原作者注

的特性呢？

1900年巴黎的物理学会大会让我们有了一个机会，可以将这种新的放射性元素的研究成果介绍给各国科学家。在那场大会上，这种新的放射性物质一经提出立即引起了与会者的关注。

由于这种意想不到的新发现，这一时期我们将自己全部的精力都投入到了研究新的放射性物质的领域中。尽管研究条件不尽如人意，我们仍然感到十分幸福、快乐。我们在那个破旧的棚屋里，一待就是一整天，午饭也是随便凑合一下，即便如此，我们还是有种说不出来的满足感。在我们破旧的棚屋里，洋溢着宁静温馨的气氛。有时，在完成了一次观察实验、等待结果的空隙，我们会在棚屋里来回走着，聊聊目前及未来的研究。如果我们感到有些冷，就喝一杯火炉上的热茶暖暖身。我们顾不得其他，一心只装着实验研究，仿佛生活在世外桃源中一般。

吃过晚饭后，我们有时也会到棚屋看一看宝贵的研究成果。因为没有什么可供放置的地方，这些宝贝就在桌子上、地板上平摊着。无论从哪个角度看去，我们都能看到它们那散发着耀眼荧光的身影。每次在黑暗中看到这些荧光，我们总会沉醉不已。

学校从未给皮埃尔安排过助手。不过，有个叫伯第的人一直很热心地帮助我们，他是皮埃尔任实验室主任时的助理。伯第是个非常善良的人，和我们的关系也很好。他非常希望我们能够成功，一有时间便会过来帮忙。有了他的帮助，我们的确省了不少事情。

起初，放射性的研究是我和皮埃尔单独进行的。但是到了后期，任务越来越繁重，就必须要和别人进行合作了。

1898年，我们和实验室主任G.贝蒙临时合作过。1900年，皮埃尔认识了弗里代尔教授的助教——安德烈·德比尔纳，这是一位年轻的化学家，深受教授赞赏。后来，皮埃尔建议安德烈参与我们的放射学研究，安德烈欣然答应了。当时，我们猜测在铁族和稀土族元素中，可能存在着一种新的放射性元素，于是就让安德烈专门对此进行研究。经过一番努力，他果然发现了这种新元素，给它取名为钢。尽管安德烈的这一研究是在巴黎大学让·佩韩教授领导的理化实验室进行的，不过，他常常会跑到棚屋实验室这边看望我们。不久，他就成了我们知心好友中的一位，最后，他还和皮埃尔的父亲及我们的孩子成了好朋友。

大约在同一时期，年轻的物理学家乔治·萨尼亚也在研究X射线，因此，他常常来实验室找皮埃尔探讨有关射线的种种问题。他认为X射线与它附带产生的射线，以及放射性物质所产生的射线三者之间可能有某种相似之处。他提议对此加以研究，于是，他和皮埃尔一起着手研究了那些附带射线所携带的电荷。

除了合作者，我们很少在实验室里接待其他人。在物理学的多个领域里，皮埃尔已经很有名气了，因此，有不少物理学家和化学家慕名而来。他们或是来参观我们的实验室，或是向皮埃尔求教。于是，他们最常干的一件事，就是在黑板前讨论种种观点。这种讨论不仅能够激发人们对科学的浓厚兴趣，还可以扩大人们的想象力，帮助他们进行思考。这种讨论并没有扰乱实验室宁静的气氛，反而令人回味无穷。

Chapter
第 六 章

一缺少关怀下的奋斗一

我们很想将自己的全部精力都投入到实验研究中去，因此在生活上十分清苦。然而，到了1900年，为了维持生计，我们不得不想想办法了。

在巴黎，一份好的教职工作的薪资虽然并不算高，但我们对生活的要求也不高，因此是可以满足一个无其他经济来源的家庭的生活所需的。不过，皮埃尔并不指望能获得一份这样的工作，因为他没有在巴黎的高等师范学校或高等综合工艺学校接受教育的背景，所以他缺少这类重点大学对自己学校的毕业生的特殊支持。

原本，凭借自己的科研成果，皮埃尔完全可以获得自己企盼的一些职位。可惜，这些职位早被人捷足先登了。1898年初，巴黎大学物理化学讲座的主讲教授萨莱去世，皮埃尔去申请这一空缺的职位，可惜还是徒劳无获。这次的失败让他更加确认，自己注定和升迁无缘了。1900年3月，他在巴黎高等综合工艺学校担任辅导老师，但也只任了半年职。

1900年的春天，一个出乎我们意料的消息忽然传来：日内瓦大学聘请皮埃尔担任物理学教授。日内瓦大学的校长以极其诚恳的态度向皮埃尔提出了这一邀请，他很欣赏皮埃尔，认为皮埃尔是一位非常优秀的科学家。校长说，学校会给予皮埃尔丰厚的待遇，还将建一个物理实验室以供他做实验，并且，也会聘请我到实验室工作。经过深思熟虑，我们决定先去日内瓦大学参观一下。在那儿，我们受到了热烈欢迎。

去日内瓦大学任职是一个非常好的机会。日内瓦大学给我们提供的待遇十分丰厚，而且那里的环境如同田园般幽静。只是，要下决心前往日内瓦大学对于我们来说是关系重大的一件大事。当时镭研究正处在非常重要的时刻，皮埃尔担心一旦环境改变，镭研究有可能会中断。因此，尽管很想去，皮埃尔还是不得不婉言谢绝了这一邀请。

就在这时，巴黎大学教授P.C.N①学部课程的物理课空缺出一个教职。于是，皮埃尔提出了申请。数学家亨利·普安加瑞不想让皮埃尔离开巴黎，在他的鼎力相助下，皮埃尔最终获得了这一职务。这时，我也接到了到塞福尔女子高等师范学校讲授物理课的邀请。

就这样，我们俩都留在了巴黎，收入也相对提高了，只是，我们的研究工作却受到了很大的影响。皮埃尔担任两处教职，而且，作为大课的P.C.N课程学生非常多，皮埃尔需要投入不少时间和精力备课。而我呢，我感到塞福尔女子高等师范学校的学生们实际操作能力欠缺，因此，我也要花费很多时间去备课，去带她们做实验。

皮埃尔在巴黎大学有了新的职位，然而，除了一间小小的办公室和一间供他讲课的大教室（位于居维埃路12号，在巴黎大学一栋附属的建筑物里）以外，他并没有属于自己的实验室。

可是，对于皮埃尔来说，独立研究是必须要进行的，而且，放射性研究的进展又是那么可观，因此，皮埃尔挑选出一些学生，指导他们进行放射性研究。但这样一来，原先的实验室场地就不够用了。皮埃尔开始到处奔走，希望能申请到一个大一些的实验室以供研究。

凡是做过这类申请的人都知道这件事有多么艰难。为了达到目的，你得不停地写信，不停地走动，不停地求人，因为中间涉及各种行政审批、财政困难等诸多问题。皮埃尔一向不喜做这些事，因此被弄得心烦意乱、筋疲力尽。

---

① P.C.N："物理、化学和博物学"的缩写。

此外，他还要不停地在P.C.N和我们一直占用的理化学校的棚屋实验室之间奔波。

与此同时，我们的实验也遇到了新的问题：我们的研究工作此刻需要用工业手段处理原材料，否则，研究便不会有什么大的进展。幸亏我们想到了一些临时的代替方法，再加上有一些主动帮助我们的人，这一难关才算过去。

早在1899年的时候，关于组织第一次工业处理实验，皮埃尔就完成得非常好。当时，他使用的是化学品研究中心提供的一种临时装置，在制作精密天平的时候，他和这一中心有过接触。至于用工业方法提炼镭的实验，皮埃尔已经和安德烈做过非常细致的研究，因此实验效果非常显著。不过，做这种化学实验的要求非常高，所以需要培养一些专业的人才。

在我们的带动下，国外也开始进行一些类似的实验研究。皮埃尔对此的态度如此大公无私、慷慨大度。我和皮埃尔没有申请过专利，也不打算靠我们的发现获取什么物质上的利益。因此，在征得我同意后，皮埃尔毫无保留地将我们的研究成果及镭的提炼方法公布开来。如果哪些人对此有兴趣，我们还会将他们所需的资料全部提供出来。对制镭工业而言，其好处是不言而喻的。此后，这一工业在法国迅速发展起来，继而也在国外发展得如火如荼。不少科学家和医学家因此获得了所需要的产品。直至今日，制镭工业的进行仍旧使用的是我们所用过的方法。①

用工业手段处理原材料，我们的确获得了非常不错的成果，可是，由于能力有限，我们没办法再将其进行下去了。这时候，法国的一位企业家——阿尔麦·德·李斯罗对这个实验产生了兴趣。当时，有不少文章介绍过镭在医疗上的效用，医生们对此也很感兴趣。于是，1904年的时候，阿尔麦·德·李斯罗

---

① 最近我到美国进行了一次访问，美国妇女界很大方地赠送给我1克镭。布法罗自然科学学会还送给我一本会刊。这本会刊记述了美国镭工业的发展情况，其中还刊登了皮埃尔的一封信的影印件。这是皮埃尔为答复美国工程师所写的。在这封信里，针对美国工程师所提出的问题，皮埃尔一一做了详细的答复。这些事情主要发生在1902年至1903年间。——原作者注

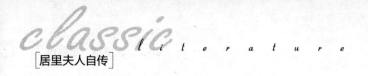

有了一个非常大胆的想法——建一座大型制镭工厂，专向医生提供这种产品。他的计划成功了，因为他所雇用的人，像奥德潘和达纳，都是在我们这儿接受过培训的，所以，他们能做好这种高难度的工作。从此，镭在市场上正式销售了。不过由于镭的制作过程十分烦琐，且原材料的价格也很高昂[①]，因此，镭的售价非常高。

在这里，我想对阿尔麦·德·李斯罗表示最诚挚的谢意。他大公无私地在自己的工厂里划出一块地方供我们使用，为了方便我们的研究，他还资助给我们部分经费。此外，研究所需的其他资金，有些是我们自己筹备的，有些则来自一些赞助，其中，最大的一笔赞助有20000法郎，是在1902年的时候，由科学院提供的。

有了这些帮助，在研究时，我们就能从以前拥有的沥青铀矿中提炼出一定数目的镭来了。在工厂里，我们负责将含镭的钡盐从原矿石中提炼出来。而在实验室里，我进行的是精炼及部分结晶的工作。1902年，我成功地提炼出了1分克的纯氯化镭，进而获得了镭元素的光谱。我还首次测出了镭元素的原子量，它的数值要比钡的数值高出许多。就这样，再也不会有人质疑镭在化学新元素中的地位了！

就此，我也在1903年完成了我的博士论文。

到了后来，能为实验室提供的镭的数量越来越多，我便在1907年的时候对镭的原子量进行了第二次测定。这一次的原子量测出的结果更为精准：225.35，现在所采用的镭的原子量是226。我还和安德烈一起提炼出纯金属镭。在皮埃尔的同意下，我将提炼出来的重1克多的镭全部放在了实验室以供使用。

同等重量下，纯净镭的放射能力要比铀的放射能力大100万倍，这比我们之前设想的高多了。照这样来计算，在沥青铀矿中，镭和铀的含量比例约为3分

[①] 1毫克镭的价值约为750法郎。——原作者注

克比1吨。在矿石中，镭和铀这两种物质之间的关系非常紧密，它们总是同时出现的，如今我们所知道的镭是铀衰变而成的。

对皮埃尔来说，在P.C.N任教的那几年是非常艰难的。他本身习惯于将精力集中在某一固定目标上，这样才能让他获得快乐。可是，P.C.N里有那么多让他劳心劳力的事情！繁多的课程、过度消耗的体力，令皮埃尔的身体不堪重负。

因此，减轻教学压力，节省体力，成了皮埃尔必须考虑的事情。于是，在巴黎大学矿物学讲座教授这一位置空缺之时，他毅然决然地提出了申请。在这方面，皮埃尔的造诣很深，而且他还发表了不少有关晶体物理的重要文章，他完全有能力胜任这一职位。可惜，皮埃尔最终未能如愿。

在如此艰难的情况下，皮埃尔还是凭着自己顽强的意志完成了不少研究，并发表了学术论文。这些研究有些是他自己完成的，有些是与他人合作完成的。主要包括：一部分同安德烈合作，一部分同达纳合作完成的感应放射性研究；镭射线与X射线在电解质液体中所引起的导电性研究；镭射气的衰减率及镭射气同其沉淀物放射性常数研究；与拉波德合作完成的镭释放热量的发现；与达纳合作完成的镭射气在空气中的漫射研究；与拉波德合作完成的温泉产生的气体的放射性研究；与亨利·柏克勒尔合作完成的镭射线的生理影响的研究；同布萨尔和巴尔塔扎尔合作完成的镭射气的生理效应的研究；同什纳沃合作完成的决定磁性常数的仪器的简介。

上面所提到的这些对放射性的研究都是非常基础的，涵盖的范围也十分广泛。其中有好几项研究都是针对镭射气进行的。镭射气是一种由镭产生的奇特气体，而且，镭之所以能产生强烈的放射性，大部分原因都在它身上。经过深入研究后，皮埃尔发现这种镭射气可以自行衰变，甚至消失，而且，在衰变的过程中，它不会被外界所干扰，且有着一定的规律。

在今天，通常情况下，镭射气都被收集在非常细小的玻璃瓶里，就技术而言，它比镭更便于治疗，因此医生常常会用它来治病。事实上，有些被称能治病而声名大噪的泉水，其中通常也含有镭射气。只是，尽管被密封在了小玻璃瓶里，但镭射气的数量还是会减少，因此，但凡医生要使用镭射气，他就得查阅数学图表，以熟悉镭射气每天的衰减量。

皮埃尔在研究的时候，发现镭能够产生的热量非常惊人。一般情况下，镭的表面看不出什么变化，但实际上，它每小时所产生的热量能够将与它同等重量的冰块融化掉。如果能将这些热量保存好，不再向外扩散的话，那么，镭本身就会发热，其温度要比它周围空气的温度都要高，温差能达到10℃呢。显然，这种现象同当时的科学实验数据是完全不同的。

最后，由于镭具有非常明显的消肿作用，因此，我不得不提到一些有关镭的生理效用的各种实验研究。

吉塞罗曾对镭的生理效用发表过研究成果。为了验证其效果，皮埃尔曾主动将自己的胳膊放在镭的照射下足足有几个小时。结果，他的皮肤被灼伤，过了好几个月，才慢慢复原。在把一个装着镭的玻璃管放入西装背心的口袋里时，亨利·柏克勒尔也被灼伤过。他当时和我们说起镭对他的伤害时，又是欢喜又是生气："我对这家伙真是又爱又恨啊！"

皮埃尔在了解了镭的生理效应后，便拿动物来和医生们合作进行实验研究。起初，为了治疗狼疮瘤以及其他的一些皮肤病，实验所需要的镭都是由皮埃尔提供的。由此，医学上的重要分支——被称为"居里疗法"的镭疗法在法国诞生了。后来，丹洛斯、威克汉姆、多光尼西、德格莱等法国医生又对此进行了更为深入的研究，这一疗法又取得了更大的进展。[①]

与此同时，国外对放射学的研究也在不断进行，新的发现比比皆是。许多科学家运用我们所发明的新的化学分析法，对其他的放射性元素进行了积极的

[①] 在这些著名的医生的研究中，企业家阿尔麦·德·李斯罗给了他们很大的帮助，他向他们捐赠了不少做实验时不可或缺的镭。此外，他还在1906年，创建了一个临床医学实验室，其中备有不少镭。为了研讨放射学及其应用，阿尔麦·德·李斯罗还资助了一家专业杂志——《镭》的创办，其主编为达纳。这是为数不多的企业家自主支持科学的一个范例，真希望这种支持可以更加普遍，如此一来，企业家和科学家就能在合作中获得各自所需。——原作者注

寻找。据此，人们发现了新钍，这种元素后来在工业上被大规模制造，并经常被应用于医学之中。

此外，放射性钍、锕等物质也逐渐被发现了。时至今日，我们已知的放射性元素共有30多种，有三种是射气。在这些放射性元素中，由于镭的放射性很强，且衰变比较慢，因此它仍占有举足轻重的地位。

对放射学这门新学科而言，1903年是非常重要的一年。这一年，在法国，刚刚结束镭研究的皮埃尔发现，在表面没有任何损伤的状态下，这种新的元素可以散发出热量。

在英国，拉姆塞和索迪也有了新的发现，观察结果表明，镭能够不停地放出氦气，这就说明原子一定能发生变化。假设，我们将镭盐加热到它的熔点，再把它密封在真空玻璃管里，之后我们再对其进行加热，使它放出少量的氦气，如此，我们就可以通过光谱仪来确定氦气是否存在。经过反复实验，结果证明，镭确实可以释放出氦气。由此，它首次向人们证明了原子能够变化这一理论。尽管我们还没有办法控制这种变化，但原子不可被改变这一理论被彻底推翻了。

吕特福和索迪综合这些情况以及我们以前就知道的情况，最终提出一种被广泛接受的放射蜕变的理论。理论中提到，无论是哪种放射性元素，即使它表面什么变化都没有，它的内部都在进行着蜕变。蜕变的速度越快，其放射性就越强。①

一个放射性原子的蜕变方式有两种：一是α射线，这是由原子自身发射出的一个速度快且带正电的粒子；二是β射线，这是由原子自身发射出来的我们已经非常熟悉的电子。当电子的速度不是很快的时候，它的质量非常小，仅占原子量的一千八百分之一。然而，一旦它的速度接近于光速的时候，质量也

---

① 在吕特福和索迪进行证实之前，关于放射性与原子变化的假设以及其他的一些假设，我和皮埃尔就已经预想到了（参见居里夫人著《科学杂志》，1900年）。——原作者注

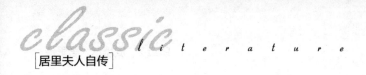

会大大增加。不管是以哪种方式进行的蜕变，放射性原子所剩下的原子和原来的原子已经不同了。剩下的那些原子还会一直蜕变，直到它再也不具有任何放射性为止。这时，它就成了一个非常稳定的原子，也就是我们所说的非放射性元素。

所以说，α射线和β射线都是经过原子的分裂而来的。但γ射线就不同了，它是一种与光相似的射线，是从原子蜕变之中产生的。这些射线的穿透性非常强，近年来一直被广泛应用在疾病的治疗中。①

放射性元素其实可以分为好几族，每族中的元素均是由其之前的元素蜕变而来。在每族中，铀和钍是最为原始的元素。由此，我们证实了，铀能产生镭，镭又能产生钋。所以我们便能找出在原始矿石里，镭与铀的数量比例不变的原因了，这是因为每一个放射性元素都是由它的母体所产生的，而它又会自行蜕变，产生其他放射性元素。那么，当这些放射性元素与其母体并存的时候，它的数量又怎么可能超过一定的比例呢？

放射性元素在自行蜕变的时候，所遵循的规律被人们称之为"指数定律"。按照这个规律，每一个放射性元素都有一个不会变的半衰期，这是其重量减少到之前一半重量时所需的时间。了解了半衰期，就能明确某个元素究竟是何种元素了。每个元素的半衰期，其测定方法都不相同。铀的半衰期有几十亿年，镭的半衰期只有1600年左右，但其射气的周期还不到四天，故某些由镭射气直接蜕变的元素，其半衰期还不到一秒。这种指数定律有很大的意义，它表示蜕变是按照概率规律产生的。目前，我们尚未弄清楚决定蜕变的因素，但是，我们可以肯定，这种变化并不受外在的干涉。

层出不穷的发现推翻了不少我们之前在物理、化学上所遵循的理念。起初，这些发现还会受到质疑，但到后来，大部分科学家都承认了它们的可信性。此时，皮埃尔也在国内外声名鹊起。早在1901年的时候，法国科学院就

① 近来，吕特福利用α射线的内在能量击碎了某些原子，例如氮原子。——原作者注

将拉卡兹奖授予了他。1902年，马斯卡（曾多次给予过皮埃尔支持）教授鼓励皮埃尔申请法国科学院院士。在皮埃尔看来，挑选院士怎么可以让本人四处走动，逐个拜访巴黎的院士们呢？但是，由于马斯卡一再劝说，且科学院物理所的同仁们也早就声称要推荐他成为院士，最后，皮埃尔勉为其难地提交了自己的申请。不过，他并没有成功。1905年，皮埃尔终于被接纳成为院士。可惜，还不到一年，他就遭遇车祸，不幸身亡了。

1903年，英国皇家学会邀请我和皮埃尔到伦敦做镭的报告。在那儿，我们受到了盛情款待。最让皮埃尔高兴的是，他在伦敦见到了开尔文勋爵。开尔文勋爵尽管年事已高，但一直关注着科学的进展，对皮埃尔也一直非常关心。皮埃尔曾送给他一个装有镭盐的瓶子，这位知名的科学家还经常自豪地将瓶子拿出来给别人看。此外，我们还在那儿见到了另外一些科学家：克鲁克斯、拉姆塞、德瓦等。皮埃尔还同德瓦合作发表了一篇报告，研究的是有关在低温条件下，镭放出的热量以及镭盐产生的氦气。

几个月后，我和皮埃尔被授予戴维奖章，这是伦敦皇家学会颁发给我们的。同一时期，我们夫妻俩和柏克勒尔又一起获得了1903年度的诺贝尔物理学奖。颁奖仪式于12月份在斯德哥尔摩举行，但由于身体原因，我们俩都没能参加。到1905年6月的时候，我们才在瑞典的首都领取到了这一奖项，皮埃尔还在领奖仪式上发表了讲话。我们在瑞典受到了热烈的欢迎，还领略到了那儿夏季的秀丽风光。

诺贝尔基金会（成立于1901年）虽是新近成立的，但它有着很高的威望。所以，能获得诺贝尔奖，对我们而言，是多么不平凡的一件事啊。而就经济方面，就算只有一半的奖金，其数值也是非常大的。在这以后，皮埃尔在理化学校里的教学任务就交给了他的学生——保罗·朗之万[1]。朗之万也是一位非常

---

[1] 保罗·朗之万写过两篇关于皮埃尔的生活与事业的长文，一篇登在《理化学校校友联谊会年鉴》（1904年）上，另一篇登在《当月》杂志（1906年）上。——原作者注

有才气的物理学家，为协助他做实验，皮埃尔又特地聘请了一位教辅人员。

尽管获得诺贝尔奖是件幸福的大事，但媒体大肆的宣传还是让我们无法忍受。而且，每天，不断有人登门拜访，一封封信件也像雪花一样飞来，有的来约稿，有的邀请我们做报告，真是让人难以适应。这些杂事不仅浪费时间，也让我们不堪重负。皮埃尔为人一向随和，他不习惯拒绝别人的请求，但长此以往，不仅他的身体受不了，连他清醒的大脑和研究的思路都被打断了。他在给好友的信中说："人们不停地要求我们写文章、做演讲，可是再过几年，提这些要求的人看见我们在研究上没有任何新的成果的时候，又该责怪我们了。"

同时，他还给古依写了几封信，信中也表达了这样的感叹。后来，古依将这几封信转交给了我，在此，我深深地感谢他。信中写道：

> 如你所见，我们被幸运之神眷顾了，可是这种幸福也带给我们无尽的烦恼，令我们不得安宁。这是之前从未有过的。有时候，我们连喘口气的工夫都没有。要知道，我们当初的梦想可是远离人群，到野外生活啊！
>
> 1902年3月20日

我亲爱的朋友：

我早就想给你写回信了，但一直没有时间。请原谅我这么拖拖拉拉，可是，你要是知道我现在过着的是一种多么荒唐愚蠢的生活，一定不会再责怪我了。

你已经看到，现在镭成了热门话题。工作带给我们荣誉，使得我们声名鹊起，但也让我们十分苦恼。世界各地的新闻记者和摄影师包围着我们，伊雷娜和保姆的对话，甚至我家里的那只小猫都成了他们描写的对象。我们收到各种邀请信函，许多人要见我们，还有人向我们借钱。很多人冲到娄蒙路一探究竟，实验室里没有片刻的安宁。现在，到了晚上我还得回复那么多的信件。如今，我的脑子每天昏昏沉沉的，真是烦得不得了。

　　要是经过了这番折腾，我能在大学里获得一个教职或一间实验室，那也还行。可是，教职之位尚在计划中，实验室更连个影子都看不到。其实，我很想先有个实验室，但是，里亚德院长认为，现在应该趁这个热度先建立一门新的课程，这门课程要与法兰西学院的一门课程相类似，不过可以先不明确具体的大纲内容。可这样一来，我又多了一件麻烦事——编写教材。

1904年1月22日

　　关于瑞典之行，我不得不放弃了。如你所见，我们已经完全违反了瑞典科学院的规定。说句实在的，我和妻子现在的身体都太差了，哪怕稍微累那么一点点都受不了。如今，我都不敢想象过去进行那些繁忙的工作时，日子究竟是怎么过来的。

　　我现在什么研究工作都没有做。每天就是讲讲课，指导指导学生，再安装安装仪器设备，应付应付一些找上门来的人，虽然他们并没有什么要紧的事情。如今，我做的事一点意义都没有，不过是在虚度光阴而已。

1905年1月31日

我亲爱的朋友：

　　今年你没能来我们家，我对此深表遗憾，愿10月份的时候我们能够再见面。如果不经常和自己的好朋友见面，那最后，很有可能就会失去自己最重要、最亲密的朋友了。到时候，就只能见一些很容易见到又没什么关系的朋友了。

　　我们虽然忙碌，但并没有做什么有意义的事情。近一年多来，我没有做研究，可也没有属于自己的时间。我们的时间被干扰得支离破碎，但我还没有找到阻止的办法。不过，我一定会找到的，毕竟，这是一件生死攸关的大事。

1905年7月25日

明天，我讲授的课程就要正式开始了，但我并不觉得有多么开心，因为我的实验室还没有完全准备好。我们上课的地方是在巴黎大学院内，实验室却在居维埃路。此外，还有另外几门课程也都在同一教室里进行，我只能在上午好好利用这间教室来备备课。

虽然还没有达到卧病在床的地步，但我的身体状况并不乐观，身上似乎一点力气都没有，连实验研究也没办法进行。我的妻子倒还好，她看起来还挺有活力的。她既要照顾两个女儿，又要到塞福尔女子高等师范学校讲课，还得去实验室做实验。她忙得团团转，每天都会花上大半天的时间在实验室里，或做自己的实验，或指导学生做实验，她实在比我强太多了。

1905年11月7日

总之，虽然受到不少干扰，但在我们的努力下，我们的生活又像以往一样简单了。快到1904年年末的时候，在克勒曼大道的寓所里，我们家的新成员——二女儿艾芙出生了。皮埃尔的父亲一直和我们住在一起，与我们来往的朋友依旧不多。

逐渐长大的大女儿成了皮埃尔的一个小伙伴。皮埃尔很重视对她的教育，只要有空，就会带着她出去散步，假日的时候更会如此。皮埃尔很喜欢和大女儿聊天，也会认真地回答大女儿的每一个问题。看到大女儿的小脑袋越来越开窍，皮埃尔十分欣慰。皮埃尔就是这样，他一直努力地了解孩子，并尽可能将最好的东西都给她们。

皮埃尔的声誉渐渐传播到国外，国内对皮埃尔的崇敬虽然姗姗来迟，但总算认识到了他的价值。45岁的时候，皮埃尔虽在法国科学家中名列前茅，已经是法国科学界的权威人物了，但他的教学级别仍然低得可怜。这般不正常的状态令公众不满，借助舆论的力量，巴黎科学院院长里亚德提出再在巴黎大学创建一个新的教席。于是，在1904至1905学年间，巴黎大学理学院授予了皮埃尔正教授这一头衔。一年以后，皮埃尔正式离开了理化学校，他原来的职位由保罗·朗之万接替。

在理化学校的时候，条件虽然艰苦，但实验的幸福陪我们度过了无数个日夜。等到要离开了，倒有种不舍的感情。尤其是那个被我们当作实验室的棚屋，更令我们难以割舍，我们有空就会回去看看它。后来，理化学校要修建新校舍，便打算将这座又存在了几年的棚屋拆掉。还好，我们保存了它的几张照片。

到了正式拆除的那天，皮埃尔已经不在了。我孤身一人去看了它。棚屋的每一处都留下了他的痕迹，还有那块黑板上，他的笔迹也依然存在。他是这间陋室的灵魂所在。可惜如今物是人非，我多想再看看他的身影，多想再听听他的声音啊！

巴黎大学虽新设了教席，但刚开始也是困难重重。本来，按照最初的计划，新教席不配备实验室，只设讲座，但皮埃尔没办法接受。因为，一旦接受了这一新职位，皮埃尔就有可能失去他目前所使用的实验室，可学校又不会给他新的实验室，这怎么行呢？因此，皮埃尔给上级写信，表示坚决不接受新的职位，要继续留在P.C.N的岗位上。

经过数次交涉，除了创立一个教席外，巴黎大学还拨了一部分经费给皮埃尔，用以创办实验室和聘请工作人员。最后，皮埃尔有了一个简陋的实验室，也请了三个合作者：一个实验室主任、一个助手、一个工人，我则担任了实验室主任一职。对此，皮埃尔感觉很满意。

作为法国一流的科学家，皮埃尔连个供他做实验的像样的实验室都没有，听起来多令人诧异啊！假如他能多活几年，或许会拥有一个令他较为满意的工作环境。可惜，从20岁在科学界崭露头角到47岁英年早逝，他想有一间好的实验室的愿望都一直未能实现。

如此伟大的一位科学家，才华横溢，大公无私，却不能尽情地实现自己的科学梦想，这是多么令人心痛的一件事啊！

1903年，在皮埃尔名气正旺的时候，巴黎科学院迫于舆论的压力，打算授予他荣誉骑士勋章。不过，他写信委婉地拒绝了，就像上次写信给理化学校校长谢绝教育棕榈奖章一样，他的态度始终如一，从未改变。下面，我将引用他信中的一段话：

请代我向部长先生表达深深的谢意，同时也请代我转告部长先生，除了一个急需的实验室外，我并不要任何奖赏。

任职为巴黎大学的教授后，皮埃尔就得准备开设一门新的课程。课程的范围不限，可由他自己来确定。因此，在对教材的选择上，皮埃尔有了充分的自由，他借助这次机会，回到了自己喜爱的课题——晶体物理学上。

皮埃尔很想让自己的这门课变成一个完整的晶体物理学课程，在部分教材里，他选用了对称性定律、矢量和张量研究等，并将这些概念运用到晶体物理学之中。皮埃尔想尽办法充实这门学科，由于这一课题当时在法国尚少有人进行深入研究，因此它会很有用处。此外，他还讲授放射性，并针对这一新领域中的不少科学发现和这些发现所带来的科学革命进行了详细的阐述。

皮埃尔身体不好，在忙着备课的同时，他仍会留在实验室里进行研究工作。这时，实验室的组织管理渐渐走上了正轨。由于地方扩大了一些，他还可以和几个学生一起进行研究工作。就泉水及泉水中释放的气体的放射性问题，皮埃尔和拉波德合作进行了研究，并就此发表了研究报告。这也是他此生最后一份研究报告。

此时，皮埃尔对物理学的研究已达到了登峰造极的地步。在物理学理论及许多原理上，皮埃尔有着非常深刻、透彻的理解和相当独到的见解，我们都被他出色的才华所折服。皮埃尔天生就具有超凡的能力，他有着强烈的好奇心和丰富的想象力，即使同时涉及好几个领域，他也毫不费力，因此，就算改变研究课题，对他而言，仍能得心应手，这是非常难能可贵的。皮埃尔还很喜欢制作精密的仪器，每当他成功地制成一个精密的实验仪器时，总会像艺术家那样对自己的作品欣赏一番。我常就此和他开玩笑，若是每半年不能弄个新仪器出来，他定会心痒难耐。

对待研究报告，皮埃尔的态度极为严谨，一丝不苟。即便已经写得非常完美了，他也要逐字逐句再加以审视，不断完善和修改。对于报告中出现的任何表达不清的地方，他必须修改得无可挑剔才罢手。之后，他才会发表。关于这一点，他曾说过以下这段话：

> 倘若要研究某种未知现象，我们不妨先做些最普通的假设，然后再根据实验结果一点一点地向前推进。这是一种中规中矩的做法，虽然效果缓慢但基本稳妥。当然，与之相反，我们也可以做一些大胆的假设出来，先把现象的机理确定了。采用这种方法的好处是可以对某些实验进行设想，这对于推论非常有利，能让推论以一种图像形式变得不那么抽象。毕竟，通过一个实验的结果来寻找其复杂的理念，那简直太难了。不过，精确的假设中虽然包含一部分真理，也势必会有一些错误存在。而且，即使这部分真理是真实存在的，但也只是一般性的见解，有一天，还必须回过头来再认真地对其重新审视。

皮埃尔虽然会十分果断地提出一些假设，但是，在这些假设被完全证实无误之前，他是绝不会拿去发表的。他不喜欢那种仓促地发表研究报告的行为，而是习惯先找很少的几位研究人员，平心静气地将这一问题详细探讨一番。在放射性研究达到顶峰的时候，他反将这方面的研究放下，将已经搁置许久的晶体物理学的研究重拾起来。另外，对其他的理论研究问题，他也希望能再进行一番仔细分析。

对待自己的课程，皮埃尔更是精益求精。他认为，不管是对课程一般标准的要求还是授课方式，都应以接触实验、接触大自然为基础。在学院教授委员会成立的时候，他希望自己的同事们能够接受他的观点，并提出"不管是男子中学还是女子中学，科学教育都应当成为他们的主修课程"。但是，他很快又说："不过这个提议是不会被通过的。"

这一时期，皮埃尔可谓硕果累累，他也期盼着自己以后的工作能逐渐好转。然而，就在此时，他辉煌的科学生涯戛然而止了。

1906年，因疲劳过度，皮埃尔感到身体十分不适，因此，在复活节假期的时候，我们带着两个孩子到谢夫勒斯山谷中度假。那两天的假期是多么惬意啊！有温暖的阳光，有家人的陪伴，皮埃尔的心情好了很多。他和女儿们在草地上做游戏，和我一起畅谈未来。

回到巴黎后，我和皮埃尔参加了物理学会的例行晚餐。亨利·普安加瑞与他坐在一起，他们谈了很久有关教学方法的问题。在我们徒步回家的路上，皮埃尔还在说着他理想中的文化，他很高兴我和他的看法一致。

第二天，那是1906年4月19日，皮埃尔参加了巴黎大学理学院教授联合会的聚餐，并就委员会应采取的方针和教授们进行了探讨。和大家告别后，皮埃尔徒步穿越多非纳路的时候，一辆运货马车忽然从新桥方向驶来，将他撞倒在地。皮埃尔的头颅被车轮碾碎，当场死亡。

皮埃尔，一个在科学界如此卓越的人就这样永远地离开了我们，人们寄予他的科学厚望也随之破灭。他从乡间采回来的水毛茛鲜艳欲滴，可它的主人再也回不来了。

Chapter
第 七 章

— 民族的悲痛 —

皮埃尔的不幸遇难留给了我们无尽的伤痛。在这里，我不想再过多地说些什么了。通过这本薄薄的小册子，我相信大家应该能够感受到，在他的父亲、兄长、妻子的心目中，皮埃尔占据着多么重要的地位啊！同时，他还是一位很有责任心的父亲，对自己的两个女儿，他爱得很深。他很喜欢和孩子们一起玩耍，也不厌其烦地与孩子们交流、沟通。可惜，两个孩子的年纪还太小，她们一时还没有办法理解这场悲剧究竟带来了多大的灾难。为了不给她们的童年造成什么阴影，她们的祖父和我不得不强忍住内心巨大的悲痛，不在她们面前表现出什么。

悲剧的消息传来后，法国及国外的科学界也震惊不已。为了表达内心沉重的哀悼之情，巴黎大学的校长、院长们及教授们纷纷写来慰问信。还有国外的一些科学家，也寄来不少慰问的信件和电报。在大量的悼念信里，我暂时挑选出现今已离世的三位伟大科学家的来信：

夫人：

我深感悲痛，我是如此急切地向您表达我此时的心情。不只是您失去了这么一位伟大的科学家，法国及其他各国也同样失去了他。噩耗传来，我们简直没办法相信！这样一位卓越的天才，这样一位为科学和人类做出了巨大贡献的人，我们本对他寄予厚望。可是，谁会想到，他突然离世，真令人无限惋惜……

我在旅行的途中突然得知这个噩耗，万分悲痛，仿佛痛失一位至亲。此前，我并未觉得与您丈夫有多深的感情，如今，我真正地意识到这一点了。

贝特洛

夫人，愿您能节哀顺变。

李普曼

惊闻居里去世，我非常悲恸。请告知葬礼何时举行，我一定准时到场。

开尔文
于夏纳圣马尔丹别墅

在公开场合下，皮埃尔一向寡言少语，但在公众的心中，他的威望极高，给人们留下了非常深刻的印象。我收到了很多信函，有些是相熟的人写来的，有些是完全不认识的人寄来的，从这些信函中，我能感受到他们因皮埃尔骤然离世而感到的悲痛之情。与此同时，新闻界也发表了许多悼文，以示哀情。法国政府也发来了唁电。另外，有些国家的元首也以其个人名义发电哀悼。是啊，法国如此出众的一颗巨星陨落了，这是多么大的损失啊，怎能不让人哀悼呢！

皮埃尔的遗体被葬在索镇小墓园的家族墓穴中。当时，遵照皮埃尔生前的意愿，我们将丧事办得很简单，没有举行什么隆重的仪式，也没有什么悼词，只让几位知心亲友将他送入了安息地。

皮埃尔的哥哥雅克想到与世长辞的弟弟，对我说："我的弟弟是个独一无二的人才，这世上没有谁能比得过他。"

皮埃尔去世后，巴黎大学理学院让我接替了他的教职之位，以完成他未能完成的事业。我很荣幸地接过他的"枪"，期望有朝一日能够完成他的心愿——创建一个实验室，并期望也有其他人能用这个实验室来实现自己的梦想。

如今，这个心愿也算达成了一部分。在巴黎大学和巴斯德研究院的倡议下，用以研究镭射线的物理化学特性和生物效用的镭研究院得以创立，院内设置了研究放射学的实验室和研究生物学和放射疗法的实验室。此外，为了纪念皮埃尔，人们将通向镭研究院的那条街改名为"皮埃尔·居里路"。

不过，目前看来，由于放射学及其在医学上的应用发展迅猛，这个研究院根本没办法满足需求。而且，镭疗法已经被公认为治疗癌症的绝佳手段，为使镭能够更有效地应用于临床治疗，法国最权威的人也认为国内需有一个能和英美等国不相上下的镭研究院。但愿在有识之士的慷慨解囊下，一个规模庞大、设施完善，无愧于我们国家的镭研究院能够诞生并壮大起来。[①]

为缅怀皮埃尔，法国的物理学会决定出版他的论文全集。这部书是一部600页左右的一卷本，最终于1908年出版，由朗之万主编，我写序言。这部题材广泛、内容丰富的论文集集中展现了皮埃尔的思想精华，令人惊叹于他的视野之广阔、实验之精准、结果之明确。可惜，这部书也没能完全展现他的才华。皮埃尔一生辛劳、困难重重，实在顾不上其他，因此也未能利用自己的才情著书立说。其实他本来也有些计划，只是天意弄人，最终未能付诸实践。

现在，让我来说说我的这本传记吧。我试图追忆一个为了自己的理想而不断奋斗的人，他默默地耕耘在自己的土地上，以自己伟大而纯洁的信念为人类谋福祉。他独辟蹊径，勇于开拓创新，坚定地实践着自己肩负的使命。他抛弃了温馨的生活，在青年时期的梦想的驱使下，走上了一条被他称为反自然的道路。他坚信科学与理性，一生为真理奋斗不息。他对旁人的成果不带偏见，他对功名利禄没有贪念，因此，他没有一个敌人。他严于律己，凭

---

① 如今，这方面已经取得了很不错的进展，由瑞格医生担纲的医学治疗所已经创建。此外，1921年，居里基金会——一个专门聚集发展镭研究院所需资金的组织也成立了。亨利·德·罗希尔德医生第一个对此捐赠巨款。——原作者注

借自身卓越的精神风貌跻身于时代精英之列，并在不知不觉中以自己的能量给他人带来巨大的影响。

皮埃尔是一位伟大的科学家！但是，伟大的科学家所享受的并不是一曲田园牧歌。在实验室里，他要同艰苦的环境、内心的欲望做激烈的斗争。而且，伟大的科学家所取得的成果并不是突然从脑子里迸出来的，他需要经年的积累。在成果涌现之前，他需要经历无数次的犹豫、失败，但又必须坚持。皮埃尔一直不骄不躁，即使在失败时也从不气馁，有时，他也会对我说："我们选择了一种非常艰难的生活。"

然而，对这些优秀的科学家们，社会又是如何回报他们的呢？他们追求理想，却没有良好的工作环境；他们无私奉献，却没有基本的生活条件。从皮埃尔和许多其他科学家的例子中，我们能看出来，实际上，他们一无所有。他们拼命争取，不过是为了一个勉强能用的研究条件；他们耗费精力，往往还要为生活琐事所烦忧。

如今，我们的社会物欲横流，人们不懂科学的价值，也不懂科学会为他们带来多大的精神财富。就算有政府和个人的慷慨解囊，但科学家们仍未有足够的资本来进行科学研究。

这篇传记就要结束了，在此之前，我想借用巴德斯一段令人赞叹的呼吁来结尾：

倘若您的心能被那些对人类有益的发明创造而打动，倘若您会惊叹电报、摄影术、麻醉术以及其他许许多多的发明的出现，倘若您会嫉妒这些发明出现在别国，那么，我想恳求您，请您多多关心关心我们的神圣建筑——实验室吧！这些实验室需要增加，它们的仪器也需要改善。要知道，人类的发展和进步，都是从那里来的。它们是通往财富和幸福的大门。正是在实验室里，人们读懂了大自然、宇宙的杰作。不过有时候，这些杰作也是极具毁灭性的。

Part 3

居里夫人的故事
THE RADIUM WOMAN

《居里夫人的故事》是英国著名儿童文学
作家埃列娜·多丽为居里夫人写的传记。多丽女
士在写这本传记时，参考了居里夫人的小女儿艾
芙·居里所写的传记，但她以自己出色的写作方
式，客观、生动的笔调，讲述了居里夫人传奇而
坎坷的一生，非常精彩。在这本传记中，多丽女
士不仅鲜活地描述了少女时代的居里夫人，还展
现了居里夫人克服困难的坚强个性、淡泊名利的
崇高品格，以及对科学不懈追求的精神，值得我
们再三阅读。

literature

Chapter
第 一 章

— 玛丽亚在歌唱 —

为什么不让玛丽亚读书？为什么？这究竟是为什么？小玛丽亚虽然很想知道答案，但是她并没有跑去问她那温柔又漂亮的妈妈，她只是用双手支着那颗固执的小脑袋，百思不得其解。她的头发乱蓬蓬的，但一双灰蓝色的大眼睛却清澈明亮。

很无奈，事情总是这样子！她叹了口气，自言自语道："难道我真的不能读书吗？"

每当她伸手拿起一本书时，立马就会有人跟她说："亲爱的玛丽亚，去美丽的花园玩吧。""可爱的玛丽亚，看你的洋娃娃多有趣啊，你今天还没跟它玩呢。"要不就是说："善良的玛丽亚，请你和我一起用这些新积木搭一栋房子吧。"

玛丽亚很了解他们的这些"阴谋诡计"，是的，她对此心知肚明。她知道，对于她来说，读书就好像在做一件非常淘气的事情，可是她的二姐布罗妮雅却可以堂而皇之地读书。

然而，有趣的是，玛丽亚能通顺地读完一本书，因为她认识好多好多的字，而布罗妮雅却做不到。有一天，奇怪的事情发生了。当她理所当然地将布罗妮雅手中的书抢过来看的时候，旁边的大人竟然批评她做错了，即使知道她没有一丝恶意。

在乡下的叔叔家里，布罗妮雅就经常央求玛丽亚和她玩字母卡片的游戏

（一种将随意用纸板剪的字母排列成字的游戏），因为她们在那儿很无聊，除了躺在果园的草地上晒太阳外，一整天都无所事事。

从叔叔家回来后，爸爸妈妈对布罗妮雅进行了一场考试。爸爸说："你在叔叔家待了一段日子，让我来看看你读书有没有进步。"布罗妮雅打开书本，手足无措地站在那里。因为就算面对一段十分简单的文字，她的脑海也是一片空白，只能结结巴巴地说出几个词语……不一会儿，玛丽亚就听不下去了，她一把从姐姐手中抢过课本，流畅地朗读起来。

"玛丽亚！"妈妈不禁大喊了一声。爸爸的脸立刻变得严肃起来，而姐姐布罗妮雅的脸色则由羞愧转成了愤怒。

玛丽亚看见他们的脸色，立马慌了，不由得号啕大哭。最后，她抽泣着说："对不起……请原谅我……我不是故意的……"

从那天开始，玛丽亚再也不被允许碰书了。此刻，她正站在妈妈的房间门口，思考着去干点什么才好。整个上午，她都在帮布罗妮雅运输由积木组成的"弹药"——那是用来攻打哥哥约瑟夫和三姐海拉同样用积木搭成的"要塞"的。她来来回回地在长长的走廊上穿梭，忙得又累又热，最后她不得不退出"战争"，结束战斗。

当她还在妈妈的门口犹豫着该不该去做点什么的时候，她看见大姐素希雅正往花园的方向走去。"素希雅！素希雅！"玛丽亚叫住大姐，然后跟大姐手拉手走进了花园。

素希雅也才12岁，但是在弟弟妹妹眼中，她俨然是一个大人了。玛丽亚从4岁的时候开始读书识字，上文中讲到的故事发生在她5岁的时候，所以5岁的她又不能读书了。

其实，斯可罗多夫斯基夫妇都是十分谨慎的教师，他们这样做是不希望聪慧的小女儿智力发育得过早，也不希望她有太多功课上的负担。然而，他们并没有将这个原因告诉玛丽亚。

花园的面积很大，也很平坦，四周都砌了墙，里面有一大片绿油油的草地，草地上长着几棵高大的树木。平时，她们能在这里痛痛快快地玩个够，但是在进出花园的途中，她们就会紧张起来。因为她们必须经过一个窗户，窗户里面住着一个可怕的恶魔。这所花园是男子高级中学的，斯可罗多夫斯基一家和那个可怕的恶魔都住在这所学校里。每当经过那个恶魔的窗户时，玛丽亚就会学着大姐素希雅的样子踮起脚、蹑手蹑脚地溜过去。素希雅一直在假装镇定，压低声音对妹妹说不要出声，其实，她心里也害怕得要命。

虽然那个时候玛丽亚只有5岁，但是她已经明白很多事情了。她知道，这个恶魔就是他爸爸学校里的校长，是一个俄国人。她还知道有人侵略她的祖国波兰，把她的祖国一分为三，就如同三个强盗瓜分战利品一样，蹂躏着这片土地。①

在这所男子高级中学里，她的爸爸担任数学和物理教师，那个恶魔则负责监督所有的老师和学生。他让学校的老师教育波兰的学生，让他们规规矩矩地假装是俄国人。玛丽亚知道，在这个恶魔的监控下，任何人都要保持高度的警惕，不能露出任何破绽，否则就会被抓起来。

虽然玛丽亚住在一个小镇上，但是她还知道一件事情，那就是她的祖国是一个美丽的国家。在乡下，有许多叔叔阿姨和兄弟姐妹，有清澈的小溪可以让他们玩耍，他们在那儿玩水、做泥团、晒泥饼，有趣极了；那里还有一棵高大的酸橙树，叶子有手掌那么大，树干粗壮得可以让7个孩子爬上去。他们经常坐在浓密的树荫下，享受着从树上摘下来的果子。当玛丽亚到乡下时，堂哥堂姐们就会把她举起来，放到那根粗壮的枝杈上，让她采摘树叶下的果实。这时候的玛丽亚俨然成了一个"农家小子"。

玛丽亚知道，她的妈妈是这个世界上最爱她的人。她喜欢漂亮的妈妈，她觉得妈妈是最美的，她喜欢妈妈优美的歌喉，更喜欢妈妈在每天睡觉前以她独有的方式来抚摩她的头发和额头。虽然每天晚饭后，全家一起跪在饭桌前虔诚

---

① 指1772—1795年间俄罗斯、普鲁士、奥地利瓜分波兰的事件。瓜分一共分三个阶段（1772年、1793年、1795年）进行，而第三阶段的瓜分则导致了波兰的灭亡。

地祈祷："上帝啊，请保佑我们的妈妈康复"，虽然妈妈没亲吻过她，但是玛丽亚从未想过妈妈原来是生病了。①

　　玛丽亚出生于1867年11月7日，刚出生的时候大家爱喊她的波兰小名——安秀佩希欧，虽然这是一个很奇怪的昵称。素希雅经常在这个花园里讲故事给她听，而且每次都讲得惟妙惟肖，十分逼真，有时还经常一个人客串故事中的不同角色。这些绘声绘色的故事使得玛丽亚一会儿心惊肉跳，一会儿放声大笑。以至于她一时弄不清楚自己生活在哪里、邻居是谁、故事里的人物是不是真的。

　　当姐妹俩从花园回到家里时，她们发现爸爸下班回来了。两人悄悄地走进了家里最大最让人感到舒适的书房里，只见妈妈坐在那儿为玛丽亚做鞋子。妈妈手握着剪刀，咔嚓咔嚓地剪断坚硬的皮子，然后用蜡线一点一点地穿过鞋帮，这时鞋面渐渐被拉紧，之后再用锤子"叮叮叮"地敲上钉子。虽然这是个很复杂的活儿，但是斯可罗多夫斯基夫人白皙、瘦削的手却非常熟练和灵巧。因为不管怎样，这都是为生活所迫，一年里5个孩子要穿破不少皮鞋。

　　就在那天晚上，爸爸又跟他们说起了那个恶魔，这是他饭后经常谈到的话题。恶魔的阴影一直笼罩着这个家庭，并且将来还会给这个家庭带来毁灭性的打击。最近，这个恶魔很严厉地惩罚了一个波兰学生，只是因为这个学生在上俄语课的时候犯了一个语法错误。众所周知，俄语是全世界最难学的语言之一，斯可罗多夫斯基先生实在无法忍受了，于是对这个恶魔说道："校长先生，我觉得即使您是一个地地道道的俄国人，恐怕您也免不了犯一两个语法错误吧？"恶魔没有立即反驳，只是怒目而视，极力将他那颗邪恶的报复之心掩藏起来，直到第二年才爆发。这也是后话了。

　　结束话题后，玛丽亚在爸爸的房间里走来走去，她一会儿摸摸这儿，一会儿摸摸那儿，一会儿又默默地想着自己的心事。她小心翼翼地四处张望，生怕

---

① 玛丽亚的妈妈患的是结核病。这个病容易通过唾液传染给他人，所以妈妈从来都不亲吻玛丽亚。

打扰到正伏在书桌上做功课的哥哥姐姐。

爸爸房间的墙壁上挂着一幅精美绝伦的天主教画像，据说，这出自一位名家之手，可是，玛丽亚却根本不在意。她倒是喜欢书桌上的座钟，经常呆呆地望着它，久久地看着钟面，还把耳朵凑上去听那滴滴答答的声音。然后，她将手指放在色彩斑斓而又光滑无比的大理石桌面上，慢慢地滑开去。这个大理石桌面是西西里岛的特产，她很喜欢，而对于桌子陈设架上的那些赛夫勒杯子却不感兴趣。她小心翼翼地避开这些杯子，觉得这些杯子是那么易碎，甚至一碰就破。不过后面的东西玛丽亚就非常感兴趣了。这些东西在她看来是如此美好和神秘。它们有着长长的、可爱的又让人无法理解的名字。比如，挂在墙上的那个叫作气压计，爸爸总是在孩子们的注视下，煞有介事地轻轻敲打。还有玻璃橱里的玻璃管、精密灵敏的天平、各种各样的矿石和金箔制成的验电器……

"爸爸，这些东西都是什么呀？"一天，玛丽亚终于忍不住问出了口。

"是什么呢？"爸爸半开玩笑半严肃地说，"那些东西呀，叫作物理仪器！"

将来会发生什么，爸爸根本想不到，而连玛丽亚自己也没有想到，她的一生将和这些物理仪器紧密地联系在一起。虽然她没有明白"物理仪器"是什么，但是眼下她特别喜欢这个陌生而又奇特的名字，这几个字奇怪的发音让她觉得很有趣，于是她不禁唱了起来：

"物——理——仪——器，物——理——仪——器。"

Chapter
第 二 章

─ 玛丽亚的学习 ─

玛丽亚就读的是一所十分古怪的女子学校。在这里，她要学着做一些古怪的事情。

比如说，该如何去做一些明令禁止的事情，又能不被人发现；该如何快速地掩藏好自己身上的桀骜不驯；当你在做一件事情时该如何让你看起来像是在做另一件事情；该如何去蒙骗政府的监督官员……因为玛丽亚聪慧过人，所以这些事情，她做得比其他同学更加得心应手。

也许你会据此以为玛丽亚是个调皮捣蛋的学生，让老师头疼。其实，在年级主任和校长那里，她们都觉得她为学校省了不少麻烦，于大家都有好处，这或许是学校里最古怪的事情了。

一天，玛丽亚班上的25个学生正在上一堂非常有趣的历史课，当然，在场的师生都明白这是一堂被禁止的课。然而，正因为是禁课，所以才更让人着迷。

这些12岁的孩子们端坐在教室里，玛丽亚只有10岁，比她们都小两岁。她坐在第三排靠近窗户的位置，那里可以看到校园里覆盖白雪的草地。

25个学生都统一穿着海军蓝的校服，白立领，钢纽扣，头发整齐地扎在耳后。她们一直紧绷着神经，一只耳朵要努力地听着历史老师口中的每一个字，另外一只耳朵要时刻关心是否会响起门铃声。有响声又怎样？因为每一个门铃声都有不一样的含义，这是只有她们才懂的暗号。她们中的每一个人都必须做出迅速的反应，因为到处都是一些不安好心的人。

教室里的老师和学生们虽然都在紧张地上着课，但也同时做好了被抓走的准备。

此刻，玛丽亚正站着回答老师的一个问题，老师们都很喜欢让她起立发言。在班里，虽然她的年纪比其他同学小，可是她的每一门功课都名列前茅。尤其是历史、几何、语文、德语和法语经常考第一。

现在，在这堂课上，她正给大家讲述着她所了解到的波兰国王——斯塔尼斯拉斯·奥古斯特。

"他于1764年成为波兰的国王，"玛丽亚说道，"这位国王受到了良好的教育，也是一个非常聪明的人。他与很多诗人和艺术家成为朋友。他明白波兰日渐衰落的原因，而且也试图让国家变得强大。可是，遗憾的是，他是一个缺乏勇气的人……"

她的声音里充满了深深的遗憾。

要知道，她那时才10岁啊！10岁的她就能为缺乏勇气的国王扼腕叹息了！可见，她懂的比我们想象的还要多。

当——当——当——当，门铃响了！所有的人都站了起来，接着都悄无声息地迅速行动着。

她们的老师收起讲台上的波兰课本，几位值班的同学立即收集所有的练习册，并将练习册放进她们的围裙中，然后火速跑回寄宿生的宿舍。其他学生则拿出针线，在棉布上做着精致的纽扣眼。她们镇定自若，好像什么事情都没发生过一样。

俄国的监督员闯进了学校，跟在他身后的是女校长。她看起来惊魂未定，非常焦虑，但是她却强忍着，努力让自己保持镇静。监督员的脚步很快，她无法阻止，所以她更加担心，不知道那两长两短的门铃声是否有足够的时间让孩子们掩盖她们的"违法"行为。

然而，当监督员踏进教室的那一刻，教室里静悄悄的，女孩们正做着手里的针线活，只有几个女孩看起来有些气喘吁吁，可是这么小的细节，一个男性监督员是不会注意的。

监督员霍恩堡先生是一个光头胖子，他一屁股重重地坐了下来。虽然胖，但是他看上去还算帅气，这帅气得益于他穿的衣服——一套考究的制服：黄色的裤子、蓝色的上衣，一排闪亮的银扣子更让他显得精神抖擞。他一声不吭地看着孩子们，像是能从那副金丝眼镜里把人看透一样，然后他伸手不耐烦地翻了翻讲台上的一本书，但是目光却没从孩子们身上移开。

这时，气氛异常紧张。

"她们在上缝纫课的时候，你在高声朗读吗？这是本什么书？"他对老师审问道。

"克雷洛夫的《寓言的故事》，我们今天才开始学习的。"

霍恩堡先生对这本书十分熟悉，他知道这是一本允许阅读的书。他走下来，打开一张桌子，发现里面空无一物。

学生们都放下了手中的针线活，抬起头有礼貌地等待着他的讲话。虽然霍恩堡先生目光锐利，但是他仍然无法从孩子们平静的脸上读出隐藏的恐惧、机智和仇恨。

"夫人，请叫一个年轻人起来。"

老师终于一下放松了，她相信她能叫起一个完全有能力做好事情的学生。可是那个学生却在那里默默祈祷："上天，求求你，不要叫到我，千万不要……"她没有听见上天对她说："玛丽亚·斯可罗多夫斯卡，大家都在等待着你去做那些令人生厌的事情呢。"她只听见老师喊了她的名字。她站起来，觉得身上一会儿冷，一会儿热，一种耻辱感让她的喉头变得哽咽起来。

霍恩堡先生命令道："给我列举出从叶卡捷琳娜二世起所有统治我们神圣沙俄的皇帝。"

"叶卡捷琳娜二世、保罗一世、亚历山大一世、尼古拉一世、亚历山大二世……"玛丽亚用十分标准的俄语答道，仿佛她就出生在圣彼得堡一般。

"再给我说说皇帝们的名字和尊号。"

"女皇陛下、女皇、皇帝陛下、亚历山大太子殿下、大公殿下……"

"不错!那么,谁在统治我们?"

玛丽亚犹豫了。

"谁在统治我们?"由于没有及时听到回答,监督员被激怒了,他大声喝问道。

"亚……亚历山大二世……陛下。"玛丽亚结结巴巴地回答,面色苍白。

检查结束了,监督员大摇大摆地走出了校门。他对自己管辖的地方十分满意,觉得自己的工作做得很出色。然而,玛丽亚却崩溃了,她伤心地哭了很久。

放学后,孩子们成群地走上街道,然后兴奋地把今天的事情讲述给来接她们放学的人听——不管是妈妈、姑姑还是保姆。不过,大家都是低声说着,因为她们明白,这路上来来往往的人都有可能是间谍。哪怕只是一个小孩子的话,这些间谍也会汇报给统治者。

玛丽亚和海拉一左一右地挽着露西亚姑姑的胳膊回家。

"监督员考问了玛丽亚,"海拉轻声说,"她很勇敢,而且回答得天衣无缝。可是,等监督员一走,她却哭得非常伤心。不过,不管怎样,监督员最终没有找到任何疑点。"

玛丽亚沉默着,一路上一言不发。她憎恨这个世界上的一切——恨自己被强迫回答问题,恨自己的软弱和恐惧,恨自己的民族被外来的侵略者奴役,恨自己不得不说谎,而且一直在说谎……玛丽亚将姑姑的手臂挽得更紧了,她想起了她所憎恨的全部事情。

那个恶魔还是想方设法地将爸爸从学校赶了出来。迫于生计,爸爸不得不在家里收留几个寄宿生,一方面给他们提供食宿,一方面给他们进行辅导。这样一来,家中原有的舒适和温馨的氛围就消失得无影无踪了。他们虽然不舒服、不愉快,但也无可奈何。

　　更让人难过的是，素希雅姐姐也因此而永远地离开了他们。素希雅是玛丽亚最深爱的姐姐，她会给玛丽亚讲长长的故事，会倾听玛丽亚诉说的一切。可是，因为一个寄宿生患上了伤寒，素希雅被传染后，不久就离开了人世。

　　穿过阳光照耀着的积雪覆盖的公园，三个人走在了老城区狭窄的街道上。街道两旁是高高的楼房，那倾斜的屋顶上还依然覆盖着白雪。

　　露西亚姑姑提议说要给她们买点好吃的，所以就计划到维斯瓦河边的货船上买点苹果。

　　这时，孩子们都忘记了烦恼和忧愁，她们快步走上长长的台阶，来到了河边。维斯瓦河波浪不断翻滚，一遍遍地亲吻着沙滩。很多卸空了的大货船漂在河面上，随着波浪摇摆起伏。有时会传来几声低沉的响声，那是货船撞到了河边的浴室和洗衣房发出的声响。

　　在那个寒冷的冬夜，只有两艘货船从遥远的上游顺流而下，千里迢迢地来到了这里。船上满载着红红的苹果，那种喜悦的红色给孩子们带来了欢乐。

　　船老板披着厚厚的羊皮外套，一边随着波浪的翻滚摇摇晃晃，一边掀起苹果上面的稻草，把那些鲜红发亮的苹果拿出来，给顾客们展示。虽然经过长时间的长途运输，但是这些苹果都完好无损，没有一个被冻坏。

　　海拉第一个冲了过去，玛丽亚紧随其后。她们把书包往身旁一扔，就兴奋地挑起了苹果。

　　买好苹果后，露西亚姑姑把这些苹果搬下船，然后雇了一个小伙子帮忙把苹果运回家。孩子们则一人手里拿一个红红的苹果，边走边大口地吃着。

　　到家后，她们又吃了一顿丰盛的晚餐。然后，孩子们围着书桌开始做作业。但没多久，孩子们就开始抱怨。

　　这真的是很让人烦恼。孩子们除了必须学习俄语外，还要用俄语学习数学，就连法语和德语的书也都是用俄语写的。

　　因为俄语的语法非常复杂，词汇还特别多，孩子们只能不停地查俄语字典。虽然，孩子们可以用自己的母语来理解难题。可是，第二天上课时，他们

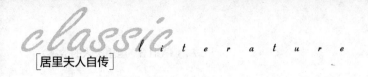
依然还得将它们转化成俄语，甚至用俄语来解答几何题目。他们还被迫用俄语来写日记，把所有学习的法语翻译成俄语。

唉！在这样的规则下，他们的学习真是难上加难。

但是玛丽亚却如有神助，她似乎是学习上的天才，不用费力地去背诵和学习，就能做得很好。一篇俄语诗歌，她只需要读两遍就能准确无误地背诵出来。命运之神对她青睐有加。每当她在课堂上早早地完成作业后，她还会帮助其他同学解决难题。

玛丽亚学习非常认真。她时常将书放在两肘之间，双手捂着耳朵，聚精会神地看书，把其他同学的朗读声隔绝在外。其实，这个动作是多余的，玛丽亚学习起来，任何人都影响不了她。

有一次，全家人都想跟她开个玩笑，于是他们敲打着易拉罐，发出叮咚作响的噪音，这声音堪比将动物园中所有的动物放出来时所发出的声响。可是，直到玛丽亚把书看完后，她才听见这个震耳欲聋的声音。因为她一旦进入书中，就没有任何东西能把她从书的王国中唤醒。

还有一次，玛丽亚在教室里读书，几个同学在她周围用椅子搭起了架子，她的两边、身后都搭上了好多把椅子。最后，在她的头顶上，还放上了一把椅子作为这个架子的"屋顶"。

整个过程，同学们掩嘴偷笑、窃窃私语，而玛丽亚却毫无察觉，她专心致志地读着书，达到了忘我的境界。

读完书后，玛丽亚抬起头，这时，架子轰然倒塌了，同学们立刻哄堂大笑。玛丽亚不以为然，她只是觉得这样的行为非常无聊。她站起身来，揉了揉被撞痛的肩膀，然后拿起书本，往另外一间教室走去。在经过这些比她大的爱做恶作剧的同学身旁时，她只说了3个字："真愚蠢。"

每天晚上到了睡觉的时候，斯可罗多夫斯基家的女孩们只能睡在餐厅的皮革沙发上，因为她们的卧室已经让给了那几个付了费用的寄宿生们。

睡到半夜，毯子常常会滑落，她们被冻醒了，然后缩成一团。而且天还没亮，她们就得起床，因为餐厅要腾出来，给寄宿生们准备早饭。

但这些生活的艰难跟妈妈的身体状况比起来，都算不得什么。妈妈的身体越来越不好了，玛丽亚能觉察出来。

第二年的5月，玛丽亚的妈妈病逝，临终前，她的妈妈在她耳边轻声说道："我爱你。"

提心吊胆、屈辱的校园生活，贫困的、吵吵嚷嚷的家庭，还有姐姐素希雅和妈妈的相继离世……玛丽亚经历了很多，也明白了很多。她知道，无论是一个国家，还是一个国家的人民，甚至是一个未成年的孩子，都必须有足够的勇气去面对生活，并非只是国王一个人得这样做。

年幼的她经历了如此多的不幸。虽然，她还不知道为什么命运对她这么不公、这么残忍，但是，这些不幸让她有了深刻的思考。她变得越来越坚强，这些不幸的经历让小小的她铸就了一颗决不向命运屈服的心。

Chapter
第 三 章

—抗争—

玛丽亚14岁了，此时的她长得还不像姐姐们那样漂亮。

布罗妮雅已经出落成一个亭亭玉立的大姑娘了，她穿着一身干净整洁的长裙，一头金黄色的头发在脑后扎成一个发髻，开始担任起妈妈在世时的工作——操持家务，照顾寄宿生。海拉也有16岁了，她皮肤白皙，身材高挑，漂亮而又优雅。哥哥约瑟夫也长成了一个帅气的小伙子，他白白净净，英俊潇洒，在一所大学里学医。

女孩子们都非常向往能去大学里学习，但是波兰还处在沙皇的统治下，他们规定女孩子是不能去大学里学习的。假如她们想要学到更多的知识，除了在家自学之外，就只能到其他国家去留学。

那时，玛丽亚在读高中，她对自己的状况还算满意。她每天心情愉快地去上学，好像一只小松鼠每天都能吃到自己心爱的松果一样。但是，她也在为一件事情犯愁，那就是担心布罗妮雅。布罗妮雅每天都在忙活家务，不去上大学，以后该怎么办呢？她是不是该想个办法去挣钱，帮助布罗妮雅到那些能让女孩子上大学的国家去留学呢？

于是，她下定决心，要去找份工作挣钱，供养姐姐上大学。可是，她还没完成学业。所以，现在只有快速地顺利毕业才能尽早地出去打工挣钱。

那天早晨，玛丽亚起来晚了。她得尽快将早饭吃完，并且把中午要吃的三明治切开装好。来不及去给兰森特喂食了，不然她准会迟到的。正在思考着，兰森特猛地冲过来，一口叼走了那块制作三明治的肉。

兰森特是一只浑身长着红毛的猎狗。它的耳朵、尾巴和爪子上都长着金色的斑点，非常漂亮。全家人都喜欢它。特别是玛丽亚的哥哥姐姐们，经常抚摩它、亲吻它，甚至给它做了一个小狗玩偶。

它本该是一条很听话的猎狗，可是他们没有训练它，而是把它当成有趣的哈巴狗来养。因此，兰森特被他们宠得没有一点规矩了：它会堂而皇之地在任何一把椅子上睡觉；会故意用尾巴将花瓶甩倒；会抢别人的食物；客人来了，它会上前狂吠，让客人感到无比紧张；它还会叼走客人的帽子和手套，等找回来时帽子和手套已经不成样子了。

最终，玛丽亚将兰森特安顿好了。她将午餐打包好，背上书包，便向学校飞奔而去。

当跑到扎莫伊斯基伯爵的那座蓝色的宫殿前时，她气喘吁吁地停了下来。门口有一尊青铜狮子镇守着这座宫殿。玛丽亚的手放在狮子口中的铜环上，准备将铜环挂到狮子的鼻子上。

"别走开，玛丽亚。"窗户边传来了卡吉娅妈妈的声音，"卡吉娅马上就出来了。"

卡吉娅是伯爵图书馆管理员的女儿，玛丽亚总是和她一起去学校。有时，如果卡吉娅没有出来，她就把铜环挂到狮子的鼻子上，再独自赶往学校。这样，卡吉娅看见铜环挂上去了，就知道玛丽亚先走了。

"今天下午来这里喝茶吧！"卡吉娅的妈妈对玛丽亚说，"还有你最爱的冰巧克力呢！"

"她肯定会来喝茶的！"卡吉娅抢着回答，"哎呀，我们是不是快要迟到了？快跑！"

于是，两个人手拉着手匆匆地穿过狭窄的街道，再穿过公园。她们丝毫没有察觉到两个人之间的差别，尽管这个差别旁人一眼就能看出来。

卡吉娅穿戴讲究，头发梳得整整齐齐，显然受到了父母的精心照顾和宠

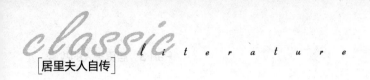

爱。而玛丽亚，却衣着破旧，头发也乱蓬蓬的；因为在这样的家庭里，她只能自己照顾自己。

从那儿到学校还有好长的一段路，所以，她们这一路上可以说好多好多的话。如果时间充足，她们还能玩一下游戏。比如说，下雨的时候，她们就穿着胶鞋，在积水最深的地方追逐嬉戏；天晴的时候，她们就玩一种叫"绿"的游戏——那是一种环环相扣的游戏，比如对方说绿，另一方就要拿出绿色的东西来做回应，反应慢了就要接受惩罚。

"去商店里买一本练习册吧。"玛丽亚说，"我已经看好了一本练习册，它绿色的封面非常漂亮……"

可是，卡吉娅却不会上当。听到"绿"这个字，她立即从口袋里掏出一块绿色的天鹅绒布给玛丽亚，这样，她就不用接受惩罚了，而玛丽亚好像没有心思继续玩这个游戏了。她提起了最近上的一节历史课，课上，老师一反常态，歪曲史实，告诉她们波兰只是沙俄统治下的一个省，波兰语是俄语中的一种方言。

"你发现没有，他说这些话的时候看起来非常不自在。"玛丽亚说，"他都不敢看我们，脸色也很苍白。"

"是啊，"卡吉娅说，"他的脸色都变'绿'了。"说完，她就发现玛丽亚的手里拨弄着一片刚从树上摘下的绿叶。

"我们过了纪念碑了，"玛丽亚突然惊慌地说道，"现在，我们回去吧！一定要回去！"

她们回到了萨克斯广场，广场中央有四座狮子支撑着的一座高耸的纪念碑，纪念碑上写着"纪念忠于君主的波兰人"。这碑是沙俄为那些波兰的叛徒们所立，因为这些人为沙俄侵略这个国家、帮助沙俄统治者镇压人民而死。

每次经过这个纪念碑时，所有有爱国之心的人都会吐上一口唾沫。这是每一个有爱国之心的波兰人的责任，而玛丽亚和卡吉娅是不会放弃这样的责任的。

　　她们俩不惜绕回来，多跑很多路或是迟到也无所谓了，她们必须回来完成这个责任。

　　"今天晚上，他们会有舞会。你不来吗？"玛丽亚问道。

　　卡吉娅自然不会错过。每个周末，几个家庭都会到斯可罗多夫斯基家里举办舞会。但是，只有那些参加了工作的女孩子才能跳舞，所以，卡吉娅和玛丽亚只能在旁边看着。

　　她们看的时候，就会在心里默默学习：学着舞步，盘算着动作，记着舞曲的旋律。舞会结束之后，她们再进行练习。

　　她们一边穿过拱门进入学校，一边饶有兴致地讨论着今后被男孩子邀请跳舞的那一天。

　　女孩们从四面八方赶来，朝这座三层教学楼走去，其实，这座楼里什么设备都没有。

　　她们三五成群，嬉笑打闹，欢乐的声音混成一片。忽然，一个女孩孤零零地从人群里匆匆经过，边走边躲避着别人的目光。

　　这不是那个活泼开朗的库尼茨卡吗？她怎么了？卡吉娅和玛丽亚立即追上了她。

　　只见她眼睛红肿，衣服凌乱，就好像是从哪里爬出来一样。

　　"你怎么了？库尼茨卡。"她们抱着她的胳膊问道。

　　"库尼茨卡，你到底怎么了？"

　　库尼茨卡几乎无法开口，她脸色苍白，写满了痛苦。

　　"我的哥哥，"她哽咽着说，"他……他在一次秘密行动中被逮捕了，已经三天了，一直没有他的任何消息……他们……他们明天一早……就会绞死他……"

　　此刻，任何语言都是苍白无力的。玛丽亚和卡吉娅把她带离了人群，陪着她，安慰她。但是，什么慰藉能让这个明天一早亲哥哥就要被杀害的小女孩消除痛苦呢？

玛丽亚和卡吉娅都认识她的哥哥，那是一个阳光帅气的男孩。他做错什么了？怎么会被绞死呢？

"快点，小姐们！你们的废话说够了没有？"这时，凶神恶煞的德国督学梅叶小姐大声喊道。

三个女孩只能暂时忍着悲伤，走进了教室。

玛丽亚现在读的这所学校已经不是小时候读的那所私立学校了，而是由沙俄统治者创立的一所公立女子中学。在这所学校里，所有的东西，包括建筑、教学模式、课本都是俄式的。

波兰的女孩子只能来这里就读，否则她们得不到今后需要拿去找工作的文凭。虽然，孩子们来到了这所学校学习，但是跟比她们年长的大人相比，她们更具有反抗意识，她们比年长者更加无所畏惧，更敢于表达自己的爱国之心。

玛丽亚和卡吉娅经常会编造一些俏皮话来嘲弄沙俄和德国的老师，特别是梅叶小姐，而且次数非常多。

所以这个来自德国的梅叶小姐对玛丽亚十分憎恨，如同玛丽亚对她的憎恨一样。

梅叶小姐身材矮小，常常穿着一双软底的拖鞋，走起路来悄无声息，不易被人听见，这样她就能更好地监视这群女学生了。

"跟那个玛丽亚说话，简直是白费口舌，没有一点意义。"梅叶小姐经常愤怒地这样说。

"看看你这一头可笑的头发！乱七八糟，真是太难看了。玛丽亚·斯可罗多夫斯卡！跟你说了多少遍了，怎么就不听呢？过来我这儿，把你的头发扎起来，这样你看起来才像个学生的样子。"

"像一个德国的'格雷琴①'！"玛丽亚心里暗暗说道。

梅叶拿着那把给全校所有女生都梳过头发的梳子，重重地梳着玛丽亚的头

---

① 格雷琴：这是德国女孩很普遍的名字。玛丽亚意思是说梅叶小姐要把她打扮成一个德国女孩。

发。然而，不管她怎么使劲儿，玛丽亚的头发依然是卷卷的，并且围上来将她那张圆圆的脸拥住了，这让她看起来更加坚毅，更加叛逆。

"我不允许你这样看着我！"梅叶气急败坏地大声叫道，"你没有资格这样低看我！"

"我只能这样！"玛丽亚实话实说，因为她比梅叶高出一个头。她感到很高兴，毕竟她说了一句有两重含义的话。

其实，学校里的老师也不都让人讨厌，有一些老师是受学生欢迎的，因为他们是波兰人。不过，学生们还惊讶地发现，有些沙俄的老师也十分同情波兰人。她们开始明白，原来沙俄国家内部也有反叛者，并非人人都效忠于沙皇。

有一位沙俄老师更是悄悄地给了她们一本革命诗集作为奖品。这个无言的举动让全校的学生都无比钦佩他。难道波兰人和沙俄人能和平共处？

噢！是的！你看，沙俄人、波兰人、德国人和犹太人不是和孩子们在同一所学校吗？他们在一起也相处得很好啊。

在学校里，他们没有种族的差异。可是一出校门，他们就相互保持距离，因为谁都害怕间谍。

无论怎样，玛丽亚还是坦白地说她是喜欢自己的学校的。假期里，她给卡吉娅写信时就说道："卡吉娅，你知道吗？我喜欢我们的学校，你会因此嘲笑我吗？但是我真的喜欢，甚至可以说非常喜欢。当然，我不是极度渴望在这个学校上学，绝对不是。而是，想到新学期要来临了，我即将回到那里，我并没有感到难过；想到还要在那儿度过两年，我也不觉得恐惧。"

可是那天，当梅叶小姐将所有学生喊进教室的那一刻，玛丽亚突然感觉学校变得陌生了。

在这个沐浴着阳光的早晨，她刚刚还想着音乐、舞蹈和同学之间的嬉闹。转眼间，世界都变了。老师讲课的声音飘荡在教室里，她的脑海里模模糊糊的，一个字也没听进去。她的眼前就只有那个年轻的、富有朝气的热血男儿，以及想象中的冰冷的绞刑架和血色的黎明……

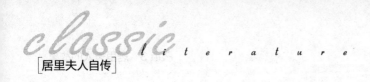
那一晚，6个女孩没有心思去看跳舞。玛丽亚、布罗妮雅、海拉、卡吉娅和她的姐姐乌拉一起，陪着库尼茨卡度过这漫漫长夜。她们就这样坐着，一直坐到天亮。

整个晚上，她们都在想着那个即将被绞死的男孩。她们一整夜没有合眼，漠然地望着前方，静静地缅怀。

幸福中的你我是体会不到这些孩子的想法和感受的。这和我们挚爱的亲人自然地老死不同。每个人都知道这一点，即使是年幼的孩童。

她们等着，时间每过去一秒，距离那个男孩受绞刑的时间就近了一秒。这种方式极其残酷，到时候，巨大的冤屈将会染红整个黎明——这真的是太可怕了。

她们只能默默地承受着这一切。因为没有什么语言可以说，没有任何事情可以做。只有充裕的时间让她们去思考，反抗的意识在她们的脑海里不断闪现。

虽然她们自己也很悲痛，但还是用充满怜爱的心为库尼茨卡尽力做一些事情——她们极力让她喝点热水，以驱赶寒冷；她们轻轻搂着她，帮她擦干眼角的泪水。

忽然，她们意识到照在她们身上的朦胧的光，不仅仅是烛光，还有那东边天空露出的丝丝光线时，她们知道黎明到来了。这6个女孩用双手捂住她们苍白的脸庞，跪在地上，为这个牺牲的革命者做着最后的祷告。

第 四 章

— 一年的假期 —

　　玛丽亚16岁了。在中学毕业典礼上，玛丽亚获得了金奖章，成为斯可罗多夫斯基家里第三个获此殊荣的人。

　　那时候正是6月份，天气开始炎热起来了。和其他的获奖者一样，玛丽亚穿着一身黑色的礼服，胸前用别针别着一束红色的蔷薇。人们簇拥着她，握着她的手，向她表示祝贺……

　　毕业典礼结束，也就意味着玛丽亚永远地告别了高中生活。玛丽亚紧紧地挽着爸爸的胳膊走出了校门。女儿的荣誉让斯可罗多夫斯基先生感到非常自豪。

　　爸爸在毕业典礼之前就已经向玛丽亚许诺，给她一整年的假期。这真是一份美好的礼物！一年的假期！

　　玛丽亚不知道她为什么会获得这么好的礼物，但斯可罗多夫斯基先生觉得玛丽亚学习刻苦，而且能比其他学生用更短的时间来完成学业，她应该轻松一阵，等她的同龄人追赶上她，那样才叫公平。

　　于是，玛丽亚进入了完全放松的状态，勤奋的她变得懒洋洋了，每天都在痛快地玩儿。她写信给卡吉娅：

　　　　亲爱的小鬼，我现在都不知道这世界上还有代数和几何了，反正我已经彻彻底底地将它们忘记了。我甚至连刺绣也没有在做了，整天都是游手好闲的。有时候10点起床，有时候6点起床——是早上的6点，可不是傍晚的6点。除了一些荒诞的小说，我什么都不看。我感到自己极其愚笨，经常会嘲笑自己无聊透顶。

我们三五成群地到树林里散步，打板羽球，可是我板羽球打得糟糕极了。有时候，我们玩跳棋，玩猫捉老鼠的游戏，或者其他一些智力游戏。

这里的野草莓非常多，花一分钱买来的草莓，装在汤盘里，堆得冒尖儿，甚至有时候都装不下，每次都让我们饱餐一顿。哎呀！这个季节快要过去了，野草莓也几乎被吃光了。我现在胃口大得吓人，几乎成了一个无底洞。这让我感到十分害怕。

我们经常荡秋千，而且荡得很高；还常去河里游泳，举着火把在水里捉虾……另外，我们还遇到了一个演员。他不仅给我们唱歌，朗诵诗歌，还给我们采摘许多醋栗。所以，作为回报，在他回华沙的那天，我们采摘了很多朱红色的虞美人、白色的石竹花和蓝色的矢车菊，用这些花编了一个花环送给他。听说，他路上一直戴着这个花环，上火车后，他才把花环放进了行李箱，还千里迢迢地将花环带到了华沙，也不嫌麻烦。

玛丽亚在乡下悠闲地消磨着时光。她喜爱这里的一切，对这里的一点一滴都非常着迷。

在这里，玛丽亚不仅能深切地感受到四季的轮回变化，而且还能见证四季更迭，体会到波兰这片土地在每个季节里所展现出来的清新和美好。她的叔父塞维尔住在兹窝拉平原。因此，她能一览无余地看着广袤无垠的平原；能从一片镶嵌了无数条褐色条纹（那是已经被犁过的田地）的绿地上，想象着地平线所在的地方。

她的叔父家里养了好多匹马，在那里，她自然而然地学会了骑马。她不在乎穿着，从堂哥那儿借来马裤来穿。可是那裤子实在是太大了。她只好把裤脚挽起来，把裤腰扎进皮带里，就算扎出了很多褶子，她也不在意——这样就算是全都准备好了。

她左手抓住缰绳和马的鬃毛，左脚踏进马镫里，右手放在马鞍上。然后她学着叔父、堂哥们骑马时的样子摆开架势，想像他们那样一跃上马。但是，骑上一匹马实在是太难了，虽然那匹老马比较温顺，站在那里一动不动，可她怎么努力也骑不上去。

"加油！再试一试！"叔父鼓励她说。

"再加油！"她的堂哥们也在旁边热情地给她鼓励和帮助。

他们教玛丽亚怎样在上马前背对着马头跳上马背，教她怎样利用土墩上马以及用什么方法能跳上最高的那匹马。这样，即便是最高的马，她也能顺利地坐到马鞍上。

不久，骑在马上，穿越广袤的原野到远方探索成了玛丽亚的一大乐趣，而且她骑马的技术也进步了很多。她能在马儿小跑时站起来，也能在马儿疾驰时坐着纹丝不动。

玛丽亚骑着马去了很多不同的村庄，领略了她从未见识过的风景，结识了一些淳朴而又奇怪的村民，并对波兰这片土地有了进一步的了解。

接下来，有一件更让人兴奋的事情发生了：玛丽亚的另外一位叔父，那位叔父的名字对英国人来说简直无法发音——他叫斯德齐斯拉夫，住在喀尔巴阡山山脚下，邀请她去他那里住一段时间。于是，玛丽亚告别了塞维尔叔父一家，启程前往住在山脚下的叔父家里。

玛丽亚来到喀尔巴阡山的时候，这个自小在平原上长大的小女孩兴奋得不能自已。

她第一次看见白雪皑皑的山峰，那炫目的白色让她如痴如醉。而底下那挺拔的黑松林，把雪映衬得愈发雪白……她渴望近距离地接近这些美丽的景色，最好能穿过松林，登上雪山之巅，亲手摸摸那晶莹的雪。

玛丽亚在寒风中长途跋涉，沿着弯曲的山路向上攀爬。她时常被一些山路引到悬崖边，于是不得不折回去。有时，在路上会遇到一座小棚屋，这时，玛丽亚和叔父家的姐妹们就走进这户人家，敲开木屋的门，询问是否能看一眼他们的作品。

因为，在那个山区，几乎所有的人家都擅长木料雕刻，即使是他们家里最简单的一件家具也是艺术品。

山里的人家也都愿意向外人展示他们手里的作品。当听到玛丽亚和姐妹们夸赞他们雕刻的椅子、桌子、布谷鸟钟和靠在墙边的彩碗时，他们都非常开心；然后又从橱柜里翻出同样是用木头雕成的小人、酒杯、玩具以及风景画等，给玛丽亚和姐妹们观赏。

一次，在无意的闲逛中，玛丽亚发现了一个小山湖。一池碧蓝的湖水静静地躺在群山之间，当地人给它取名为"海之明眸"。

"海之明眸"周围雪山环绕，好像是镶嵌在雪山中的蓝色的宝石，真是漂亮极了。玛丽亚觉得它就是波兰大地上的一颗明珠。

在这个叔父的家里，生活更是丰富多彩，欢乐不断。她的叔父性格开朗、生性乐观，她的婶婶热情好客、美丽大方；叔父家的三个女儿更是整天和她嬉戏玩耍。一家人过着快活的日子。

邻居们经常会成群地来访。这时，叔父和婶婶通常会去打猎，带很多猎物回来招待客人。

要是不去打猎，他们就在院子里抓一只鸡来做佳肴，反正院子里有上百只的鸡呢！而女孩们就会飞奔到厨房，麻利地做着糕饼。这样，一家人都在为接下来的盛宴做准备。

女孩子们还会为自己准备宴会穿的衣服。一有时间，她们就急急地打开衣橱，翻出五颜六色的衣料，开心地缝制自己喜欢的衣服，好穿着去参加滑稽的看手势猜谜语的游戏。如果是在冬天，她们就会为参加"库立格"———个冬天的盛宴晚会而做精心的准备。

对于玛丽亚来说，这一次的"库立格"晚会确实是一场无与伦比的体验，让她终生难忘。

那天夜幕降临，本应该漆黑一片，但四周都是白雪皑皑，一片光亮，这真是一幅奇特的景象。

玛丽亚和三个堂姐妹裹在厚厚的毯子里，脸上戴着面具，身上穿着克拉科夫①农村女子的服饰，坐上两辆雪橇车就出发了。

在她们旁边，几个身穿农村特色服装的男孩举着火把，骑着马护送她们。他们在前面带路，火光照耀着，驱赶了黑暗。

穿过黑树林后，前方出现了若隐若现的火光。他们越走越近，突然间，清冷的夜间响起了动听的音乐声。原来是四个小犹太乐师坐着雪橇与他们擦肩而过。

这些小犹太乐师将要在接下来的这两天两夜里拉出动人的旋律，给这个让人开心无比的盛会助兴。他们会演奏华尔兹舞曲、玛祖卡舞曲，所有的人都会跟着旋律一起合唱，一起度过这个洋溢着美妙的音乐声的、热闹非凡的夜晚。

这些小犹太乐师一直演奏着，许多雪橇从四面八方赶来，参与到人群中来，3辆、5辆、10辆……雪橇数不断增多。

道路曲折，雪橇有时拐弯时会让人胆战心惊，有时下斜坡时因路上结满了冰而难以掌握方向，这些时候真的让人不寒而栗，但是这些小犹太乐师却没有拉错一个音符。在那个寒冬的夜里，乐师用音乐引领着这个奇异的雪橇队伍向前冲去。

到达第一家农舍时，雪橇队伍停了下来。大伙高呼着从系着响铃的雪橇上下来，喊声、笑声、铃铛声、马的嘶鸣声交织在一起，热闹得犹如繁忙的街市。

大伙走到屋前大声地敲着门，想要叫醒屋里的人。其实，屋里的人也只是在装睡罢了。一会儿，乐师们演奏起了美妙的乐曲。在火把的照耀中，人们开始跳起了舞。

---

① 克拉科夫：波兰南部的城市，是波兰重要的工业和文化中心，位于维斯瓦河上游两岸。

不一会儿，晚饭端了上来。一个信号后，整个房子都空了——几个大酒桶不见了，屋子里的人不见了，马匹和雪橇也不见了，所有的一切都不见了。而前方的队伍却更壮大了，他们穿过树林，经过一个又一个村庄，每次都使队伍更加壮大。

有几匹健壮的马儿由于是第一次拉雪橇，经验不足，超车时跑出了大路，刹不住车，最后摔倒在了雪地里。整个队伍都停了下来，很多人举着火把，围了过来，聚成了一个半圆形——有的人热心地用双手扒开地上的积雪，有的人从雪堆里将摔倒的人扶起来，有的人将马重新拴上雪橇。于是，马儿身上的铃铛又再次叮叮当当地响了起来，雪橇再次出发了。

然而，乐师们却不见了，他们到哪儿去了呢？谁都不知道。

最前面的雪橇飞驰着，想到前方去看看有没有他们的踪迹。可是，跑了一阵儿，大家才发现，乐师们还在后面，没有跟上来呢！于是，队伍又暂停了，他们回想起刚刚路过的一个岔路口，又都折回去，到另外一条路上去寻找乐师们乘坐的雪橇。

大家都忧心忡忡："乐师们不见了，那到下一个农家时该怎么跳舞呢？"然而，没过一会儿，就传来了叮当声和欢快的小提琴的声音。

哈！他们来了，队伍又会合了。到达下一个农家后，他们又下来跳舞，然后再继续赶往下一家。就这样，一家又一家，队伍不断发展壮大，雪橇车队也越来越长。

太阳升起……太阳落下……太阳又升起，小提琴师们几乎没有时间吃饭和睡觉。

第二天晚上，伴随着马儿的喘息声和铃铛的叮当声，以及小提琴的音乐声，这支庞大的如同一列火车般的队伍在一座最大的房子前停了下来。真正的舞会就要开始了。

乐师们演奏的声音更高亢了。人们找好自己的位置，开始跳起了舞蹈。

一个穿着绣花的白色礼服的男孩，英俊而优雅，他走到玛丽亚面前，伸出手邀请她共舞。玛丽亚穿着细麻布泡泡袖的公主裙，外面披着丝绒外衣，头上戴着星星形状的帽子，两根鲜艳的彩带从帽子上垂下来，这完全是一副山村少女节日时的装扮。

他们跳了一整夜的舞。第二天早晨8点时，他们又跳起了玛祖卡舞。

玛丽亚说，这是她一生中最开心的时刻。她婶婶回答："你真那么喜欢'库立格'的话，你结婚时就举办一次吧！"

其实，愉快的假期还远远不止这些。玛丽亚回到华沙后，斯可罗多夫斯基夫人曾经的一个学生——现在的弗勒里伯爵夫人到他们家拜访，并邀请玛丽亚和海拉一起跟她去乡下待一段时间。

伯爵夫人的家左右两边各有一条河，玛丽亚从自己住的那间房间的窗户上就能看见两河交汇时壮丽的景象。

在那里，玛丽亚还学会了划船。在她给家里的信中，她说："我们想干什么就干什么，可以不分白天黑夜地睡觉，可以不停地跳舞，不停地狂欢，简直太疯狂了。你们见了我们，一定想把我们关进疯人院。"

她们确实玩得很疯狂，睡觉、跳舞、骑马、采蘑菇，还不时地做一些恶作剧。

有一回，玛丽亚请伯爵夫人的弟弟去镇上办点事情。这个年轻人毫无戒备地去了。

结果，当他长途跋涉，天黑后赶回来时，他发现自己的床、桌子、椅子、箱子、衣服等全都被挂在了房顶的大梁上。这个可怜的年轻人只好在黑暗中与他的所有财产"战斗"，其间还被这些财产撞倒了好几次。

还有一回，伯爵家为了招待客人而准备了一桌丰盛的午餐。这顿午餐没有让孩子们参加。这怎么可以？于是，孩子们赶在午餐开始之前就把全部的东西一扫而光，而且还做了一个吃得饱饱的稻草人放在了桌上。可那些捣蛋鬼呢？到哪儿去了？她们早就跑得无影无踪啦！

在伯爵和伯爵夫人结婚纪念日那天，这群喜欢做恶作剧的小鬼们派出了两个代表，送给伯爵夫妇一个由100磅重的蔬菜做成的特大王冠。然后由最小的那个女孩朗诵了玛丽亚专门为伯爵夫妇写的诗歌。诗歌的结尾是这样的：

> 在圣路易节那天，
>
> 请给我们举办一个野餐！
>
> 给每个女孩都邀请一个男孩，
>
> 我们将以你们为榜样，
>
> 尽早地走向圣坛。
>
> 现在，就请赐予我们这样的恩惠吧！

何止是一个野餐，伯爵夫妇为她们举办了一次盛大的舞会。玛丽亚和海拉很想在这个舞会上大放光彩，可是她们没有那么多钱去买漂亮的裙子来打扮自己。该怎么办呢？

她们数着手中的钱，然后翻来覆去地想着。最后，她们撕掉了旧裙子上的薄纱，将里面还算好看的里层留下了。在这里层上面，她们罩上了一小块花钱买来的蓝色的塔勒坦布，以此来代替原来的薄纱。然后，再点缀上几条彩色丝带，一条新裙子就这样做好了！

没花多少钱，仅用自己精湛的手工和巧妙的构思她们就创造出了奇迹。剩下的钱还可以买两双鞋，然后再去花园里采摘几朵娇艳欲滴的鲜花。

当她们将鞋子买来、裙子穿起、花儿戴上，捯饬一新后，镜子告诉她们："非常漂亮！你们就是这个舞会上最漂亮的女孩！"

整个晚上，玛丽亚都在尽情地跳舞。她在舞曲中送走了黑夜，迎来了黎明。这时候，她发现自己的新鞋已经磨破了。

Chapter
第 五 章

— 为圆大学梦 —

　　玛丽亚结束假期生活后回到了华沙，虽然她还是比较矜持，但是那双灰蓝色的眼睛里时常含着一丝笑意。

　　和大多数父亲一样，斯可罗多夫斯基先生让孩子们明白了生活的艰辛，并让他们自己去谋生。他已经不再收留寄宿生了。没有了这个收入来源，他们又搬回了原来那个小小的房子里。

　　尽管斯可罗多夫斯基先生还在学校里任课，但他的收入已经难以支付房租、孩子们的日常开支等开销。没过多久，一家人就不得不盼望着父亲有一天可以领到他那每月微薄的养老金。

　　这种窘迫的境况让斯可罗多夫斯基先生很担心，他也希望自己像世界上大多数父亲那样能挣足够的钱来养家。

　　晚上坐在台灯前，斯可罗多夫斯基先生总是唉声叹气。4双明媚的眼睛——宝蓝色或是灰蓝色的眼睛都一眨一眨地盯着他，揣摩着他的心思。当4个孩子明白了爸爸的心事后，他们微笑着安慰他道："别担心，爸爸，我们这么年轻，这么强壮，还怕养活不了自己吗？"

　　斯可罗多夫斯基先生一边微笑地看着孩子们，感受着他们身上的那股热情劲儿，一边在心里担忧：孩子们今后能获得成功吗？还是像他一样常常感到失落？他很有才华，并且一直努力工作，可是生活给他的回报却很少。孩子们会和他有相同的际遇吗？

这个身材矮胖、头发秃顶的男人坐在昏暗的灯光中思考着，身上依然穿着那件破旧的但细心刷洗过的灰色外套。他自身是如此优秀，他的思想、他的口才、他的字迹，以及他的举止，一切都好得无可挑剔。

他用满腔的父爱来精心抚养他的孩子们。每当带孩子们出去游玩时，他总是会出其不意地改变原先定好的路线，为他们指点出美丽的风景，而这些美丽的风景，之前几乎很少有人知道，大多数人未能发现美是因为无人提及。如果他们去游览一座古老而著名的建筑，他就会详细地给孩子们介绍这座建筑的历史。

在玛丽亚看来，父亲没有任何缺点，他是一个完人，是全世界知识的源泉。斯可罗多夫斯基先生确实知识渊博。他为了能随时了解物理和化学领域的最新发展，会用努力挣来的微薄薪水去购买学术书籍；在语言的学习上，他除了会希腊语、拉丁语，还会说5种现代语言。

每周六晚上，斯可罗多夫斯基先生都会给孩子们大声朗读优美的文学作品，并坚持自己写散文。有时，他还会给孩子们介绍世界名著，比如《大卫·科波菲尔》，他手上拿着英文版的名著，却可以毫不费力地用波兰语朗读出来。而孩子们就是在这样的文学氛围中成长起来的。

玛丽亚在给一个朋友的信中写道："谢谢！家里没什么新鲜的事情发生。花卉都长得很好，杜鹃花正在开放，兰森特在毯子上睡大觉。我的裙子已经染过了，按日付酬的女仆正在改那件裙子。她刚给布罗妮雅改完，做得很好。我上课的时间不多，薪水更是少得可怜。有一个妇人经人介绍来我家，打听我给人上课的事情；可是当布罗妮雅告诉她每个小时要1先令①时，她赶紧跑了，好像我家的房子着火了一样。"

无论薪水多少，玛丽亚还得教书挣钱。因为在那个时候，年轻的女孩除了教书，没有其他的工作可以做。但是她不会去考虑"我有多少学生？我能挣多

---

① 先令：这是英国的一种旧辅币单位，1先令等于12便士。1971年英国货币改革时，先令被废除。

少钱？"如果她这么想，那么她就不是玛丽亚·斯可罗多夫斯卡了。她有自己的梦想，跟一般女孩子梦想嫁入一个好人家和男孩子梦想开上大汽车不同，她的梦想是拯救整个波兰。她，玛丽亚·斯可罗多夫斯卡，必须帮助所有的波兰人民。

玛丽亚才十几岁，她的父亲对她言传身教，她的脑海里装满了学校和书本教给她的知识。可是仅凭这些，她如何才能实现自己的梦想呢？

玛丽亚知道，还有一些人也在为拯救波兰而奔波，他们在谋划向沙皇的车子投掷炸弹；也有一些人寄希望于上帝，希望上帝能够帮他们拯救波兰。

玛丽亚深爱着自己的祖国，她把自己的护照借给了一个革命者，但是采用极端的手段和寄希望于上帝都不是她用来拯救波兰的方式。她相信，最实际的办法就是做好眼前的事情——教导波兰人民。因为波兰人民正逐渐被沙俄的统治者变成言听计从的奴隶，而尽力去教导他们，让他们免受沙俄对他们正在施行的教育才是最紧迫的。玛丽亚觉得自己应该教书、教书、再教书——直到华沙成为伟大思想的中心，成为意识形态领域的中心；直到整个波兰强大到能够引导欧洲向前迈进。

一些新的思潮在法国和英国传播开来。玛丽亚认识了一个比她大10岁的朋友，他给青年们传播新思想，并成立了一个秘密流动团体——"流动大学"来学习这些新思想。

玛丽亚、海拉和布罗妮雅参加了这个组织。他们经常定期地在不同成员的家庭里聚会，他们学习的并不是一些古怪的或不切实际的知识，而是一些基础的、实用的课程，比如解剖学、生物学和自然历史等。然而，一点声音，如敲门声、老鼠经过护墙板的窸窣声，都会把他们吓得直哆嗦。因为如果被警察抓住了，他们就会被送进监狱。

他们中的每个成员既要听课也要给大家讲课。玛丽亚收集了少量的书籍给那些穷人，但她首先要教会他们识字，教会他们如何学习，这样，这些书籍才对他们有用处。

有时，某家波兰商店会聘请玛丽亚偷偷地给商店里的女员工上课。商店老板认为应该让这些员工坐下来看看书，思考下问题，这样才能提升她们的整体素质。

小玛丽亚虽然内心欣喜，表面上却表现得很矜持。置身在一群比她大、举止又有些粗鲁的女人中间，她既不允许她们说一句粗话，也不允许她们抽一口烟。当她觉得自己的一头卷发太与众不同时，她就剪了它，却没想到这样的她看上去更像个小孩。

她每天忙碌着，做了许多工作：上课、聚会、绘画、写诗、阅读六七个国家的文学作品——毕竟，只有这样，她才能紧紧追随那些伟大作家的深邃的思想。

同时，她的脑海中还在想着怎样帮助布罗妮雅。布罗妮雅的年龄越来越大了，至少玛丽亚是这样认为的。除了玛丽亚，没有人会去关心布罗妮雅的前途了。

每天早上，不管天气好坏，玛丽亚都要去做家庭教师赚取生活费。可富人们总爱迟到。她到了那些富人家里，每次都被要求先在寒风凛凛的走廊上等着，在他们看来，她只不过是一个穷酸的家庭教师。

"对不起，玛丽亚小姐，我的女儿今天早上起晚了。当然，你一定会给她上完一整节的课吧！"

但是到了月末，这家人又忘了付给她薪水："对不起啊，我丈夫会在下个月一起付给你。"可是，那时候玛丽亚正需要用钱，她一直计划着用这些钱给家里添点生活必需品。

布罗妮雅每天都脸色苍白、精神萎靡，玛丽亚十分心疼她。她认为得先把自己上大学的梦想和对知识的渴求搁置一边了，当务之急是要考虑布罗妮雅的事情。

"布罗妮雅，我最近一直在思考，"一天，她对布罗妮雅说，"我也跟父亲商量过了，我觉得我有办法。"

　　"办法？什么办法？"

　　玛丽亚谨慎地说出每一个字："布罗妮雅，你自己节省下来的钱，够你在巴黎待几个月？"

　　"我的钱只够我去巴黎的路费和一年的生活费，可是读医学院要五年才能毕业啊。"布罗妮雅立刻回答道。

　　"是的，仅仅靠1个小时1先令地这样上课，是永远都没法完成这个目标的。"

　　"那该怎么办？"

　　"假如我们都去工作，那么我们谁都不能成功。可是，如果按照我的计划，今年秋天，你就能登上开往巴黎的火车了。"

　　"你疯了，玛丽亚！"

　　"我可没疯。到了巴黎以后，一开始，你可以先花你自己的钱，然后，我会设法给你寄学费和生活费，父亲也会给你寄。同时，我也为自己将来上大学而攒钱。当你成为一名医生的时候，就该轮到我出去上大学了。而那会儿，你就能帮助我了。"

　　布罗妮雅的眼里满含泪水，因为，她明白，玛丽亚的这个提议对玛丽亚来说意味着什么。

　　仔细琢磨一下，布罗妮雅觉得刚才的算术题还有让人无法理解的地方："我算不出，你又要给我寄钱，又要自己攒钱，那你拿什么钱养活自己呢？"

　　"放心吧！我已经想到一个好办法了。我打算去找一份全职的家庭教师的工作。这样，他们包我吃住，我就不用花一分钱了。这个办法好吧？"

　　"不，不行！"布罗妮雅说，"我不明白为什么是我先去读书，你比我聪明，如果你先去读书，你会更快获得成功。到时候，我再去也不迟。"

　　"为什么？亲爱的傻布罗妮雅，你已经20岁了啊！我才17岁。你已经等了那么久了，而我还有时间，当然是你先去了。等你做了医生，有自己的医疗诊所，那时候，你就有大把的金子给我了。我还指望着你呢！好了，这件事情就

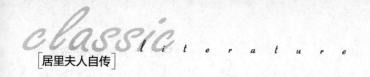
这么定下来了。"

就这样，在那年的9月，离玛丽亚18岁的生日还有一个月的时候，她来到了女家庭教师职业介绍所的等候室。玛丽亚穿着一身职业家庭教师应该穿的衣服，将长长的头发整齐地梳理到了褪色的帽子下。简单而又朴素的打扮，使她看起来平凡而又端庄。

她有些紧张地走到一位女士的办公桌前，手中紧紧地攥着她的学历证书和推荐信。那位女士认真地看了看她的推荐信，然后看着玛丽亚，不，可以说是盯着她。"你真的精通德语、俄语、法语、波兰语和英语？"她有点不相信地问道。

"是的，"玛丽亚回答说，"虽然我的英语比其他几门语言稍微弱一点，但是我可以教学生通过考试，我高中的时候还获得了金奖章。"

"那你想要什么样的待遇呢？"

"一年40英镑，含吃住。"

"如果有适合你的职业，我会通知你的。"在这位女士不太肯定的答复声中，玛丽亚离开了介绍所。

没过多久，就有一家人聘请了玛丽亚去当他们家的家庭教师。这里就不公开这家人的姓名了，因为他们肯定不愿意让世人知道他们做的那些不光彩的事情。他们让18岁的玛丽亚从一扇小门中进来。从这门进来后，正如玛丽亚后来所说，她觉得自己仿佛看见了地狱的影子。这让她很不愿意待在那里。生活注定了玛丽亚是一个伟大、无私的付出者，而不是一个受人鄙视和摆布的奴隶。

他们是B氏家族，很富有，但时刻与玛丽亚保持着距离，将她放在一个不起眼的家庭教师的位置上。平时，他们对她惜字如金，从不愿与她多说话。更可恨的是，他们对自己挥霍无度，却半年不给玛丽亚发薪水；甚至为了节省灯油，晚上还不允许她看书。他们在人前说话很亲切，满嘴甜言蜜语，却常在背后对别人肆意诽谤，还将口中经常提及的朋友骂得体无完肤。

"从他们身上，我对人性有了更深层的认识。"玛丽亚在给朋友的信中说道，"我明白了小说里描写的那种人并不是虚构的，并且我还懂得，一个人如果聪明，就不应该与被财富腐蚀了的人有任何交往。"

也许，正是她18岁时收获的这一感悟，让她在将来无论面对多少财富时也能无动于衷，保持清醒。

玛丽亚辞去这份工作除了这个原因外，还有一个更为重要的物质上的原因。她发现，生活在B家庭，每天还是要花一些钱。本来就挣钱不多，这样，到月底攒下的钱就更所剩无几了。

尽管有时能跟爸爸见面，能和"流动大学"里的朋友保持联络——这些事情都让她很开心。可是，既然已经做了决定，她就会不顾一切地去实现。玛丽亚认为自己必须彻底地离开家，到偏远的乡村去找份工作，这样，在穷乡僻壤就可以不花一分钱了，而远在巴黎的布罗妮雅才能够按照计划继续留在那里学习。

她想要的工作出现了。离家很远，在一个偏僻的乡村深处，但是薪水比上一次要高一些——每年50英镑。当然，那个时候的50英镑并不少。这户人家的地址，虽然看上去不那么古怪或是遥远，但是玛丽亚还是害怕父亲会担心，所以她有些忐忑地拿出纸条给父亲看：

普沙斯尼士附近　斯茨初基　Z先生和夫人的住宅

玛丽亚出发前往这户人家的时候是一月份，波兰到处都堆积着厚厚的冰雪。她坐在火车上，即将要出发了。父亲挥手跟她告别。

火车缓缓驶离车站，当父亲的身影渐渐消失在视野中时，她一下子感到了孤独和恐惧。这是她有生以来第一次彻底地离开家。如果这个雇主像以前那个雇主一样不友好，该怎么办呢？父亲越来越年迈了，身体也越来越不好了，她该在这个时候离开他吗？

茫茫暮色中，玛丽亚靠着车窗，白雪覆盖的原野在她满含泪水的眼中渐渐模糊。

坐了3个小时的火车后又上了一个来接她的雪橇。她身上裹着温暖的毛毯，行进在这个寒冷寂静的荒野中，偶尔能听见雪橇的铃铛声。

雪橇已经行进了4个小时，玛丽亚又冷又饿。她心想，是否该停下来歇歇呢？马儿也跑累了。这样想着，雪橇突然在一座房子前停了下来。她看见屋里射出了一片亮光。

屋子的门打开了，一大家子人都迎了上来。男主人身材高大，女主人的脸亲切温和，孩子们都躲在妈妈的裙子后面，有些害羞又有些好奇地探出头来看着玛丽亚。

大人们用亲切的方式欢迎玛丽亚的到来，并给她递上了一杯热茶。女主人将她领到她的房间后就善解人意地离开了。

玛丽亚此时真正地来到了这个偏僻的乡村人家。她先坐着暖和了一下，然后观察了下房间——房间只是做了简单的装饰，墙壁刷成了白色，壁橱上放着一个取暖的炉子。她对这个房间感到十分满意。

第二天清晨，她拉开窗帘，本以为会看到白雪皑皑的田野和被积雪压弯的树林，没想到，映入眼帘的却是一个高高的烟囱，烟囱上面还冒着浓浓的黑烟。

她又仔细看了下，发现原来不是一个烟囱，而是很多个烟囱。她没有看见一棵树、一株灌木丛，甚至没看见一个篱笆。在她视野中出现的，还有一片片已经被犁过的田地，这里将被种上甜菜。

原来，她来到了一个甜菜生产基地。整个村子里的村民都忙于耕地、播种和收割甜菜，村子里的工厂也都是制糖厂，这些村民的农舍就错落地分布在这些工厂的周围。玛丽亚的雇主就是一家制糖厂的厂长。村子里还有一条河，可惜进来前是清澈的河水，排出时就变成了绛紫色的污水。

玛丽亚不仅对周围的环境感到失望，还对她身边的少男少女们感到失望。一有空，他们就八卦地谈论着：谁穿什么衣服、谁家将举办下一次舞会、去谁家打牌等一些无聊的话题。

有一次，当看到Z先生和夫人在第二天下午1点才从舞会上回来时，玛丽亚感到很震惊，她好像忘记了自己也曾这样通宵达旦地跳过舞。

"请借给我一双漫画家的手吧！"玛丽亚在信中大声疾呼，"让我好好描绘这些人，用漫画的方式来描绘最恰当不过了。在那些不知道如何开口说话的女孩们当中，我亲爱的布朗卡，简直就是一颗又理性又热情的珍珠。她有优秀的判断能力，而且对生活充满了兴趣。"

除了布朗卡，玛丽亚还发现一个有趣的人，那就是布朗卡3岁的小弟弟斯塔斯。他走到哪儿，哪儿就会传来笑声，让这栋狭窄的两层楼房充满了生机。他的一双小脚到处走着，啪嗒啪嗒地走在长长的走廊上，走到室外那长满爬山虎的破烂的阳台上。

他童言无忌的话总让玛丽亚忍俊不禁。有一次，他的奶奶跟他说，上帝无处不在。他说："斯塔斯可不喜欢这样子，我害怕上帝会抓住我。他会不会咬我呀？"

安吉亚是玛丽亚的另一个学生，她10岁了，是个非常顽皮的孩子。当有客人拜访的时候，她总是偷偷地从课堂上溜走。按照计划，玛丽亚应该给她上4个小时的课，可是她老爱跑出去——被玛丽亚抓回来，又跑出去，又抓回来；而课程却得重新教，所以，她的课根本没有什么进展。不仅如此，安吉亚还爱赖床，每次都是玛丽亚从床上把她拖起来，这让玛丽亚大为恼火。有一天早上，玛丽亚甚至用了两个小时的时间让自己平息怒火。

不过，一天里有两个时段让玛利亚最开心：一是跟布朗卡共同读书的3个小时，二是闲暇时给家里写信的时候。"到复活节时，我就回华沙了。一想到这儿，我就兴奋得想跳起来，忍不住要发出野人般的狂叫。"她在一封长长的家书中写道。

走在泥泞的乡村小路上，玛丽亚总会碰到一些村里的孩子，他们浑身脏兮兮的，头发像乱糟糟的麻绳一般。与他们擦肩而过时，玛丽亚却发现这些孩子的眼睛清澈明亮，充满了对知识的渴求。

她对自己说："他们难道不是波兰的孩子吗？我曾经发誓，要向波兰的民众传播知识，难道我不能为他们做些什么吗？"

村里的孩子都没去上过学，就算学习了一些知识，也只是知道几个俄文字母而已。玛丽亚觉得这是一个很好的机会，如果能偷偷地办一所学校，那就再好不过了！

布朗卡听到这个大胆的创意，特别激动。"先不要着急。"玛丽亚说，"你知道的，一旦我们被举报了，就会被抓起来，然后流放到西伯利亚去！"

她们都知道，流放到西伯利亚意味着什么，那里可是一片可怕的冰原地带。然而无论如何，布朗卡还是下定决心去冒这个险。在获得Z夫人的许可后，课程就这样开始了。

很巧的是，室外刚好有个楼梯直通玛丽亚的房间。村里的孩子们就从这个楼梯爬上来。玛丽亚借来了一张桌子和几把椅子，并从自己微薄的积蓄中拿出了一些钱，为孩子们买来了笔和练习册，然后就正式开始上课了。

孩子们笨拙的手很不习惯地握着笔，歪歪扭扭地在白纸上画出字母。但渐渐地，他们不可思议地发现，嘴里说出的话能白纸黑字地写出来了，而且还能够理解。

他们那些不识字的父母看见孩子们的进步也感到十分自豪。他们还会经常爬上楼梯，一动不动地站在教室的后面，看着自己的孩子做着十分了不起的事情。

其实，孩子们学习起来并不轻松——他们弯着手指，有时皱眉，有时咧嘴，有时吸气，有时叹气；写一页文字的难度一点也不亚于他们往山上运甜菜。虽然他们身上依然脏兮兮的，上课也经常走神，也不太聪明；但是，很多时候，玛丽亚从孩子们的眼神中可以看见，他们是多么渴望上课，多么渴望获得知识。

Chapter
第 六 章

— 不幸中的万幸 —

夏天到来后，假期也来了。但是，这只是其他人的假期，作为一名家庭教师，玛丽亚还需要坚守岗位。一年中大部分的时间，她都不能离岗。不仅没有假期，这个时候她的工作反而变多了。

当Z家最大的男孩放假回家、年幼的几个女孩在早上起不来床的时候，玛丽亚的作用就显得更为突出了。

玛丽亚感到十分厌倦，她的生活很无聊，平淡无奇。跟日出日落一般，她的今天就是昨天的重复——早上8点到11点半工作，下午2点到7点半工作，中午11点半到中午2点是她吃午饭和散步的时间。

日复一日，每天都如此。

到了晚上，如果安吉亚白天表现不错，玛丽亚就会念书给她听；如果表现不好的话，玛丽亚就做做针线活儿，顺便跟她聊聊天。直到晚上9点之后，她才有自己的时间去看书和学习。

但是，在这仅有的时间里，她也还会被其他一些杂七杂八的事情所干扰，而这些事情是一位家庭教师无法避免的。比如，安吉亚的教父想找人下棋，玛丽亚就得去陪他；别人想玩扑克牌却三缺一时，玛丽亚必须去凑成一桌，不管她是否愿意……

看书的时间少之又少，而玛丽亚对知识的渴求却越来越强烈。她手里的书籍大多已经过时了，也找不到一个人可以跟她探讨疑难的问题。

这时候的她无所适从，更加羡慕那些有机会到世界各地的大学里深造的成千上万的女孩们；羡慕她们能在教室里上课、听演讲，能在实验室里做实验，把握着这个时代的脉搏，吸收着人类文明的精髓。

维也纳、柏林、伦敦、圣彼得堡，尤其是巴黎，这些地方都是她心中的学术圣地。

不，不，不能去维也纳、柏林和圣彼得堡，这几个城市都是侵略波兰的国家的首都。

但巴黎和伦敦不一样，她发疯似的渴望去巴黎，那里没有压迫，甚至还慷慨地张开怀抱接纳所有的流放者，欢迎一切去那里求知识和求思想的人。脑海中思考的事情越多，她就越感到绝望。

一个人工作实在是太难了！她攒钱攒得又慢又费力，布罗妮雅还需要她长期资助，年迈的父亲还需要她去照顾。玛丽亚，她还有机会去上大学吗？

日子就在单调、忧虑和幻想的生活中过去了。不过，玛利亚长得越来越明媚动人了。

她的额头饱满，透出一股常人少有的坚毅；一头富有光泽的金发十分迷人；那双灰蓝色的眼睛映衬在浓浓的眉毛下，显得大而深邃，似乎具有极大的穿透力；倔强的嘴角露出一丝笑意，让人印象深刻；还有那白里透红的皮肤、纤细的手腕和脚踝，让人充满了怜爱。总之，她的一切都充满了神秘感，让人看不透她，却又想来探寻她是一个怎样的女孩儿。

Z家中最大的男孩卡西米尔从大学里回来度假了，他在家里的花园中邂逅了玛丽亚，当时玛丽亚正在花园里修剪凋谢的玫瑰花。他没想到家里有这么一个漂亮而又优雅的姑娘，这让他感到非常开心。

其实之前，卡西米尔就从妹妹的来信中听说了玛丽亚，但是，他那时候还对妹妹信中的话心存怀疑——在这千篇一律、乏味古板的家庭教师中，他家的家庭教师能是个什么样？

"现在……我想在全波兰人民面前发誓……"回家后，他大声地对自己说，"这个家庭教师真的非常与众不同！"

"小姐，你给你的那个'蹩脚学校'的学生放假了吗？"

"哦，没有。他们要到5点才能来上课，因为他们要完成手中的活儿。"玛丽亚回答，她的脸很生动，并且跟以往一样，对一切都充满了好奇。

玛丽亚心想：噢，这原来就是布朗卡的哥哥。这个男孩身材高大、长相英俊、风度翩翩，人也相当友善，还会用"蹩脚学校"来打趣她那个穷苦学生的班级。

当天晚上9点钟，玛丽亚没有像往常那样翻开厚厚的书本来学习，而是和这个大学生进行了真正的学术交流。单是听他聊自己所学的专业，玛丽亚就觉得获得的知识比从书本上获得的更多。而且，也不知道是怎么了，玛丽亚觉得日子不像以前那样枯燥乏味了。

暑假打破了以往的生活节奏。

卡西米尔、布朗卡和玛丽亚经常一起去划船、骑马，而玛丽亚正是一个划船和骑马的好手，她端坐在马上的身姿颇为矫健。马厩里有40多匹骏马供他们挑选。他们骑着马在原野上奔驰，骑在后面的卡西米尔发现，欣赏玛丽亚骑马的模样，真是一种幸福的享受。

他们有时还会坐着马车出去野餐。玛丽亚熟练地拉着马的缰绳，卡西米尔注意到她纤细的手腕控制缰绳的时候很有技巧。不知是有意还是无意，卡西米尔弄伤了左手的大拇指，他只能让马夫代驾，而自己则坐到了玛丽亚驾驶的马车上。他见过很多女孩，却从来没有一个女孩像玛丽亚这样拥有优雅的举止和不凡的谈吐。

当秋天来临，将要回华沙的时候，他就在盼望圣诞的到来，那时候就可以再次见到玛丽亚了。

"小姐，要是每天都是冬天那该多好啊！"他对玛丽亚说。

玛丽亚一脸的疑惑："为什么呢？不可能时时都是冬天的。"

他又笑着解释："我们从小不就被人教育要珍惜一切美好吗？还有比欣赏

一个有着纤细脚踝的女孩优雅地滑冰更美好的事情吗？还有，跳舞！你跳得那么好！难道你不喜欢跳舞，不喜欢在冬夜的星光下滑雪吗？"

是啊，玛丽亚太喜欢跳舞了，她仿佛又回到了那个尽情舞蹈的冬夜。但是，她现在还是更喜爱夏天，更喜爱这个夏天的暑假。

"等下一个假期实在是太漫长了，他什么时候能再回来？"

卡西米尔花了很长时间才猜到玛丽亚的心思。他说，他要立刻去找父亲，去征得父亲的同意。

在当时，众所周知，有钱的雇主一般不会跟家庭教师结婚。但是，卡西米尔觉得玛丽亚不同。家里所有的人都喜欢她——父亲让她陪他散步；母亲把她骄傲地介绍给所有的朋友；妹妹们对她充满了崇拜；家里人还经常邀请她的父亲和姐妹们来家里做客；她过生日的时候，所有人都送她鲜花和礼物。所以，卡西米尔非常有信心，他相信家里人一定会同意他跟玛丽亚在一起。他们肯定满怀期待，等着玛丽亚成为自家的儿媳！

但是，卡西米尔错了！当他告诉父母，想跟玛丽亚结婚时，他的父亲暴跳如雷，母亲则差点昏厥在地。

他是他们家的长子，家里人把所有的希望都寄托在他身上。像他这样优秀的人，很容易就能娶到当地最富有、最高贵人家的千金。他怎么能跟一个一无所有的家庭教师结婚呢？玛丽亚只是一个在别人家里出卖劳动力的女人，跟她结婚不是天大的笑话吗？

"卡西米尔，你简直疯了！像我们这样家庭的人怎么可以跟一个家庭教师结婚？"

"不能和家庭教师结婚！这个说法真妙！"大地好像都在低语。

时光荏苒，冬去春来，命运注定了今后会出现一个玛丽·居里，而不会出现一个玛丽亚·卡西米尔·Z。但是不管怎样，玛丽亚不能预见未来。所以，那段时间，她十分忧郁。

家里的每个人也突然间对她冷淡了起来，可是，她又不能扔下这份工作，一走了之。她每年还需要给布罗妮雅20英镑呢！她能做的，就是下定决心不再爱上任何一个男人。

她的日子又恢复了往日的单调和乏味，每天都做着重复的事情——给孩子们上课、批评调皮的安吉亚、把在课堂上昏昏欲睡的朱列克摇醒（因为不管什么书都能把朱列克送入梦乡），还要教她那个"蹩脚学校"里的学生们识字，自学和研究化学书籍，陪人下棋、散步和跳舞……

在这样平淡而又毫无生机的生活里，只有偶尔的一两件滑稽的事情能给玛丽亚带来一点乐趣。乡下的路标十分不清楚，下雪后就更看不清楚了，雪橇和车上的人因此偶尔会消失在雪堆里。只有这时，周围的笑声才能给她唤回一点往日的欢愉。

那段时间，她给家里的信越写越长，可是她却没有钱去买邮票寄信。

"我已经好久没有收到布罗妮雅的来信了。"玛丽亚失落地说道，"或许她也没有钱买邮票吧！"由于自己一直很悲伤，所以她更容易设身处地地去体会父亲、哥哥和海拉的烦恼。

在给父亲的信中，她这样写道：

> 不要担心我们。你已经为我们这些子女做了你该做的一切。至少，你给了我们优秀的品质和很好的性格，我们会自力更生的。时间会证明一切！

她对哥哥说：

> 约瑟夫，去找人借100个卢布，一定要留在华沙。不要把自己的前途葬送在一个小村落里。这是我想告诉你的话，如果有什么不妥，请不要生气。

> 你还记得我们的约定吧——想到什么就诚实地说什么。人人都觉得在小地方开一个诊所如同坐井观天，是没有什么大出息的。一个脱离了药店、脱离了医院、脱离了专业的医生，就算有再高远的理想，那也是一个无用的人，不管他的人生规划是怎样的好。

　　亲爱的哥哥，如果真是这样的话，我真的会很伤心，因为我已经没有信心了。我放弃了所有的理想，不敢奢望自己今后能成为什么伟大的人物。我把所有的希望都寄托在了你和布罗妮雅的身上。请不要葬送我们家族的天赋——毋庸置疑，我们家族拥有这样的天赋，它一定会在我们中的一个人身上表现出来。我对自己的失望越大，对你们的期望也就越大。

　　玛丽亚对姐姐海拉也很同情。由于家里一贫如洗，海拉的男朋友不久前将她抛弃了。玛丽亚对这样的男人非常愤慨，她在信中写道：

　　的确，每个人都应该学会如何为他人考虑！如果他们不愿意和贫穷的女孩子结婚，就让他们滚吧！没有人会乞求着要和他们在一起。可是，他们为何要来招惹我们，然后又让我们伤心？

　　这是玛丽亚的人生低谷。她说，她每天都跟一群愚蠢的学生打交道，害怕时间长了，自己也会变得木讷和愚笨。很多老师也都有这种感觉。在这样的环境中，她当初那些伟大的梦想，说出来会让人觉得可笑至极。她曾写道："我现在唯一的愿望，就是能和父亲一起生活在一个温馨的小家里。如果可以，我愿意拿出我一半的生命来实现。有机会的话，我希望能离开Z家，虽然可能性很小。但是，一旦能离开，我就去华沙的寄宿学校里找份工作，然后再找份私教挣点额外的报酬。这些就是我现在全部的希望了。人生也不过如此而已，不值得去烦恼。"

　　那段时间，玛丽亚的生活的确很糟糕，但幸运的是，一本名为《尼曼河两岸》①的小说让她痛定思痛。她忽然怀疑现在的自己是真实的自己吗？真正的玛丽亚不会是这样的！

　　她在给布罗妮雅的信中写道：

　　我的梦想到哪儿去了？我一心致力于教导波兰的民众。可是，

---

① 《尼曼河两岸》：波兰小说家奥尔塞什科娃的代表作，是一部叙事诗般的历史小说。小说以波兰属立陶宛反抗沙俄起义为背景，描绘了沙俄统治下的波兰社会。

我现在连村里的十几个孩子都教不了。更何况，还要唤醒他们，让他们认识到自己的价值，并且以后对社会有所贡献，这更遥不可及。生活已经如此艰难，我也越来越自私，越来越平庸了。突然间，这样一本书让我惊醒过来，给了我当头一棒，我为过去的自己而感到痛苦。

同时，她还给堂姐写信说：

我的生活在愁闷中度过，平日里陪伴我的是可怕的西北风，以及雨水、洪水和污泥。到现在，这边还没有一点结冰的迹象。我的冰鞋一直落寞地待在橱柜里。也许你无法理解，在这种小地方，我们特别渴望冰天雪地，它的重要一点也不亚于加里西亚的保守党和革命党的辩论。别以为你跟我说的事情会让我感到厌烦，恰恰相反，我觉得很开心。因为，这样我还知道，在地球的某些地方，还有人在活动，还有人为国家的命运而担忧。外面的事情，让我强烈地感受到了暴风雨的猛烈。我将唤醒自己，将自己从噩梦中挣脱出来。我告诉自己"绝对不能让任何人或者事情将你打垮"。我现在需要新理念、新变化和新行动，这些迫切的需要紧紧缠绕着我，让我想做一些傻事来抵抗这一成不变的生活——这样的生活真是太枯燥了。还好我每天很忙，不至于让这种荒唐的念头占据了我的心神。

Chapter
第 七 章

— 做出改变 —

玛丽亚一直渴望改变现在的生活，渴望到一个新的地方。现在机会来了。一个家在华沙的学生此时正在比利时度假，想要聘请她去那里上课。

可是，在踏上旅程之前，玛丽亚却犹豫了：自己在乡下蛰伏了好几年，还能适应如此大的改变吗？她孤身一人，一路上需要换乘五次火车，迷路了怎么办？夜晚有小偷潜入她的车厢怎么办……然而，这些事情都没有发生。她安然无恙地抵达了目的地。

之后，玛丽亚被带去见了学生的母亲——一位很美很有魅力的夫人。这位夫人给她介绍了一个期待她分享和欣赏的奢华世界。

玛丽亚生平第一次近距离地接触由沃斯[①]设计的漂亮衣服，那些柔软的皮毛和闪闪发光的钻石让她忍不住伸手去触摸。客厅的墙上挂着她的新雇主家庭成员的画像，这些油画都是大师的作品。她凑上前好奇地观看着，而画中的人也看着她，并正和她成为朋友。

这位夫人很喜欢玛丽亚，称她为"优雅的斯可罗多夫斯卡小姐"，并把她介绍给自己的朋友们，而玛丽亚就徜徉在这些财富所带来的美好的事物中。

我们不知道当时的玛丽亚对所见到的一切有什么想法，但是接下来，一件让人兴奋的事情发生了。

---

① 沃斯：巴黎高级时装业的创始人，当时在巴黎开设妇女时装店，长期引领巴黎时装的潮流。

那天，客厅的桌子上放着一封信，信封上写着"斯可罗多夫斯卡小姐收"，是布罗妮雅的字迹！上面还盖着巴黎的邮戳！信纸是方形的练习册的纸。很显然，这是布罗妮雅在两节课之间匆忙完成的。

这真的是一个爆炸性的新闻——布罗妮雅要结婚了！布罗妮雅在信中说，一旦她在巴黎有了属于自己的家，就邀请玛丽亚过去同住。巴黎！大学！玛丽亚所有的愿望真的能实现吗？

实际上，事情并没有那么简单。

玛丽亚之前已经知道布罗妮雅在巴黎和一位最英俊、最聪明、最讨人喜爱的波兰男生订婚了。而且，特别巧的是，那个男生的名字跟玛丽亚的恋人一样，也叫卡西米尔，卡西米尔·德卢斯基。由于沙俄当局怀疑他参与了一次密谋的反政府活动，所以他不得不逃离波兰。逃到巴黎后，他还处在俄国沙皇派来的警察的监控之中，法国宪兵队的名录上也记录着各种各样对他不利的信息。但是不管怎样，他依然是一个乐观的青年医生，而且还将要跟布罗妮雅结婚了。

也正因为卡西米尔·德卢斯基的这个原因，布罗妮雅不能回华沙照顾年迈的父亲了。这件事情也不能指望海拉，因为海拉从来不会照顾人。最终，这个重担压到了玛丽亚的肩上。

在信中，布罗妮雅告诉她，来到巴黎后，她的前途将会无比辉煌。但是，这个前途"无比辉煌"的人在信中回复道："我一直以来都很傻，是个大傻瓜，一辈子都傻下去。或者用现在流行的说法来说，我从来没有幸运过，现在没有，以后也没有！"

这个不幸的人缓和了下情绪，继续写道："跟许多人梦想着得到超度一样，我梦想着去巴黎。但是有好长一段时间，我已经不再奢望能去那里了。现在有这样一个机会，我却感到不知所措。我不敢跟父亲说起这件事情，因为我相信他依然盼望着明年能和我生活在一起。我也愿意给他的晚年创造一些快乐。另外，一想到我本该好好利用的才华，却只能在时间的流逝中一点一点浪费掉时，我真的悲痛欲绝。"

正是拥有这种思想——有才华就应该利用起来，而不是任由光阴流逝，所以，在信中，玛丽亚还让布罗妮雅放下她的自尊，竭尽全力去请求她的一位有钱的朋友来帮助约瑟夫。

玛丽亚觉得，这样做，不仅能让约瑟夫发挥自己的才能，还能让整个社会因为他精湛的医术而受益。她认为世界上最崇高的工作就是帮助才华横溢的人实现自己的梦想，让他们充分发挥才能，从而为整个人类造福。这个观点贯穿了玛丽亚的一生。

最后，她在信的结尾说："我的心悲伤至极，我觉得这个时候不该跟你谈论这些事情，让你扫兴。"

于是，在担任过几年的乡村教师和享受过短暂的浮华后，玛丽亚回到了华沙，和父亲生活在一起。

他们在自家的小屋里生活了一年的时间。在大多数人看来，这样的生活很单调，但是对玛丽亚这么有头脑的人来说，待在家里也能让她受益匪浅。她经常和知识渊博的父亲交流思想，还时常回到"流动大学"那个秘密的组织中，和那些上进的青年人侃侃而谈，继续学习。

但是，命运是公平的，幸运女神会慢慢走近她，给她机会。

5月份，如果沿着宁静的绿树成荫的克拉科夫大街漫步，一路闻着淡紫色丁香的香味，来到66号这栋房屋的院子前，一切都如往常一样祥和。没有人会想到，在这栋房屋里今后将会发生什么令人惊奇的事情。

院子里绿草如茵，紫丁香花的旁边有一座两层小楼，上面只开了一扇很小的窗户，用来透进外面的光线。房门上写着"工农业博物馆"几个大字。

难道这里真的存放着旧式的犁铧和史前的铲子吗？不，完全不是！沙俄统治者允许波兰有博物馆的存在。博物馆其实是个十分无趣的地方，可是，任何有学问的人都可以在这里传播知识。玛丽亚的堂哥就是这所博物馆的管理人，他秘密地在里面教学生们学习科学知识。而且，他还有一个秘密的实验室。在那里，学生们能够亲手触摸各种实验仪器。

这是玛丽亚·斯可罗多夫斯卡第一次真正地走进实验室，而这一步将给伟大的世界带来非凡的意义。

不过，那时候，她只有在晚上或者星期天才能到那里去，还不能太频繁。当她到那里的时候，没有人教她该怎么做。她只能独自研究，尝试着将课本上的实验做出来。

实验结果无法预料。有时，一个小小的成功就能让她开心不已；有时，一个明显的失败又让她灰心丧气。但是，无论如何，她都能有所发现，并且狂热地爱上了这种探索，期待从中得到更大的惊喜。

当深夜回到家，躺在床上辗转反侧时，她觉得似乎有某种东西抓住了她，占据了她的脑海。

她无法入睡，好像身体内部有另外一个人正在与她交谈，鞭策着她，让她起来工作。

工作让她着了迷，她必须起来工作！博物馆中的那些试管和蒸馏器跟父亲书房中的旧物理仪器一样，都是她最心爱的东西。

玛丽亚终于找到了自己——她那灵巧的双手必须永远操作这些试管、火焰、元素和金属；她那富有智慧的大脑将通过她的双手来得出结论，并且预测未来。

可是，接下来她该怎么办呢？她的理智对她说：走吧，去巴黎吧；而她的情感却在劝她：她应该留下来，跟父亲、哥哥、姐姐以及恋人卡西米尔·Z在一起。

卡西米尔·Z还在努力地让父母同意他们的婚事。假期里，玛丽亚和他见了一面。他们在山谷中漫步，并进行了一番长谈。

卡西米尔絮絮叨叨地跟她叙述他的难处，并问她有什么想法。这时，玛丽亚的忍耐达到了极限，她大声喊道："既然你自己都没有想到解决的办法，那就不要来问我！"

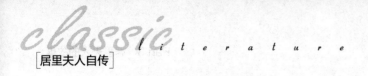

她终于明白了自己最终的想法，然后便匆匆地给布罗妮雅写了封信："马上给我一个确定的答复。我住哪儿都无所谓，我不会给你们添麻烦，只是请你给我一个坦白的回答。"

不久，布罗妮雅就给了她诚实的答复，假如电报不是那么贵的话，她是想给玛丽亚发电报的。

玛丽亚将自己所有的积蓄都放在了桌子上。父亲帮她一起数着，最后还倾其所有往这些卢布中添了一笔。就这样，他们面前的这些卢布刚好能使这次巴黎之行成为可能。

如果玛丽亚没有其他太多安排，她就可以乘坐下一趟列车前往巴黎。

玛丽亚手中的卢布无法支付三等车厢的车票。在波兰和法国，最便宜的就是三等车厢了。可是幸好在德国还有四等车厢。其实，四等车厢跟货车车厢没两样——没有单独的房间，四周都是空空的，只有一圈长凳。考虑周全的人会带上自己的凳子，坐在中间的空地上。玛丽亚就是这样做的。

这次离家，她必须带上很多件行李，这样到了巴黎，就什么都不用买了。但是，她得提前把大件的行李——床垫、毛毯、床单等，装到行李车厢上托运走。

唯一让她花钱购买的是一个便宜却很牢固的木头行李箱。在箱子上，她非常骄傲地在上面刻了M.S[①]两个大字母。在箱子里，她放了结实耐穿的衣服、鞋子，以及两顶帽子。然后，她将随身携带的东西打包好了——三天火车上的食物和饮料、书本、凳子和一张垫子。

玛丽亚就这样去梦想中的巴黎了。那年，她24岁，怀揣着对知识的渴望和对未来的憧憬，开始了她希冀已久的求学之旅。

---

① M.S：玛丽亚·斯可罗多夫斯卡的字母缩写。

Chapter
第 八 章

—"我托起太阳，再扔出去"—

"我托起太阳，再扔出去……"玛丽亚反复地琢磨着这句话。她现在身在何处？

在巴黎的市中心！在那里，有层出不穷的快乐和新鲜的事物；在那里，她的心情轻松愉悦。她的伟大的导师——保罗·阿佩尔教授给她传授科学知识，这个教授开设的所有课堂，总是座无虚席。

玛丽亚每天都早早地来到巴黎大学，并坐在那个偌大教室的前排。她将自己的笔记本和笔整齐地摆放在桌上。周围充斥着同学们的说话声、欢笑声，以及落座发出的砰砰声，可是玛丽亚却听不到，她沉浸在自己的世界里。突然，同学们安静下来了，阿佩尔教授拿着书本走了进来。

教授现在已经桃李满天下，曾经的学生有些已经是著名的数学家了。在座的每一位都希望自己以后也有这样的机遇。

阿佩尔教授穿着一身庄重的黑色长袍，额头方方的，在讲台上用极其清晰的语言向学生们阐述：为什么恒星那么温顺地在各自的轨道上行走。

他讲话时，地球好像都被他操纵着。他大胆地探索着宇宙的最深处，玩弄着星辰，变化着数字；最后，他声情并茂地说道："我托起太阳，再扔出去……"

玛丽亚笑了，有些人怎么会觉得科学枯燥无味呢？

她觉得，宇宙的不变定律是多么奇妙！而更奇妙的是人类的大脑，居然能

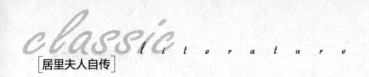

够去认识和掌握这些法则，难道科学不比那些神话更神奇、不比那些冒险小说更有趣吗？

只要想起教授说的那句——"我托起太阳，再扔出去……"她就觉得以前的那些遭遇、那些痛苦根本都不算什么。

玛丽亚在巴黎遇到的事情太多了！当她走下火车，第一次来到这个嘈杂喧嚣、烟雾弥漫的巴黎车站时，她没有留意到烟雾，只管挺起胸膛，深深地吸了一口气。第一次，她呼吸到了这个自由城市的空气。

而出了车站后，她所见到的一切都让她十分惊奇——街上的孩子们追逐嬉戏，并且想用哪种语言就用哪种语言相互打趣，这让一个只能讲俄语的波兰姑娘非常吃惊；书店里想卖什么书就卖什么书，堆满了来自世界各地的书籍，这多么不可思议啊！

最让人惊叹的还是那条大路——那条将她带往大学的大路。她第一次坐上一辆公共汽车，然后爬到顶部便宜的位子上，去往一所对女子也开放的大学。

这是怎样的一所大学呀？它可是世界上最著名的大学！连德国人路德①也承认巴黎拥有全世界最优秀的学校。

这所大学正在改建，施工者的身影到处可见。于是，课堂经常从这一间搬到另一间，而且还会受到灰尘和噪音的干扰。玛丽亚并没有因此受到影响，她依然能顺利地完成每天的学业。

从那时起，她就开始用法语来写她的名字——玛丽，至于姓氏，她是仍然沿用的。可是她的同学们却觉得她的姓很难发音，而她又不愿意别人随便地叫她玛丽，所以，同学们对她有些疏远。

在长长的走廊上，同学们看着这个衣着寒酸却目光坚定的女孩问："她是谁？"

有人回答："一个名字很难念的外国人。"

---

① 路德：即马丁·路德（1483—1546），宗教改革的发起人，基督教（新教）路德宗创始人。

另一个人补充道："听说她的物理成绩名列前茅，但是她沉默寡言。"

玛丽感到自己必须努力学习。跟她的同学们相比，她知道的知识还是太少了。她的法语使用起来并不像她想象的那样随心所欲，课堂上，老师说的一些话，她依然无法理解。她还发现自己在数学和物理知识上存在许多缺陷。所以，她必须发奋学习，来弥补自己知识上的不足。

一开始时，她和布罗妮雅、卡西米尔住在一起很和谐。布罗妮雅是个心思细腻的人，她把所有的事情都安排得井井有条，把一切都料理得舒舒服服。

布罗妮雅把家从巴黎市中心搬了出来，在郊外租了一栋房子，因为郊外的房租便宜。她不是那种时常忧虑，担心还不上钱的人。她把家装饰得很漂亮：精致的窗帘、雅致的家具、一架钢琴，还有几瓶鲜花。在厨房里，她会用心烹饪，烤制可口的甜饼，或者泡上一壶好茶——茶叶是特意从波兰带来的，因为她觉得总得有一些东西是巴黎所没有的。

如同中世纪时城市分区居住一般，布罗妮雅和卡西米尔所住的地方住着很多屠夫，因此，卡西米尔的病人大多是这些人。

他们就诊的医疗室就是卡西米尔的书房。白天，只有特定的几段时间归卡西米尔使用，让他在这里给病人看病；其他时间，书房就成了布罗妮雅给屠夫的妻子和孩子看病的诊室。

到了晚上，两位医生总是将工作抛到一旁，带着这个刚来巴黎的妹妹去玩或者去逛街。如果手头上有余钱，他们就带她去剧院看戏；如果没有钱，他们就围在那架钢琴周围，或者和那些被放逐的波兰朋友们喝茶聊天。这时，客厅里就萦绕着谈笑声、玩闹声，茶几上还放着布罗妮雅做好的糕点，一切都是如此安静祥和。

通常，在这样的聚会中，玛丽都会提前离开，回到自己的房间中学习，她觉得自己真的没有时间玩。

一天晚上，姐夫卡西米尔大声喊道："快点出来吧！书呆子小姐！拿上你的外套和帽子，我有几张音乐会的门票。这次，你必须跟我们一起去。"

"可是……"

"没有什么可是！音乐会的演奏者是我们经常说起的那个年轻的波兰人，这次的票卖得很少。我们必须去给他捧场，去给他鼓掌呐喊。另外，我还找了一些志愿者，这样能让他有成就感。你不知道，他演奏得有多棒！"

姐夫那双又黑又亮的眼睛里闪着热切的光芒，使得玛丽无法拒绝。她匆忙下楼，边走边穿外套，和他们俩一起追赶那辆旧式的公共汽车。

在一个空荡荡的大厅里，玛丽注视着这个高高瘦瘦、头发浓密、面容俊俏的人走到台上，坐在钢琴前，打开琴盖。

她静静地听着……李斯特、舒曼、肖邦，都在他那双灵巧的手中复活了。

玛丽听得十分陶醉，她深深地被打动了。这位衣着破旧、对着很少观众弹奏的钢琴家，在玛丽的眼里，似乎并不是一个初次登台表演的人，他更像一个王者，甚至一个神。

演奏结束后，他们邀请这个钢琴家到家里做客。钢琴家带着他那位美丽的未婚妻去了。

在卡西米尔家，这个拥有一头红发的钢琴家走到钢琴旁弹起了乐曲。在他手指的弹奏下，再平凡的乐曲也会变得神圣，因为，演奏的这个人叫作帕德列夫斯基，将来有一天他会成为波兰的领导者，而且他的名字还会传遍全世界。

那段时间，他们虽然身在巴黎，但是却感觉没有离开华沙。身处一群被放逐的波兰人当中，玛丽觉得像是生活在法国的一座波兰孤岛上。虽然很贫穷，但是他们很快乐。

节日里，他们会聚在一起，尽力去举办一个波兰式的舞会。他们吃着只有波兰人才会做的蛋糕，一起表演波兰的戏剧，就连节目单也是用的波兰语。

他们还用波兰的风景来装饰场景：在一片广阔的雪地上有一栋小屋，一个男孩俯身看着面前的书，沉思着；一个圣诞老人往烟囱里扔科学书籍；雪地上还有一个被老鼠咬破的空钱袋。

当他们排演戏剧时，玛丽太忙了，很多时候都没有参加。但是，在一次名叫《波兰打破枷锁》的戏中，她穿着一身老式的波兰长袍，身上披着波兰国旗颜色的长纱，金色的头发映衬着她的脸庞。这次典型的波兰装扮的演出赢得了在场所有人的喝彩。

然而，即使是在非常自由的巴黎，这样对波兰表达爱国之心，也是一件比较危险的事情。

玛丽的父亲劝她以后不要再在庆祝波兰节日的活动中出现了，因为有可能会出现在报纸上。

"你懂的，"他写道，"在巴黎，有人会专门记下参加活动的人的名字。这会给你惹来麻烦，而且有可能会影响你今后在巴黎的工作。明智一点吧，不要去招惹这些是是非非的好。"

其实，玛丽无须父亲这样的提醒。她已经决定把所有的时间都用在学习上，独自去外面生活。这样能远离钢琴的干扰，远离和姐夫晚上的闲聊，远离朋友们的聚会。而且她想到学校附近去住，在那里，可以节省车费和坐车的时间。

离开时，她难过地搬离了这个温馨舒适的家。在姐姐和姐夫的陪同下，她住进了学校附近的一间小屋里——一个完全属于她自己的屋子，开始她孤独的生活。

她全身心地学习，每个星期只花1英镑，甚至更少。她的房租、伙食费、学费等一切的开销都由她自己出。钱够吗？这就是数学问题了。幸亏，她擅长数学。可是，这个特殊的难题却左右着她的言行。

"啊，"她突然想到，"我不能吃那么多食物。"她从来没时间去做饭，也不会想到要把学习物理的时间牺牲掉，而去准备一次晚饭。所以，她每天都靠着面包、黄油、樱桃、茶水生活。偶尔能吃上一个鸡蛋或者一块巧克力，对她来说就已经很奢侈了。

她的房租其实很少，只有4先令6便士，因为那屋子只是屋顶下的一间小阁楼。

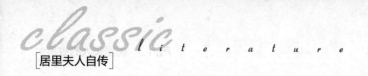
阁楼里只有一块倾斜的天窗可以透进光线，里面没有供暖的设备，没有煤气，甚至没有水。屋子里摆着一张铁床、一个从波兰带来的床垫、一个火炉、一张桌子、一把椅子、一个脸盆、一盏灯、一个每天都要被拿去接水的水桶、一个用来做饭的酒精炉、两个盘子、一把刀叉、一个汤匙、一个炖锅、一个水壶和三个茶杯。如果有客人来访，她就把她的那个大木箱拖出来，上面可以坐两个人。

她用木炭也十分节省，只要能取暖就够了。每年都是她自己从街上喘着气把那两袋木炭搬到阁楼里。

灯油也用得极少。天黑了，她就跑到圣日内维埃尔图书馆去学习。在那里，她双手托着下巴，胳膊撑在桌子上看书，直到晚上10点图书馆关门之后她才回去。

她只需要在从图书馆回来后到深夜两点之间的时间点亮油灯。两点之后，她便洗漱睡觉。

玛丽对于衣服很不在乎。她自己能缝补、洗刷，觉得只要保持整洁就可以了，不需要再额外花钱去购买衣服。她只要买一点肥皂，在盆里洗洗衣服就好了。

她的生活如此简单，没有什么能耽误她的学习。但是，有时，身体可不会让她说了算。玛丽惊讶地发现，不知道从何时起，自己从书桌前起身时，会觉得眩晕。有时，夜深了，她想上床休息，可是还没到床边，她就晕倒了。醒来后，她心里明白自己是病了。

可是，即便这样，她也没有去关心自己的身体，只是觉得，马上就会好起来的。

当她的医生姐夫跟她说，她的脸色不太好时。她回答说是她一直在学习的缘故，然后就赶紧将话题转移到姐姐的孩子身上。她说，她想为布罗妮雅的孩子制作一个玩偶。她总是这样，把别人的注意力从她身上移开。

但是，那天，玛丽幸运地在公共场合晕倒了。一个现场的目击者赶紧来到了玛丽的姐姐家，叫来了她的姐夫卡西米尔。

等姐夫到来后，玛丽已经醒了。

卡西米尔坚持给她做了检查。检查完后，他一声不吭，只是到她的房间巡视了一番。

"饭橱在哪里？"他问道。

玛丽根本就没有饭橱。除了桌上的一杯剩茶，她几乎没有吃东西的迹象。

"你今天吃了什么？"卡西米尔问。

"今天……我不知道……我吃了午饭……"

"你吃的午饭是什么？"

"樱桃……嗯，还有其他东西……"

最后，在卡西米尔严肃的注视下，玛丽不得不承认，从昨天到现在她只吃了一些萝卜和一些樱桃。她一直学习到凌晨3点，仅仅睡了4个小时。

卡西米尔真是气极了，对这个小傻瓜特别生气。而这个小傻瓜呢，却用无辜的眼神看着姐夫。

其实，卡西米尔更生自己的气，因为他没有发现他聪明的妹妹竟然在生活这件事情上那么傻。

他下了命令，命令玛丽带上一周要用的东西跟他回去。平时能言善辩的他此刻气得一句话都说不出来。

一到家，布罗妮雅就去买牛排，而玛丽则被逼着吃下这盘还带着血的烤牛排和一些脆薯片。不到一个星期，她就又变回那个健康的姑娘了，跟刚来巴黎的时候一样。

由于担心接下来的考试，于是，她被允许回到她的小阁楼去——前提是她必须保证每天合理的饮食。可是，第二天，她又过起了喝"西北风"的日子。

用功！用功！玛丽感觉自己的头脑越来越灵活了，而且手也变得越来越灵巧了。

不久，李普曼教授派给了她一个创新研究项目。她获得了一次表现自己的才干和思维独创性的机会。

一周7天里，你都能在巴黎大学那个物理实验室中看到：一个身穿肥大粗布实验服的女孩，站在橡木桌前，仔细地观察着精密的仪器，或者盯着一些沸腾的神奇的物质。跟她一起做研究的是一群男同学，他们都安静地、专心致志地围在她身旁，觉得这比聊天有趣多了。

当实验做完后，这群男生就看着这个女孩，想跟她说句话，或者跟她交个朋友。而玛丽对此却很冷淡。当她独自走开时，那群男同学又会立即跟上来，想跟她一道走。这时，她的女同学迪杜斯卡小姐就用她的长伞驱赶他们。

玛丽没有时间交朋友。凭着钢铁般的意志、对卓越的疯狂追求以及超乎想象的执着，她全身心地投入学习中。

终于，在1893年，她以第一名的成绩获得了物理学学士学位。第二年，她又以第二名的成绩获得了数学学士学位。

对于法语的学习，她依然精益求精，极力避免自己的发音带有任何波兰的口音。她想把法语说得像法国人那样正宗。最后，她的波兰口音中只剩下一个有点卷舌的"r"音，可是，这让她说起话来更加可爱。

忙里偷闲时，她也会注意到巴黎的春光。她从来都没有忘记自己是一个波兰的农民，永远属于广袤的田野。

当春天到来时，她就跑到乡村去，和村民谈论丁香花和开花的果树，深深地呼吸带着花香的空气。

当炎热的7月来临时，他们有一场考试。玛丽和30多个同学一起被关在一间狭窄的屋子里。她盯着试卷，觉得上面的字就像在跳跃、闪烁。她努力让自己镇定下来，集中精力开始做题。

考试结束后，和其他同学一样，玛丽也心怀忐忑地等待着出成绩的日子。

那天，成绩出来了，玛丽偷偷地来到了挤满学生和家长的阶梯教室。她感觉自己微不足道，所以悄悄溜到一个角落里，等着考官宣读成绩。

突然，周围的喧闹声停止了，考官拿着成绩单走了进来。玛丽还没来得及侧耳倾听，考官就报出了第一名的名字：

"玛丽·斯可罗多夫斯卡。"

假期就这么愉快地到来了。

玛丽带着第一名的成绩回到了波兰的家中。她兴高采烈，还带上了礼物——这一次，她花光了所有的钱，给父亲、约瑟夫、海拉都买了礼物，还给自己备好了两千英里路程的食物——这是波兰人不可打破的习俗，把钱花光，然后满载礼物回家。

漫长的暑假期间，玛丽波兰的亲戚都邀请她去做客，并用美食和有趣的活动来招待她。可是，她却一直在烦恼一个问题：秋天开学时，她该怎么办呢？大学里每个星期都要花1英镑，她到哪里去筹集这些费用？

这时，那个曾经用长伞保护她的女同学迪杜斯卡小姐出现了，她再次向玛丽伸出了援助之手。她说服了华沙政府资助玛丽上学，她告诉他们这个女孩将会给这个城市，甚至这个国家带来荣耀。

就这样，玛丽获得了60英镑的助学金。有了这些钱，她一年的学费和生活费就有着落了。

拿到钱后，她依然很节省，并且一直想着以后挣钱了一定要把这笔助学金给还上。

多年后，当华沙的奖学金委员会秘书收到这笔还款时，他大为吃惊，因为从来没有一个被帮助过的学生会归还这笔钱。

她又回到了巴黎，继续刻苦地学习着。对她来说，学习，并不是一件苦差事，而是她不懈的追求。

这段艰难的大学生活也成了她一生中最钟爱的时光。她贫穷、艰苦、孤独，但是她奋力拼搏、执着探索，那才是真正的她。

她一直被称为"永远的模范生"——那种在古老的故事中所描述的，在历史悠久的大学里我们所见到的学生：年轻、贫穷、如饥似渴地学习；相信天生我材，认为自己有足够的实力去实现某个伟大的目标，并不惜为之付出任何代价。

晚上，当玛丽在昏暗的煤油灯下辛勤工作时，她觉得自己某种程度上，是和一些伟大的科学家们在一起做研究，她是和他们并肩战斗的战友，一起在为人类造福。

她在物质上没什么追求，但是她活得很快活、很自在。追求真理就是她的乐趣，虽然这样的乐趣常会被日常生活中的一些琐事所打破。比如，她的一双鞋子破得不能再穿了。为了买一双新鞋，她不得不过一段更加拮据的生活。

有一天夜晚，她冻得在床上直发抖，于是，她把木箱里所有的衣服都拿出来，堆在了被子上。

然而，她还是觉得冷。除了一把椅子，屋子里已经没有任何东西可以移来盖在她身上了。因此，她就将椅子拽过来，压在了衣服上面。

她得保持一个姿势，完全不能动。因为一动，她的那个保暖的"脚手架"就会崩塌。就这样，她一动不动地保持着这个姿势，直到第二天早晨。

早上，水桶里的水已经冻结成冰，小小的阁楼里寒冷刺骨。但是她依然热爱那段艰苦的生活。为了纪念那段日子，她还写了一首诗歌：

> 残酷与艰难的生活没有击败她，她因此学会了坚强。
> 而她周围的年轻人，只知一味地享受，轻易地把得到的快乐消费。
> 虽然她很孤独，一个人度过漫长的一周又一周，
> 但是，她那日益宽广的胸怀充满了快乐和幸福。
> 逝去的时光将她从这片知识和艺术的乐土，
> 带到了为衣食而奋斗的灰色路途。
> 她的灵魂经常会叹息，
> 思绪常会回到那狭窄的阁楼。
> 那里有她曾经拼搏的场景，
> 还有许多难忘的事情，
> 所有这些，都将成为她一生的回忆。

Chapter
第 九 章

— 玛丽的爱情 —

玛丽遇到困难了。这不是她第一次，也不会是她最后一次身处困境。全国工业促进协会邀请她就各种钢铁的磁性写一篇科学论文，这正是她喜欢做的工作，可是，她却没有场地进行实验。

之前，她一直在李普曼教授的实验室里进行研究，但是这一次，那里没有足够的空间放置她要使用的分析矿石和各种金属样本的大型设备。

她想去租个做实验的场地，可是，她不知道从哪儿获得贷款。就在她束手无策的时候，一位重要的人物出现了，他就是科瓦尔斯基先生。科瓦尔斯基先生是带着妻子一起来巴黎的，一为度蜜月，二为做学术演讲。见到他后，玛丽忍不住将自己的烦恼告诉了他。

科瓦尔斯基先生严肃地看着她，仔细地听着。他知道这件事情非常重要，但他也是巴黎的客人，关于场地的事情，他能有什么办法呢？

"有了！我想到了一个好主意！"犹豫片刻之后，他大声叫道，"我认识一个很有才华的人，他就职于勒蒙大街的理化学校。或许，他可以给你提供做研究的场地，就算没有，至少他还能给你出个主意。明天晚饭后，你来我住的地方吧，我会邀请他过来。他很有名，或许你已经听说过他的名字了。他叫皮埃尔·居里。"

当玛丽走进科瓦尔斯基先生所住的寓所时，她看见一个高高的年轻人站在朝向阳台的落地窗前。

出乎她的意料，她以为会看见一位中年的成功人士，没想到眼前的人如此年轻。

他身上具有与众不同的气质，十分吸引人，一身宽松但合体的衣服透着他的自在和优雅。当被介绍和玛丽相识时，他的眼神纯净明澈，他的表情告诉我们，他非常喜欢科瓦尔斯基先生给他介绍的这个女孩。这种表情让他看起来更真诚、更年轻。

玛丽喜欢他庄重而又天真的笑容。他们立即开始了科学讨论，这不正是他们认识的原因吗？

这个年轻人自小就不同寻常。在他年幼时，他那做医生的父亲就意识到了。所以，他父亲并没有送他上学，而是专门请了很好的家庭教师。他喜欢和父母还有唯一的哥哥待在一起，十分恋家。他对科学充满了热爱，喜欢将观点写进日记。

"女人，跟我们男人很不同。"他曾在日记中写道，"女人比男人更喜欢为生活而生活。天才的女人简直是凤毛麟角。因此，当我们被神秘的爱情驱使，打算进入某种反自然的道路，并对此自然奥秘全神贯注之时，我们会与世隔绝。我们常常要和女人去斗争，而这种斗争几乎永远不可能是势均力敌的，因为女人会以生活和本能的名义扯住我们的后腿。"

这些看待女人的言论听起来很荒唐，但是，皮埃尔有自己的理由。除了平时的观察之外，他经历了一次伤心欲绝的初恋，那段初恋让他下定决心不再提恋爱这件事，也发誓不会结婚。

这个夜晚是改变他命运的重要一夜。他和玛丽在壁炉前谈论科学，他再次开始相信命中注定。那年，他35岁。

在法国国内，他默默无闻，没人重视。对于历史上的伟人，巴黎好像总是将其忽视，这很让人心寒，也让人觉得莫名其妙，但是这也似乎成了法国的习俗。然而，伟人依旧闪闪发光，并不会因此而逊色。

在国外，他已经非常出名了。他和哥哥研制了一项用来测量每分钟电流量的新仪器，该仪器已为其他国家的科学家广泛使用，为此，科学家们都对他充满敬佩并心怀感激。

他自己对晶体内部的对称性原理这一发现，已成为现代科学的基础。而且，他还发明了以自己的名字命名的"居里天平"，一项新的物理定律——居里定律，也是他的发现。

与开尔文勋爵一样，他也是被人冠以大师名号的人类领袖。但是，以上所有的成功在法国让他获得的只是高级技工的工资，每周3英镑。

当然，他的贫穷在某种程度上也跟他自身有关。

曾经，他获得了一份轻松而又收入颇丰的工作机会，但是他却拒绝了。他说："不，谢谢你。没有什么比看重钱更有害于人的身心健康了。"

他也曾被提名享受政府津贴，但他再次选择了放弃，并决定再也不接受任何的勋章。

现在，这位稳重、严肃的科学家就站在玛丽的面前，和她交谈着，修长而灵活的手放在桌上。

他那双清澈而又沉静的眼睛望着她，突然间，他想起了自己之前的观点——"天才的女人简直是凤毛麟角"。

一开始交谈时，他们的话题很平常。没一会儿，皮埃尔和玛丽就聊到了科学。她不正是为了科学而来吗？带着无比的尊重和敬意，玛丽向这位看上去很年轻的伟人请教，并且聆听他的建议。再后来，皮埃尔一反常态地谈到了自己，尽管之前很少提及。他还谈到了他的目标，谈到了让他着迷又让他费解的晶体结晶学，以及他如何去搜寻其中的规律。

皮埃尔鲜少对女性敞开心扉。突然，他的脑海中闪现了一个念头：这是一件多奇怪的事情啊？他怎么会跟一个女人去谈论自己热爱的工作？而且还运用专业术语和复杂的方程式？

之后，他就发现眼前这个年轻迷人的女孩对这些话题是那么感兴趣，那么关切和热心，甚至还能准确地跟他探讨一些细节，很有自己的真知灼见……这

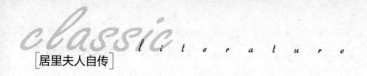
是多么难得的体验！

他再次观察了玛丽——她有一头秀美的头发，一双因为化学酸剂和家务活儿而变得粗糙的手，身上洋溢着优雅和毫不矫揉造作的直率。这多么让人着迷啊！

这个女孩曾经在波兰做过数年的家庭教师，而后孤身一人来到巴黎求学，现在独居阁楼，身上不名一文。

"你会在巴黎定居下来吗？"他问道。说完后连他自己都奇怪为什么会问这个问题。

"不，当然不会。"玛丽回答，"如果今年夏天我顺利通过考试了，我就回华沙。我很想在秋天的时候回来，但是，我不知道我是否还有钱回来。不过，我最终会在华沙的一所学校里做一名老师，努力让自己对国家有点贡献。我想，波兰人是不会抛弃自己的祖国的。"

话题又因此转到饱受蹂躏的波兰和她那饱经灾难的父老乡亲。皮埃尔一心致力于科学研究，对人类挣扎以求自由的故事感到震惊而又痛心。

或许，他还会想，当科学家们被迫将自己的精力转移到科学以外的事情上时，这将会给真理和知识带来多么大的损失啊！或许，他想到自己必须同波兰竞争，还要为巴黎留住这个罕见的科学家。总之，不管怎样，他都不能和这个女孩失去联系。

他开始在物理学学会上跟她见面——玛丽经常去那里听最新的研究报告，而皮埃尔去那里只是为了见到她；他送她一本自己写的为数不多的新书；他还时不时地跑到李普曼教授的实验室去看她，饶有兴致地欣赏她穿着工作服在仪器间来回走动。

之后，他又要了玛丽居住的地址，还到福仪兰亭路11号拜访了她。他记得巴斯德好像也曾在这条街道住过。

当爬了7层楼梯来到小小的阁楼后，这位医生的儿子被这个极其简陋的房子感动了。但是，这个家徒四壁的房间和玛丽又是多么般配！

当她穿着旧长袍，从这个几乎空着的房间走出来迎接他时，她似乎从没这么可爱过。她身形瘦削，可是她年轻自信。虽然她一无所有，但是她又是那么美，一张瘦瘦的脸嵌在这个小阁楼里，是多么的合适。

皮埃尔满腔的酸楚就像阳光划破天际时的烟雾，消失得无影无踪。他们热烈地交谈起来。

从那时起，他带着另一种精神状态投入工作当中。一些曾经对他来说不太重要、不值得他做的东西，现在也变得重要和清晰起来。他将自己最新的理论写成了一篇精彩的博士论文，而且他还发现——一个女人，并不会扼杀男人的天才，反而能唤醒男人的天赋。他修正了原先的思想，因为他已经将自己的心交给了玛丽。

可是，玛丽的心呢？皮埃尔极力想知道答案。

他带玛丽去他们都非常喜爱的法国乡村。回来的途中，他们一起采摘野菊花，给小阁楼带来纯洁和优雅的气息。

他还带玛丽去他巴黎城外的家里，让玛丽见见他慈祥的父母。在这里，玛丽感觉好像来到了自己的第二个家。这个家跟她在华沙的家一样——家人们相亲相爱，热爱读书，热爱自然，尤其热爱科学。这种感觉让玛丽觉得非常奇怪。

他们一起聊着美丽的波兰，说起玛丽穿过无边无际的草地的远足，说到玛丽即将回到故乡和去瑞士山间游玩的欢乐。

"可是，10月份的时候你还会回来吗？"皮埃尔忍不住问道，突然出现的一股寒意让他的心颤抖了一下，"放弃科学那可是你的罪过啊。"

玛丽很聪明，她听出了他的弦外之音——如果自己放弃他，离开他，也是一种罪过。

然而，波兰占据了她的整个心思。不过，她还是害羞地抬起头，望着他说道："我想你说得很对，我很愿意再回来。"

没过多久，皮埃尔终于鼓足勇气对玛丽说出了他心里的想法，他向她求婚。但是，玛丽却说她做不到。她不能嫁给一个法国人，离开波兰。她要回到波兰去。

在这之后，他们又为此争论了很多次。皮埃尔明白，他是站在科学这一边的，他坚信，一个人不应因为一个国家而放弃科学，因为科学是属于全世界的。

然而，这并没有说服玛丽，她没有给皮埃尔任何承诺，只是说他是她最好的朋友，然后就踏上了回家度假的火车。

皮埃尔的心也随之而去了。他不断地给玛丽写信，继续劝说她，甚至计划到瑞士去见她。但他一想到玛丽和父亲在一起，他的出现也许会扫了玛丽度假的兴致，就只好打消了这个念头。他只能接着在信里诉说自己的观点——一个男人活着的梦想就是为科学而活。

他写道：

> 对于政治，你从不知道自己在做什么；当你觉得你在为国家献身时，或许有可能毁掉你的国家。但是科学不会这样，科学是可靠的。如果你梦想帮助全人类，那么就算你不知道如何去做，那也没关系。你知道，任何科学发现，不论多么微不足道，它也将被传承；任何真理，只要一旦被发现，它就永远不会消失，永远不会被曲解。
>
> 请你相信我！
>
> 你忠实的朋友
>
> 皮埃尔·居里

玛丽喜欢给他回信，探讨"自由"这个话题。

她回信说：

> 自由都是空谈！其实，我们都是奴隶，是情感的奴隶、偏见的奴隶、被迫谋生的奴隶。就好像一架机器上的轮子，不得不向身边的某些事情屈服！假如屈服得太多，我们就变得非常可怜，非常自私；假如屈服得太少，我们就会被压垮，被碾碎。

10月，玛丽回到了巴黎。

玛丽是固执的，皮埃尔比她更固执，还依然坚定地追求她。

皮埃尔开始考虑他是否应该屈服——对身边的某些事情屈服，又会怎样呢？这个想法一冒出来，他就付诸行动了。

他向玛丽提出，愿意放弃巴黎，跟随她一起去波兰。或许他刚到波兰时，可以为了生存而放弃科学，去学校教法语谋生，然后再竭尽全力和玛丽一起进行科学研究。

玛丽跟布罗妮雅进行了一次长谈，她对布罗妮雅和盘托出了自己心里的矛盾和烦恼，想听听姐姐对皮埃尔移居国外的看法。

在玛丽的内心深处，她觉得没有人有权利让另一个人做出这样的牺牲。但是皮埃尔却做出了这样的决定，这让她深感不安。她的脑海里全是皮埃尔对她的一片深情，让她思绪很乱。

皮埃尔则跑去找了卡西米尔，跟他说了自己的决定。布罗妮雅和卡西米尔完全站在皮埃尔一边，他们一致认为，玛丽应该留在巴黎，和皮埃尔一起进行科学研究。

布罗妮雅还陪着玛丽一起去拜访了皮埃尔的父母。当布罗妮雅听见皮埃尔的母亲说自己优秀的儿子心地非常善良时，她就知道玛丽和皮埃尔在一起是绝对会幸福的。

在犹豫了10个月之后，玛丽终于点头答应了。于是，皮埃尔和玛丽都放弃了曾经那个永不结婚的念头，走向了婚姻的殿堂。

玛丽的哥哥约瑟夫从波兰给她寄来了一封完全理解和支持的信。信中的话如同祖国波兰向她的儿女所说的话：

> 你能和一位法国科学家结婚，而这位科学家恰好是皮埃尔·居里……跟你回华沙当一名教师相比，你现在的决定对波兰的贡献更大。

的确，后来发生的事情都表明，玛丽的决定是非常正确的。

因此，玛丽可以开心地筹备自己的婚礼了。

这将是一场多么独特的婚礼啊！

1895年7月26日这天，阳光明媚，玛丽·斯可罗多夫斯卡的心情亦如阳光般灿烂，她那美丽的脸庞上洋溢着幸福。她将头发梳理整齐，然后穿上卡西米尔·德卢斯基母亲送给她的礼服——一条崭新的海蓝色裙子和一件有条纹的女士衬衫。她并不想要一件真正的礼服，对她来说，实用的东西更让她称心。她对这套衣服非常满意，今后做实验她还能穿上它，因为她平日里只有一条裙子。

玛丽换好衣服后，皮埃尔来接她了。他们离开了小阁楼，坐上了公共马车，然后再换乘火车，到巴黎城外皮埃尔的家举办婚礼。

沿着圣米歇尔大街行走时，笨重的马车发出"得，得，得"的马蹄声。途经巴黎大学时，这对新人相视一笑，眼神中充满爱意——不正是这座圣殿将两人结合在一起的吗？

到现场参加婚礼的除了布罗妮雅、卡西米尔之外，还有从华沙千里迢迢赶来的斯可罗多夫斯基先生和海拉，此外，再也没有其他的客人了。

居里夫妇没有钱去购买结婚戒指，也没有钱置办喜宴。最拿得出手的结婚礼物是一位堂兄送给他们的两辆闪闪发光的自行车。他们想把这两辆自行车作为他们度蜜月的交通工具。

婚礼之后，两位年迈的父亲在花园里散步，当他们看见新郎和新娘时，一位父亲对另一位父亲说道："你会发现玛丽是个非常值得人疼爱的女儿，因为从出生到现在，她都没让我感受到一点痛苦。"

Chapter
第十章

─ 居里夫人 ─

皮埃尔和玛丽在婚礼的第二天启程了，他们要去享受一场不同寻常的蜜月之旅。

他们不用订购火车票，也不用预订旅馆的房间，因为他们只是骑着自行车，到他们想去的任何地方。他们把几件衣服打包，用皮带捆在了自行车上。由于夏天雨水多，所以他们不得不再带上两件长长的雨衣。

车轮在湿湿的道路上行进着，雨过天晴的林荫道让人感觉非常惬意。耀眼的阳光从路边高大的树干间洒下来；头顶上是夏天茂密的树叶，树叶时不时地被风儿摇晃几下，抖落几滴雨水下来，淋在这两位旅行者的身上。

他们的蜜月之旅其实是一场神奇的探险。他们预测不了这场探险的结局，也无法想象将会有多么激动人心的事情发生。不过，这比他们早早地知道结局，早早地知道今晚在哪儿度过更有意思。

皮埃尔一向爱在人迹罕至的森林里探险。他喜欢森林里的凉爽和湿润；喜欢重峦叠嶂的山峰；喜欢野生丛林里的迷迭香、马郁兰和野蔷薇等花朵散发出来的原始香味。

现在，不管他是白天路过这里，还是黄昏，抑或是黎明；不管是11点、3点或是7点、10点用餐，在这里，一切都顺其自然。

皮埃尔觉得这次旅行比他以往的旅行更为甜蜜，因为有玛丽陪着他，而且她还不会因为时间和守时问题让他感到心烦。

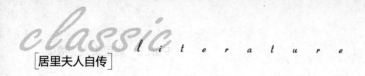
他们的蜜月旅行花费很少，因为他们没有去住过一次旅馆。傍晚，他们来到一个小山村，就找一家简陋的小客栈。

小客栈的老板给他们铺上干净的白桌布，并为他们端来热腾腾的食物。饱餐一顿后，他们就走上嘎吱作响的木制楼梯，沿着弯弯的走廊，来到他们的房间。房间里昏暗的烛光照耀着褪色的墙纸。在法国乡村，小客栈就是如此：美味的晚餐、干净的房间、合适的价格。

第二天清早，他们享用过咖啡加面包的早餐后，就骑上自行车出发了。

道路的两边都是茂密的树林，一条长长的小路引领着他们走进森林深处。他们下了车，将自行车停靠在路边的大树旁，然后用指南针确认了方向——在法国的大森林里真的太容易迷路了。接着，他们把美味的苹果塞进口袋，双脚踩着软软的苔藓就上路了，这种感觉非常奇妙！

他们这一生还没有像这样无忧无虑过，不用去做安排，也不用考虑太多事情——比如，出行的方向是怎样的，行程安排是怎样的，什么时候应该返回……他们把这一切都抛在脑后，多有意思！

皮埃尔大步地在前面走着，玛丽虽然步子小，但也紧跟其后。她身上没有戴任何东西，尽管那时妇女不戴帽子是绝不出门的。

玛丽创立的时尚还不止这一个。她的裙子，本应该跟传统的女子一样是拖地的，但那样裙摆上沾染的泥巴会弄脏鞋子。于是，她想到了一个好办法——把裙摆高高挽起，用一根松紧带系住，这样她优美的脚踝就露了出来，也不怕鞋子会沾上泥巴了。

她穿着一双厚实耐穿的鞋子，腰上的皮带上还有装着刀子、钱和手表的口袋。

皮埃尔一直在前面大步地走着，好像要去赶一趟火车似的。他边走边大声地说话，将自己心里思考的问题都大声地说了出来。很显然，他是在跟玛丽说话，但他并没有将头转过来，这就好像在对着树林做关于晶体奇妙性质的发言。

　　没有一个谈话比谈论晶体所需要的学问更多了，也没有一个谈话比谈论晶体更难、更复杂的了。但是，不管怎样，玛丽开心地听着，她的回答、评论、建议和皮埃尔的谈论一样充满智慧，十分精彩。听起来，两人的声音好像出自同一个人。

　　他们穿过丛林后，来到了一块空地。那里有一个长着芦苇的池塘。玛丽感觉有点累了，于是在池塘边躺下，晒起了太阳。皮埃尔却像个小孩一样，去捕捉池塘边的小动物——蜥蜴、蝾螈和蜻蜓。

　　池塘的另一边有一棵树倒在了水里，这正好给皮埃尔派上了用场。只见他踩着树干，走近水面去采花——一些睡莲浮在水面上，旁边有许多鸢尾花灿烂地开放着。

　　皮埃尔慢慢走着，树干有点滑，可是为了爱人，这点困难算得了什么呢？

　　幸运的是，皮埃尔很快就回来了，并用采来的睡莲和鸢尾花做成了一个王冠，戴在了妻子的头上。

　　之后，他突然像发现了猎物一般，匍匐地向前爬着，悄悄地向水面靠近。

　　玛丽没有去管他，她觉得什么都不干，就在那里享受8月和煦的阳光是再惬意不过的事情了。

　　突然，她发出了一声尖叫，只见自己手上正放着一只湿漉漉的、凉凉的青蛙！

　　"难道你不喜欢青蛙吗？"皮埃尔惊诧地问道。他自己一向很喜欢它们。

　　"喜欢，可是我不太喜欢将它们放在手里。"

　　"那你就错了。青蛙放在手掌里观赏会让人感觉多开心啊，你不觉得它很帅吗？"

　　不过，他还是将这只又冷又湿的青蛙从玛丽手中拿走了，并将这个小家伙放回池塘里，让刚才都紧张万分的双方回到了轻松自在的状态。

　　然后，他们继续享受着两人独处的美好。

　　他们一路走，一路聊，玛丽的头上一直戴着那顶漂亮的王冠，直到他们回到最初的地方，重新骑上他们的自行车。

8月中旬时，他们沿着森林道路环行巴黎的旅程结束了。之后，他们来到了法国北部的尚蒂伊。那是一个掩藏在庞大森林里的小镇。

现在，进到那个小镇时，那里的赛马总会从它们气派的马厩中看着路人。

玛丽和皮埃尔要在一家叫作"拉什比"的农场里住下。这个农场是布罗妮雅发现的，她早就租下它了。

在那儿，他们见到了布罗妮雅、卡西米尔和他们的孩子海琳，大家都叫她"娄"；还有卡西米尔的母亲、斯可罗多夫斯基先生以及海拉。

这所位于森林的农场有它独特的魅力：这个地方除了狗叫声、树枝断裂声、远处伐木工人的砍树声以及受惊的野鸡快速飞走和野兔慌忙逃窜的声音，再无任何嘈杂的声音。

农场周围遍地开满了黄色的野花，简直像是一个世外桃源。

在农场里，他们经常热烈地交谈，还逗娄玩。娄3岁了，长得很漂亮很可爱，整天笑嘻嘻的。

有时，他们和斯可罗多夫斯基先生谈论严肃的科学；有时，又讨论如何教育孩子。当皮埃尔的父母过来时，他们还会谈论医学和政治问题。

法兰西是个言论高度自由的地方，当玛丽听到皮埃尔的父亲和大家抱着空前的热情和兴趣谈论时事时，她感到十分震惊。政治是他们的生命，他们热切地关心着国家该如何治理。在法国这片自由的土地上，他们畅所欲言。这让他们的谈话变得更有趣、更激烈。

但是皮埃尔不会这样，他对政治不太感兴趣。他说他自己不喜欢发脾气。但是，一旦遇到政府施行不公正甚至比较残忍的政策时，他不会袖手旁观，而是挺身而出，维护弱者——受到迫害和虐待的那一方。

蜜月结束以后，皮埃尔和玛丽开始在巴黎的一所公寓里生活。他们的住所真的非常独特，因为他们并没计划宴请客人，所以屋子里只有两把椅子。

如果哪个不识趣的客人气喘吁吁地爬到五楼来拜访他们，他会发现屋子里那对夫妇正在工作，而四周空空如也，想找个座位都没有。

这一切都表明，这个家庭似乎不太欢迎来访者。所以，最明智的选择就是赶紧撤。

居里夫妇根本就没想把时间花费在招待客人上，他们强烈的进取心让他们马不停蹄地工作。而且，玛丽实际上还身兼数职：她不仅得干一个妻子该干的繁重的家务活儿——相信天下大多数贤妻都深有体会，还得干科学家要做的活儿——勤奋刻苦、超负荷的科研工作。

她决定让家里越简单越好，这样可以大大节省干家务的时间。因此，她的家里没有需要吸尘的地毯、没有要擦的扶手椅或是沙发，墙上也没有需要掸灰的油画，到处都是光溜溜的。就连唯一的桌子、书架和两把椅子也都是未磨光的松木做成的——这是一种讨人喜欢、不惹麻烦的木材。

房间是如此简朴，一个插有鲜花的花瓶给房间带来了活泼的气息；而那一本本书籍、一盏油灯、一份份物理学文件则显示出这是一个学者的书斋。

皮埃尔和玛丽两人彼此相爱，共同热爱自然、热爱科学、热爱学习。可是，他们并非不食人间烟火，他们也需要为每日三餐而烦恼。无疑，这是最让他们头疼的问题了。

现在，玛丽再也不能忽视这件事情了。度假回来后，她就买了一本黑色的账簿，这是她买的第一件操持家务的东西。账簿的封面上印着"支出"两个大字。她明白，精打细算的家务算术才是一个家庭幸福的基础，特别是对这个一年收入只有240英镑的家庭来说，显得尤为重要。

她的厨艺也需要更大的进步，否则皮埃尔的肠胃就会消化不了。并且，她还需要开动脑筋寻找一些能让晚饭更为简单的方案，好让她白天待在实验室做实验的时间更长一点。

虽然现实如此残酷，很难改变，但是却总能想到主意。首先，要让白天变得更长一点，于是，她很早就起床，然后直奔菜市场购物，再回到家整理床铺、扫地、做饭。

哦，做饭！那可真烦人。虽然结婚前，她已经偷偷跟布罗妮雅和卡西米尔的妈妈学过厨艺，但是，一个好的厨师不是听别人教教就能当上的。

失败是成功之母，只有在每次的错误后才能有所长进。皮埃尔总是乐呵呵的，不管今天的晚餐做得成功或是失败，他总是照单全收，即使常常不知道自己吃的是什么。

法国是闻名世界的讲究烹饪的大国，强烈的自尊心激励着玛丽去钻研厨艺。她不能忍受她那来自著名美食国度的法国婆婆的观点——波兰的女孩怎么连日常的烹调都不会呢？

于是，她将菜谱看了一遍又一遍，在菜谱的空白处密密麻麻地做了笔记，并且还将每次的成功和失败都记录在案。她像钻研科学一样钻研菜肴的配方。可是，菜谱上经常会忽视这些烹饪的细节：牛肉应该放在凉水里煮还是热水里煮？豆子要煮多久才会烂？怎么样才能让通心粉不黏成一团……这些难题的答案需要"科学实验"才能解开。

她站在炉灶前，满脸通红，不断摇头，不断叹气，但是双手还是依然做着这个独特的"科学实验"。

渐渐地，玛丽的双手变得灵巧起来。她发明了一个慢火烧制菜肴的方法，这样，在她出门时，锅里的菜就会自行煮好了。

她精确地计算着火焰的高度，计算出煮好这种菜或者那种肉分别需要多长时间。将燃炉调好后，她就离开了，然后在实验室一待就是8个小时。

晚上和皮埃尔一起走路回家时，她总喜欢顺路买点食品或者水果。到家后，晚饭也做好了。我们可不能说，科学对烹饪一点帮助都没有。

吃过晚饭后，她一天的家务活也就完成了，一天的开销也都记录在账簿上。这时，她拿出书本开始学习，一直到深夜两点才休息，只为了能再拿一个学位。

从早上6点起床到深夜两点休息，这是如此漫长的一天！可是，她在给哥哥约瑟夫的信中却这样说：

我们一切都很好，身体健康，生活美满。我一点一点地布置我的家，但是我尽量让家里保持简洁的风格，好让我不必太费心去操持，也不用对家多加护理。因为我很少找人帮忙，只是请了一个钟点工，她每天来一个小时，洗洗碗碟和做一些粗活。

他们的生活平静如水，没有发生让人兴奋的事情。他们常到巴黎的郊外去看望皮埃尔的父母，但他们去那里可不完全是为了休息，他们还带了工作去那儿。

在皮埃尔父母的房子里，有两个房间为他们准备着，好让他们可以像在自己家里一样做研究。

他们从来不去戏院，也不参加任何娱乐活动。他们甚至没有时间回华沙参加姐姐海拉的婚礼。

婚后的一年时间里，除了享受了几天复活节的假期外，他们都在忘我地工作。

第二年的8月，玛丽又参加了大学毕业生在中等教育界就职的考试。这次，在考试结果的名单中，玛丽的名字排在了第一位。皮埃尔骄傲地用双臂抱住了妻子，两人一起大步地走回家。

他们一到家，就给两辆自行车打足气，打包好行囊，然后出发去了奥弗涅山区。

玛丽后来记录了那段假期：

这是一段充满阳光的回忆：那一天，艳阳高照，我们奋力地骑着车子，累得大汗淋漓，终于来到了奥布拉克高原的一片凉爽的草地上。

高原的空气很清新，放眼望去，到处是一片碧绿，给我留下了深刻的记忆。

一天夜晚，我们被特吕埃尔山谷的风景给迷住了，流连忘返。突然从远处传来了一阵民歌小调，只见一只小舟缓缓行来，顺水而下。歌声余音袅袅，宛如天籁。这一刻，我们仿佛置身仙境，忘却了这世间所有的一切。直到翌日凌晨，我们才回到住处。

在回住处的途中，我们还遇到了一个马车队，拉车的马儿受到了我们自行车的惊吓，飞奔起来。于是，我们只好从大路上走下来，从犁过的田野上穿过。

当重新回到高原的大路上后，我们发现自己正沉浸在朦朦胧胧的月光中。而那些关在牛栏里的耕牛，正用它们那平和的眼睛看着我们走过。

假期结束后，他们又继续工作。正如当初生活用无比的艰辛教导过玛丽亚·斯可罗多夫斯卡一样，它继续用更多的艰辛来教导玛丽·居里一个道理——要想获得这个世界上最珍贵的事物，就必须付出巨大的代价。

玛丽渴望科学，渴望和皮埃尔一起分享从科学中所获得的一切，也渴望有一个孩子。

可是，当她有了孩子以后，她发现她不能再做手上的事情了。她不能和皮埃尔一起站在仪器前用8小时来研究钢铁的磁性，不能整天和皮埃尔一起骑车在布列塔尼半岛的海边上游走。她觉得很诧异，但是又不能不慢慢地接受这个现实。这一次，她必须对一些事情做出让步。

她的父亲斯可罗多夫斯基先生专门从华沙赶来，想让她早些休假，并带她到外地游玩。

这是皮埃尔婚后第一次与玛丽分开，因此他有些不大习惯。尽管他觉得波兰语学起来很难，但为了向玛丽显示他的进步，他还是用简单的波兰语给玛丽写了一封动人的书信：

我极其喜爱的、极其亲切的、甜美的小姑娘，今天收到你的来信，我感到非常高兴。这里还跟往常一样，没有什么新鲜事。只是我对你的思念越来越浓，我的灵魂已经随你而去……

玛丽用简单易懂的波兰词语给皮埃尔回信，她写道：

　　我这里一切都好！天气晴朗，阳光普照。没有你在我身旁，我觉得有点难过。快点来吧！我从早到晚坐在这里等着你，可你还是没来。我很好，正在尽力工作，但是庞加莱的书比我想象中的要难。我必须和你谈谈这本书，还要和你一起把我疑惑不解的地方再看一遍……

　　没过多久，伊雷娜出生了。这不仅给玛丽增添了许多工作量，还给她带来了许多欢乐。

　　她叫伊雷娜"我的小皇后"，并且亲自给她喂奶、洗澡、穿衣服。如果不是医生建议她找个保姆帮忙，她估计会独自干完所有的活儿。所以，以前只要干3件活儿，现在变成了4件，而且全都压在了她的肩头：实验室、丈夫、家务和女儿。

　　玛丽不得不经常将时间和精力转移到孩子身上——伊雷娜在长牙时哇哇大哭，声音都快要将屋子震倒；感冒发烧了；头不小心被磕破了……

　　有时，这个女孩的父母——两位伟大的科学家，不得不熬夜来照顾这个长着褐色眼睛的小家伙。

　　有时候，伊雷娜很乖，而正忙于做研究的居里夫人却惊慌起来，并将实验弃之不顾，奔到公园看看她的女儿是否安然无恙，保姆是否把孩子带好了。当然没有什么事情！保姆正在那里悠闲地推着伊雷娜呢。

　　保姆走了之后，皮埃尔的父亲来了，他一心一意地照顾伊雷娜。后来，皮埃尔的父亲就成了伊雷娜的良师益友。

　　有了伊雷娜祖父的照顾，玛丽就可以放心地离开家，去往实验室了。虽然大家一眼就能看出伊雷娜妈妈比往常要消瘦一些，但同时又都发现，她比以前更自信、更漂亮了，带有一种更高贵的美。她几乎是不真实的，好像一阵风就可以把她吹倒，但是她眉骨高耸，目光炯炯有神，似乎坚定得不会惧怕任何狂风暴雨。

Chapter
第 十 一 章

— 伟大的发现 —

　　和其他卓越的做科研的学者一样，玛丽一直在工作室里做研究。到现在为止，她已经获得了两个硕士文凭、一个大学毕业生在中等教育界就职的证书，而且还发表了一篇精彩的关于钢的磁化作用的论文。

　　接下来，她最想要达到的目标就是考取博士学位了，这也是最有志向的学者都希望获得的头衔。为了这一目标，她必须去研究之前从未有人研究过的领域，解决之前从来没有解决过的难题。

　　然而，众所周知，没有解决过的难题太多了，甚至有些都不可能有答案。一个人或许穷尽一生，在临终时才发现，他的时间、他的生命都付诸东流。正如莎士比亚曾说过的一句话——自然有一个伟大的才能，那就是"一切尽在不言中"。在所有的未知中，玛丽会发现什么呢？

　　皮埃尔是玛丽所在实验室的主任，因此，玛丽理所当然地会采纳他的建议。而且，皮埃尔本身就是一位杰出的物理学家，他知识渊博、经验丰富，当然能提出一些中肯而宝贵的建议，指出一些人类必须去了解的领域。而这些未知的领域一旦被人类掌握，就能帮助人们进行进一步的知识探索，引发新知。

　　有什么隐藏着的无知会阻碍人类通往知识的道路呢？皮埃尔和玛丽一直在探讨这个问题，并为此苦苦思索。

　　一天，玛丽在翻阅一本报道最新科学发现的杂志时，注意到柏克勒尔所写的一篇关于天然放射性的科学研究。一年前，当柏克勒尔的发现第一次发表出来时，她和皮埃尔就对此非常感兴趣。现在，她又将那些著作读了一遍，并用她那一向谨慎的态度加以研究。

有些物质会自己发光！这不是从太阳或者星星那里借来的光，而是其本身就会发光！这到底是怎么回事呢？玛丽和皮埃尔两个人内心的火好像被点燃了。

那个时候，伦琴发现了一种新的射线，即X射线。医生们已经用这个来透视病人的身体，检查人体内的器官。接着，庞加莱产生了某种疑问，他想探究除此之外，是否还有其他的射线。这种射线或许与X射线相似，但是，它的光是含有特定的"荧光性"物质在光的照射下放射出来的。

柏克勒尔对此也非常感兴趣。于是，他对某种特定的物质进行研究，看看能否找到假设存在的这些射线。

在研究中，他意外地发现了一种叫作铀的稀有金属，这种金属竟然具有不为人知的让人惊奇的特性——铀盐无须光的照射，自身就能放射射线。自古以来，从来没有人遇到这样的事情。此时，也没有人能理解或者解释这种射线的奇异性质。

通过进一步的研究，柏克勒尔发现了这样一个事实：这个奇异的辐射在世界上是存在的。因此，玛丽下决心对此进行研究。这个课题也将成为她博士论文的题目。

这种物质或许难以想象的微小，但是却逃不过玛丽敏锐的眼睛。她很想挖掘出，这种辐射到底来自哪里？它的源头是什么？有什么样的影响？它的本质又是如何？一旦人类发现它的本质是什么物质，就自然而然能对它做出解释了。

柏克勒尔的论文只是浅尝辄止，没有进行更深入的研究。除此之外，市面上也没有书籍可以参考。可以说，世界上没有人了解玛丽将要研究的领域。因此，她没有一位在这个领域的老师。她正在进行一场疯狂的探险，进入了一个未知的世界。正如一个探险家，要坐一艘船驶入亚马孙河，去探秘巴西丛林的

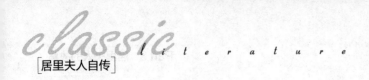
神秘世界一样；玛丽需要找到一个场地，来开始她的实验，去探索这个未知的意义非凡的领域。

可是，要找到一个合适的实验场地非常困难。皮埃尔四处奔走，在朋友们中间打听，但是没有人能想出一个合适的地方，似乎巴黎的每个角落都在做着更重要的事情。

最后，理化学校的校长给予了答复，学校大楼一层的一个废弃房间或许能给他们作为实验场地。那个房间到处都缠绕着蜘蛛网，里面的各种机械、杂物都布满了灰尘。但是无论如何，玛丽毕竟有了自己做实验的空间。

在那个简陋的屋子里，玛丽安顿了下来。她开始着手准备实验所需的所有仪器。其实，这样的环境对实验室里的设备是极其不利的，对在里面工作的人来说也有妨害。但是，玛丽却并不在意，她尽力让自己去适应这个废弃房间所带来的种种不适。

虽然人可以忍受，但是她那些精密的仪器却经受不住了，常常出现差错，特别是在寒冬，冷风、湿气从墙外侵袭而来，干扰着这些精密仪器的工作。这些仪器需要的是温度和湿度相对恒定的某种环境。比如，静电计是相当灵敏的，温度或湿度的些许浮动就会影响它的数据。所以，玛丽只能在做实验时，将环境造成的误差考虑在内。

无论如何，她还是开始了对铀射线的科研工作。她首先要做的就是对铀射线做定量测量，测试其特定的"电离能力"。详细解释就是，她需要找出铀射线强到足够使空气成为导电体的原因，还有验电器放电能够坚持多长时间。

她的验电器是一个金属仪器，两边各有一个小孔。验电器里面有一个垂直的黄铜条B，黄铜条B连着盖子里的一块硫黄绝缘体SS。与黄铜条B垂直相连的是一根水平的电线，它的一头连着圆形把手C，另外一头则连在验电器底盘上的P'上。跟黄铜条B相连着的还有一条金属的箔片L。整个设备都和地面相连。一股电流通过验电器，被测的物质就放在连接在验电器外部的电容器底盘P上。在底盘P'和P之间，这种物质就会通过空气传导，验电器的电流就会由此泄露。

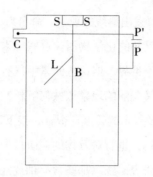

　　在漏电的过程中，玛丽用显微镜通过设备的一个孔来观察里面发生的变化。金属片L落下来所花费的时间与铀射线的强度成比例。几个星期之后，她就很明确地知道，铀的辐射性——这种射线的强度和她放在P上的待验物中的铀元素的含量成正比，而与待验物的化学构成、光、温度以及其他外界环境的影响无关。也就是说，这种物质具有一种未知的独一无二的特性。那么，这种射线究竟是什么呢？

　　再继续通过铀这种元素来研究未知的射线，或许已经没有什么大的进展了。玛丽在想，是否这种微小的、独立的、最原始的特性也存在于除铀以外其他的物质当中？到目前为止，还没有人去注意这个现象，但是我们不能说未来没有人会在其他物质上发现这个现象。

　　玛丽现在要做的就是密切关注所有的科学动态。她下定决心，逐一检查所有已知的化学物质。这是多么大的决心啊！那可是所有已知的化学物质！

　　然而，除了这个庞大的工程外，玛丽还有一个家需要照顾。她要给伊雷娜喂饭、穿衣，跟她玩游戏，陪她学习。不管怎样，玛丽知道她要完成自己给自己设定的目标。也许世界上很多人的脑海也闪现过这样的猜想——如果铀能够发出射线，那么在浩瀚的宇宙中，一定还有其他物质也能发出射线。但是很多人只是停留在思想层面，停留在没有答案的疑问上。玛丽也常常这样问自己，而且对这个猜想也很惊异，但她将自己的疑问转化成了探索和行动。

　　功夫不负有心人。不久之后，玛丽真的发现了另一种叫作钍的物质。所以，她在当时就将能够自行发出射线的现象，命名为"放射性"。

最终，她检查了所有已知的化学物质。这些元素按照不同的组合方式和比例结合，构成了我们的大千世界。但这些元素中只有两种具有放射性，这又是怎么回事呢？这种奇异而又美丽的现象该做何解释？现在已经检查过所有已知的物质了，但似乎离她想要寻求的答案还很远，接下来她还能做些什么呢？

是的，世间有万事万物，也有对万物的调研报告。玛丽生来就有强烈的好奇心。她决定到博物馆去研究矿物。那些含有铀或钍的矿物一定具有放射性，而那些没有含铀或钍的矿物就一定不会有放射性。博物馆里已经有人记录了每种矿物的组成成分，玛丽要做的也就是参照这个记录，从她的疑问开始，检查那些可能含有铀或钍的矿物。当她发现一块放射性非常强的矿石时，她自己都惊呆了。她测量了这种矿石的铀元素的含量、钍元素的含量，以及整块矿石的放射性。一加一应该等于二，可这块矿石却有着8倍的放射强度。

$$1 + 1 = 8!！！$$

这种被测的矿石辐射性要比其中含有铀和钍的矿石的辐射性强多了。玛丽觉得这是不可能的，肯定是实验过程出现了偏差。于是，她一次一次地重新做实验。每当同样的结果出来时，她就怀疑是自己在实验的过程中哪一步做错了。一次、一次、又一次……如此重复了20遍，到第20遍的时候，结果出来了，还是一样的。

那么，现在只有一种解释：这种矿石里面包含了某种极其微小的、人类还没有认识到的物质。这种物质的放射性要比铀元素或钍元素的放射性强得多。

1898年，人类世界中的未知物质终于渐渐浮出了水面。玛丽给布罗妮雅写信说：

我无法解释的那种射线，来自一种未知的化学元素……但我相信它真的存在，只要愿意去找，就一定能找出来！我和皮埃尔都非常确信。可是我们跟一些物理学家说这件事情时，他们都觉得是我们的实验有错误，并且告诉我们要更谨慎一些。但是我确信自己没有弄错。

这个未知的元素到底是什么呢？玛丽非常激动，她期待真相大白的时刻。她继续写道：

> 每个人的生活都是很不容易的，但是，那又有何妨？我们应该坚持不懈，并且信心百倍！我们一定要相信，上天既然已经赐予了我们做某件事情的天赋，那么，我们就应该不惜一切代价去完成它。

1898年4月12日，玛丽·居里正式发表了这样的科研报告："沥青铀矿和铜铀云母比纯铀的放射性要强很多，这个事情值得我们去关注。与此同时，我们也相信这些矿石中一定含有一种放射性很强的化学元素……"

玛丽认为这种放射性很强的元素的存在是毋庸置疑的，可是，她必须要实实在在地看到这种元素，并且将它呈现在世人面前。

皮埃尔热切地关注着妻子的这项研究，并且时常放下自己手头的工作来跟她讨论。最后，他毅然而然地暂停了手上所有的研究，来到玛丽的实验室，跟她一起并肩作战，努力寻找这种元素的真实面目，要将这隐秘的元素公之于众。从此，两个脑袋、四只手共同寻找着这个微小的未知的物质。玛丽在皮埃尔加入之前，已经做了一部分的工作，并且确定了这种元素的存在，这是她一个人的功劳。现在，玛丽和皮埃尔平等地分担着所有的工作，并且一起享有他们的研究成果。

他们将沥青铀矿作为实验样本，因为它的放射性强度是铀的4倍。虽然世界上所有的科学家对沥青铀矿的所有成分十分清楚，但是，玛丽和皮埃尔坚定地提出，它里面一定含有极其微小的未知成分，只不过这种成分逃脱了科学家们敏锐的眼睛。他们认为，这个未知的成分或许只占据了沥青铀矿物质的百分之一。我们无法想象，如果他们当时猜测到这个成分只占据沥青铀矿的百万分之一，他们在着手这项工程时又会做何感想呢？

他们将沥青铀矿中的元素逐一分解，并且测量每一种单独元素的放射性。

最后，通过研究，他们发现，放射性主要集中在沥青铀矿的两个成分中，而且它们是两种新的物质。

1898年7月，他们发现了其中的一种物质。

"你应该给它取个有意义的名字。"皮埃尔对玛丽说。

她突然灵光一闪，想出了一个好名字。她想，这个名字即将闻名世界，而且还要载入世界科技的史册，那么就以自己受到压迫的祖国的名字——"波兰"来命名吧！于是，她小声地对着皮埃尔说道："钋。"

后来，她就回到家，给伊雷娜做果冻、洗澡、换衣服，在日记本上记录下孩子的体重，还记录下孩子正在磨牙，会用手势表示"感谢"，会说"走，走呀"。

假期来临了，钋和另外一种未知的元素被丢在了潮湿的实验室里，两个科学家带上女儿、自行车一起去了奥弗涅山区。在那儿，他们参观了很多城镇里的大教堂，还拜访了一些建在奇山险峰上的小教堂，并且还去观看了死火山。

他们一边走一边讨论另一种没有人见过的物质。他们在克勒蒙观看平顶山，还徜徉在埋葬着贝特朗·杜·盖克兰的小镇上。他们站在高处欣赏最古老的道路，腓尼基人正是沿着这条大道将锡从未开化的英国运到了文明的东方。所有过去的历史在他们脑海中闪现，像是一颗颗不停闪烁的星星，照亮了探索未知事物的道路。

到秋天时，一家三口又回到了原先的生活状态中：伊雷娜又长出了几颗牙，并且开始蹒跚学步了。而她的科学家父母，依然在那间潮湿的实验室里继续寻找那种未知的元素。

1898年12月26日，在寄给科学院的一份报告中，居里夫妇低调地宣布了第二种元素的存在："这种放射性物质中含有一种新的成分，我们建议给它取名为'镭'……镭的放射性一定是十分巨大的。"

Chapter
第十二章

— 黑暗处的一线曙光 —

这个神秘的放射性元素虽然有了自己的名字，但是还没有人真正看见过它的庐山真面目，就连它的发现者——皮埃尔和玛丽都没有见识过。和我们能看见的、能触摸的、实实在在的物质不一样，人们无法触摸它，无法将它放进瓶子里观赏，甚至都无法测定它的质量。

测定一个物质的质量尤为重要，对一个科学家来说，质量，即"微粒子的质量"就是这种物质存在的证明。按照科学一向的原则，如果这种物质只存在于皮埃尔和玛丽的脑海中，而不知道这种物质的质量，那么从科学的角度来看，它就是根本不存在的。所以，居里夫妇必须尽快提炼镭，确定它的质量，这样，科学家们才会承认镭的存在。

"镭就存在于沥青铀矿中，"居里夫妇想，"但是它太小了，无法用肉眼看见。可是，如果我们能获得很多很多沥青铀矿并从中提炼，或许，我们能得到一小块用肉眼就能看见的镭了。"

但是，问题来了——他们去哪儿获得这么大量的沥青铀矿呢？需要100吨吗？即使有这100吨，那么，又该将这么庞大的东西放在哪里呢？而即使万事俱备，他们又该如何开始研究呢？

问题再多，科学家都是脚踏实地地一步一步操作。他们迈出了第一步——寻找大量的沥青铀矿原料。

他们知道在哪儿能找到这些原料，因为波希米亚人会使用沥青铀矿来制造玻璃，但是这个原料的价格非常贵，居里夫妇根本无力购买。后来，他们了解到，波希米亚人其实不会直接使用沥青铀矿来生产玻璃，而是从里面提取制造玻璃用的铀盐，最后剩下些没有用的矿物残渣，而这些残渣就堆放在圣约阿希姆斯塔尔附近的森林里。

居里夫妇心想：镭和钋都不在铀盐里，那么它们就一定在那些残渣里。或许我们可以跟工厂的老板商量，让他将这些残渣便宜点卖给我们。

"卖？如果你们能将这些残渣运走，那么就送给你们好了！"玻璃工厂的老板很热心。

然而，就算是免费的，运输费用也高得让人大跌眼镜。但居里夫妇还是把自己不多的积蓄都拿了出来，将运费寄到了波希米亚。原料的问题解决了，装满残渣的火车车厢会运抵巴黎。

可是，第二个问题又来了——这些在他们看来价值连城、令人兴奋的矿物残渣，应该放哪儿好呢？

皮埃尔和玛丽回到了巴黎大学，希望在那里能找到一个堆放残渣的场所，因为那里有无数的建筑。可惜，他们没有成功。于是，他们又另想办法，回到了他们的理化学校，可依然没有合适的地方。最后，唯一一个可以用的地方是实验室对面的一个棚屋。

这真的就只是一个棚屋啊！屋顶已经有许多残缺破损的地方，雨水可以肆无忌惮地进来，这真的很让人头疼！

因为任何实验都需要在一个干燥的环境中进行。棚屋里更没有什么地板，只有铺了一层沥青的粗糙地面；没有什么家具，只有一张破旧的饭桌、一小块黑板和一个带着生锈的铁烟囱的炉子。

炎炎夏日，在棚屋里工作的人会被"烤熟"，因为屋顶是全玻璃的；天寒地冻的冬天，棚屋里的人会被冻僵，因为寒风会长驱直入。每到下雨天，雨水就会淋湿整个屋子。

皮埃尔和玛丽对这些困难都没有放在心上。由于他们无法给屋子安装有利于将毒气排放出去的通风设备，所以只能将大部分的实验安排在户外。再说，俗话说得好"乞丐不能挑肥拣瘦"，所以，居里夫妇就在这样的棚屋里安顿了下来。

那个伟大的清晨到来了。叮叮当当的铃声响彻了整个街道，几匹挂着铃铛、脖子上长着闪亮黑毛的大马拉着一辆像运煤车一般的载货马车，停在了理化学校的门口。马车夫们惊讶地看着这对身穿厚工作服、顾不上戴帽子的夫妇急匆匆地冲出来，欢呼雀跃地迎接他们的货物。难道这马车上装的不是一般的煤吗？

是啊，这是一袋袋褐色的矿物残渣！还没将残渣搬进棚屋里，玛丽就等不及了，她激动地在大街上、在马车夫们的注视下，一把解开了麻袋。这是沥青铀矿！是她的沥青铀矿！或者确切点说，沥青铀矿里有重要的组成成分，她的内心、眼睛、脉搏以及她刺痛的手指都感到好奇。她将双手伸进那些没有光泽的残渣里，里面还夹杂着波希米亚森林里掉落的松针。那种神秘的具有放射性的物质——镭，真的在里面吗？她能从这堆残渣中找到她的那束光吗？就算要将这座像小山一样的残渣全部提炼、全部浓缩，她也不会退缩，她一定要将它找出来！

当第一批用麻袋装着的残渣搬进了棚屋里后，这项浩大的工程就开始了。这不仅是他们四年研究的开端，也是玛丽一生中最辉煌、最美好、最艰苦的时光的开始。

她用一口巨大的铁锅煮着沥青铀矿的残渣，并不停地用一根和她差不多高的铁棍搅拌着。她整日整日地工作，为了节省时间，她甚至在棚屋里吃饭。那段日子，人们每天都能见到这样的玛丽：头发被风吹着，穿着布满尘土和酸迹的工作服，粗糙的双手不停地搅拌着锅中那些不好摆弄的泥浆。玛丽选择了男人的工作——在室外干粗活，而皮埃尔则坐在棚屋里的桌子旁，努力通过精密无误的实验，来找出镭的特性。

有时候，玛丽一次需要炼制40多磅的残渣，所以棚屋里就放满了装着沉淀

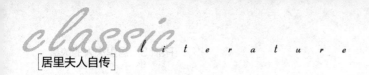
物和液体的大桶。她搬运沉沉的大桶，然后将里面的东西倒进别的容器里，又继续在锅中搅拌。

这样，在棚屋外劳累了一天后，玛丽回到家还得干一堆活儿——给伊雷娜洗澡、喂饭，哄她睡觉，然后想着能回去和皮埃尔一起工作。可是，当她收拾好一切，正准备离开的时候，她的"小皇后"却不同意，那个可怜的小东西会从床上坐起来喊着："妈妈，妈妈！"玛丽只好返回来坐在孩子的床边，直到孩子睡着。

皮埃尔不愿意看见伊雷娜这个样子，也希望玛丽能有一点属于自己的时间。可是，他也无能为力。因此，只有等伊雷娜睡着以后，他们才可以坐在一起工作，直到深夜。

第二天，他们起来继续工作。可是，镭在哪里呢？他们真的看不到它吗？他们工作的时间，从数日延长到了数月，从数月延长到了数年，第一年过去了，两年变成了三年，三年变成了四年。他们如同在一个梦里工作，只想着这件唯一的事情，只讨论这个唯一的话题。

一天，当玛丽有点空闲，在院子里踱步时，她问皮埃尔："如果有一天我们能看到它，你觉得它是什么颜色呢？"

"我希望它有很美的颜色。"皮埃尔回答道。

1900年，一位名叫安德烈·德比尔纳的法国化学家前来帮忙。这位化学家在他们还没有看见镭和钋的时候，发现了这两种放射性物质的兄弟——德比尔纳称它为锕。

日复一日，载货马车拉了一车又一车的沥青铀矿残渣到门口。每天，玛丽就靠着惊人的毅力和耐心，不断地熬煮残渣，不断地把溶液提纯，其中镭的含量也越来越丰富。但是，镭还是在跟她玩着捉迷藏的游戏，仍然不愿露面，坚守自己的秘密。

虽然他们有惊人的耐心，可困难还是纷至沓来。她和皮埃尔没有足够的生活费，也没有足够的钱来支持他们的工作。皮埃尔不得不从繁忙的研究中抽出身来，去上很多课程，挣得一年240英镑的薪水。但是这些钱不足以支付他们的开支和伊雷娜的抚养费。所以皮埃尔又不得不另寻高就。比如说，去谋求一个大学的职位。如果谋求成功，那么他的工作条件就会有所改善，工资也会提高，或许有一个真正的实验室给他们也说不定呢。而且，他就不用白天忙于上课，晚上再批改那些烦人的作业了。

但是，不幸的是，职位并不总是给那些最适合的人留的。这些职位经常会落在校长的朋友或者那些会推销自己的人身上。好不容易等到了机会，皮埃尔被告知，他可以去申请一个大学的职位，但是必须去登门拜访委员会中的每一位委员。

皮埃尔不愿意这样去做。即使他愿意，他也是这样做的：害羞地按响了门铃，被通报，然后进来坐下，等待主人的接见。当委员会的成员出来见他时，皮埃尔感到很不好意思，以至于他最后极为热心地用最好听的话来称赞他的竞争对手，对自己的事情却只字不提。就这样，到了宣布结果的那天，他的竞争对手成功了。

为生活所迫，皮埃尔不得不找更多的工作来谋生。后来，他申请到法国著名的两所大学之一的理工学院去担任辅导员，年薪100英镑。这样就增加了点收入。

与此同时，日内瓦大学向他伸出了橄榄枝，邀请他到学校里担任讲师，而且还给他提供一间宽敞的实验室，里面有他需要的一切设备和仪器。他接受了，于是带着玛丽和孩子一起离开巴黎，去了日内瓦。但是，他们到了那里以后才意识到，他们不能抛弃巴黎，不能抛弃镭——他们的"孩子"。不管巴黎对他们是如何粗暴，但只有在巴黎，他们才能攻克镭。最终，皮埃尔带着深深的歉意，辞别了这么好的工作机会，回到了巴黎，回到了以前贫穷的生活和研究镭的工作当中。

后来，他们又迎来了两份惊喜：一是皮埃尔在巴黎大学获得了教授物理课的职位；二是玛丽也找到了一份工作，在塞福尔的女子高等师范学校授课。那些年轻的女学生们很幸运，因为她们遇到了玛丽这位优秀的老师。而令人悲哀的是，这个世界没有意识到，许多人可以在塞福尔教授课程，但是研究镭的工作却只能由玛丽来完成。

玛丽很用心地备课，每堂课都能获得一阵阵掌声，因为玛丽上的课是那些女学生们所听到的最有创意、最精彩的课程。可是，因为每周都要花很长时间坐电车，长途跋涉去学校，这消耗了她的体力，更浪费了她宝贵的研究时间。并且，她还要花时间去精心地备课和批改作业，这就好比让伦勃朗①给人家画门柱一般。皮埃尔和玛丽都累得筋疲力尽了，他们还能看见镭吗？

玛丽已经将婚后制订的饮食计划抛之脑后了。"你每天几乎都不吃东西，你们俩都一样。"他们的医生给皮埃尔写信说，"我曾经看见过好多次，居里夫人只嚼着两根细细的香肠，然后用一杯茶水咽下。你想想，就算身体再好，这样的饮食也会扛不住吧……我猜到你会说：'她已经是大人了，又不是小孩子，饿了她会吃，她也知道自己应该做什么。'可是，她不是，她简直就是个孩子。我是出于我们这么好的友情、站在朋友的角度才说这番话的。你们压根儿就没有留出富裕的时间来好好吃饭……另外，吃饭的时候不应该看书，也不能谈论物理学……"

在人们看来，对于医生善意的劝告，皮埃尔和玛丽一点儿也没有在意。他们心里只想着一件事情，就是尽早让棚屋里的镭苏醒，这是头等大事，其他的事情都不重要。

皮埃尔曾经向玛丽建议，他们应该集中精力去研究镭的特性，暂时搁置去寻找镭这种物质，但是玛丽没有采纳他的建议。

玛丽离成功越来越近了。她停止了炼制残渣的工作，因为她已经从一吨吨的残渣中提炼出了镭——那个一小块的东西，可以将它放在室内了。为了进一步研究，玛丽需要精密的仪器和一个环境优良的实验室——那里不干不湿、

---

① 伦勃朗：全名伦勃朗·哈尔曼松·凡·莱因（1606—1669），17世纪荷兰最伟大的画家，画作体裁广泛，擅长肖像画、风景画、风俗画、宗教画、历史画等。

不冷不热，没有东西会扰乱精确的实验结果。可是，她根本没有这样的一间实验室，只能待在这个地方，风沙、尘土、酷热、严寒等不停地扰乱她所做的实验，这个时候，她只能抱着极大的耐心和精力重新做一次、两次……她的身上有着过人的耐心。

那是1902年，这是自玛丽宣布镭存在的可能性后的第三年零九个月，她最终攻克了这个神秘的物质——镭。她在残渣中看到了属于她的那束光！她提炼出了100毫克的镭。这个之前神秘的未知的物质有了质量，它的原子量是226。化学家们不得不向它致敬！

那天晚上，玛丽和皮埃尔坐在房间里，伊雷娜已经睡着了。玛丽正在赶做一件裙子，因为伊雷娜所有的衣服都是妈妈缝制的。突然，玛丽放下手中的活儿，对皮埃尔说："我们再去看看吧！"

皮埃尔知道不需多问。两个小时前，他们才离开镭，现在就想再次见到它。他们爱它就像爱自己的孩子一样。他们跟孩子的爷爷打了声招呼就出去了。两个人挽着胳膊，穿过市中心拥挤的街道，经过老工厂，一路来到了棚屋门口。

"亲爱的，不要点灯，"玛丽说，"你还记得你曾经说你希望它有一种美丽的颜色吗？"

在黑暗的棚屋里面，镭不仅有漂亮的颜色，而且它还有比漂亮的颜色更可爱的东西——它会自动发光！

"看哪！看哪！"玛丽喃喃说道。她小心翼翼地摸到一把椅子，然后坐下来，凝视着周围的一切。

在这个黑暗的棚屋里，那几点零星的光亮像是苍白的月光在水中轻歌曼舞。在桌子和书架上，他们看见了一些奇异的、神秘的射线。在装着这个宝贵物质的容器中，镭终于现出了它的庐山真面目，在黑暗中放射出自己独特的光芒，照亮了自身！

Chapter
第 十 三 章

—决不借此牟利—

整个世界都为之振奋了！一种全新的事物进入了人们的视野，来到了人们的日常生活，而且还改变了人们对很多事物的观点。

谈论镭的人，不仅仅有科学家——放学的路上，孩子们也热烈地讨论着；由于长期以来世界上所有伟大的发明和发现都是由男人来完成的，妇女们很有挫败感，而这次，听闻一个女人发现了一种新奇的东西，她们欣喜若狂，奔走相告。

当然，在镭发现的最初，人们还预料不到它今后会给人类带来更多的惊喜，没有人能料想到镭的真正价值。

一下子，来自英国、丹麦、德国、澳大利亚的著名学者的信件不断地寄往居里家。他们向居里夫妇询问最新的发现。

各地的科学家们也都开始研究镭，努力去发现它更多的特性，找出与之相近的元素。例如，有两位英国科学家，拉姆塞和索迪发现镭自身能散发出少量的新气体，后来他们将其称为"氦"。这就意味着，镭可以转变成氦。这个发现令人震惊！

在科学家看来，中世纪的炼金术士在弥漫着烟雾的山洞里炼金是一件异想天开的事情。因为他们认为，任何物质就是它们自身，都有它们自身的化学成分和原子量。现在，他们却不得不面对这样一个事实——镭在它自身之外创造了氦。

　　与此同时，他们还想知道是否还有其他物质也能创造新的物质。或许，那些炼金术士的魂灵这时也在嘲笑那些言之凿凿的科学家吧。

　　不管怎样，点铁成金只是传说而已，而镭的功用却是实实在在的、最值得去研究的课题。虽然镭看上去跟食用盐一样毫不起眼，但是它拥有的辐射性却是铀的两万倍。它发出的射线能够穿透除了铅以外的任何坚固的金属。

　　当然，镭也有自身的缺陷——该元素如此活跃，即使密封在玻璃管中，一天也会自我损耗四分之一。它简直就是一个活跃的孩子：如果你把它呵护好，不让它受冷气的侵袭，它就会变热，发出的热量比周围空气的温度还高；如果你将它放进玻璃试管里，它会让玻璃试管变成紫红色；如果你将它用报纸或者棉絮包起来，它能把报纸或棉絮"吃掉"；如果你在黑暗中没有蜡烛，它发出的光足够让你阅读书籍。

　　最让人惊奇的是，镭放出的射线竟然可以不按固定的路线传播。镭的光并不自有，它能将这种射线传递给周围任何一样东西，并且使得这些不能发出光的东西发出磷光。

　　镭在日常生活里还给人们提供了一个用途——辨别钻石的真伪。因为它能使真正的钻石发光，而对人造的宝石却无动于衷。

　　不过，镭的慷慨大方也常常会带来一些麻烦。可怜的玛丽发现镭不断地在干扰着她的实验，使她无法专心致志地工作。在存放镭的试管周围，每一件东西都有放射性。镭会将它的光传递到空气中、灰尘中、玛丽的工作服上、仪器上和她的笔记本上。最终，这些东西都无法抗拒这样持久的辐射性，甚至在居里夫人逝世后的很长一段时间，它们都还发着光。

　　科学家们通常对观点被颠覆这件事情感到很兴奋，因此，镭被发现后的几年，是他们一段很幸福的时光。一些科学家们像对待新生儿一样，好奇地琢磨镭的脾性，沉浸在探究新事物的快乐之中。

　　镭十分奇特，它不但自己创造了新的元素，而且这种新元素又从它自身再次产生新元素，并且不断发生变化。如此持续下去，这些放射性的元素在一起组成了一个奇怪的家庭，家庭中的每一位成员都是由前一种元素（母体）创造出来的。

后来更让科学家们感到震惊的是，这些放射性元素在一定时间内会自动地失去其本身的一半，并且衰减所需的时间始终恒定不变——科学家们称之为半衰期。

虽然如此，但是我们也不用担心会失去这种放射性的元素，因为对于我们人类而言，这个半衰期比较长。比如铀，它的半衰期是几十亿年，而10亿年则是100个100万年；而镭，失去自身一半的时间是1600年，镭射气只需要4天，而镭射气的"孩子"则仅仅需要几秒钟。

当你盯着镭看时，你觉得它是静止不动的。镭元素静静地躺在那里，但在它平静的表面背后却正上演着它的"子孙们"的生产、冲突、谋杀、自杀等"风云变幻"。

接着，这种奇特而且极其活跃的陌生元素好像嫌自己太过低调似的，又给科学家惹出了新的麻烦。

在静静研究它的时候，皮埃尔不幸被它烧伤了，手上的皮肤红彤彤的，但是没有明显的刺痛感。后来，慢慢地，颜色变深。到第20天时，就跟普通的烧伤一样结痂。到第42天，伤口便由里到外逐渐愈合。

再后来，尽管玛丽一再小心，但也被它灼伤了。当时这个"罪魁祸首"正躺在一个玻璃试管里，而且这个试管是装在了一个锡盒子里。

再接着，他们的朋友柏克勒尔将一支装有镭的试管放进上衣的口袋，想将它带回家，结果被灼伤得很严重。

"看看你发现的这个东西！"他向玛丽抱怨道，"它为什么伤害我？我那么喜欢它，我要找它算算账！"

玛丽也想找这个她喜爱的东西算算账，因为她的手指尖被灼伤得很严重，都没有皮了。

但没多久，他们就开始心平气和地看待镭的这种灼伤功能了，因为伤口恢复如初。

医学家们听到这个消息后，对它产生了浓厚的兴趣。他们用镭来烧掉病人身上患病的皮肤，当伤口愈合的时候，皮肤也就光洁如初了。这个作用让世界萌生了一个巨大的猜想——或许，镭能用来治疗癌症。

总之，不管怎样，这至少证明了镭元素的价值。镭的作用是非常巨大的，人们都纷纷来购买它。

玛丽从8吨的沥青铀矿中提取了1克镭，它的价值是3万英镑，但是玛丽根本不打算出售。她觉得，在她有生之年应该好好珍藏它，将它存放在实验室里。只有它，才是她数年来艰辛耕耘的见证，只有它，才能证明她最终收获的辉煌。

一个周日的早上，皮埃尔和玛丽正在克勒曼大道的家中，邮差送来了一封来自美国的信。皮埃尔打开信，仔细读完后将它折起来放在书桌上。

"玛丽，我们得来好好讨论一下，"他说，"关于镭的事情。它将被大规模地开发。这是一封从美国布法罗寄来的信，他们想请我们提供一些关于提炼镭的信息。"

"哦，是吗？"玛丽对这个话题不太在意。

"嗯，我们或许可以选择……将我们提炼镭的方法和所有的研究成果公布出来……"

"当然。"玛丽笑着说。

"或者，"皮埃尔又继续斟酌地说道，"唔，不管怎样，我要让你知道另一种选择……我们可以以镭的发明者自居，将自己当成知识的主人。然后，我们在公布提炼镭的方法之前先申请专利。这样的话，我们就可以从全世界的所有镭的制造商手里获得利润了。"

显而易见，如果选择了接受专利申请，一笔巨大的财富将涌向他们。生产镭的专利权将带给他们足够的钱去建造一座宏伟的实验室，他们也将会有足够的钱去购买研究用的镭。只要他们拥有了财富，那么他们能做很多事情。

可是，玛丽沉思了片刻后却说："不行，这是违背科学精神的！"

皮埃尔完全赞成玛丽的话，不过，他还是让玛丽好好考虑一下，因为一旦做了决定，就将永远不能更改。

他提醒玛丽，除了两个人梦寐以求的实验室，他们尚未成年的女儿的未来也需要好好想一想。她真的不想拥有财富吗？

玛丽非常明白一个古老而且伟大的科学传统，就像法国化学家巴斯德所遵守的那样，向世人无偿公开研究成果。

她说："物理学家们总是将他们的研究成果公之于众。我们的科学发现在商业上有用途，那也是偶然，我们绝对不能从中牟利。再者，镭能够帮助全世界的癌症病人，所以让我借镭来获取钱财，那是不可能的。"

皮埃尔再一次同意了玛丽的观点。

是的，皮埃尔也认为，出卖镭的知识来获取财富，是有悖于科学精神的。因此，就在那天晚上，他给美国的制造商们回信了。在信里面，他毫无保留地将所有的信息都告诉了他们。

就这样，皮埃尔和玛丽虽然和成为百万富翁的机会擦肩而过，但是他们并不感到遗憾。

他们的镭不是用来牟利的，科学精神让他们获得了镭，科学精神也让全世界获得了镭。不管这个世界是怎样的物欲横流，但世人都应该热爱科学精神，因为它将知识无偿地给了我们人类。

在皮埃尔和玛丽可以选择荣华富贵的时候，他们却选择了一贫如洗。做完这个选择之后，玛丽和皮埃尔一家三口骑着自行车，来到了他们经常去的夏天的森林里。他们采摘野花，装扮自己的小家，开始了他们的平凡之旅。

Chapter
第十四章

— 晴天霹雳 —

皮埃尔和玛丽现在已经是享誉世界的名人了。法国政府为他们授予了奖章，大力嘉奖他们的贡献，英国也向他们发来了一份诚挚的邀请。夫妇俩专程从法国给英国的、同样从事科学研究的开尔文勋爵带了一份珍贵的礼物——一个装在玻璃瓶中的微小的镭粒子。开尔文勋爵非常高兴，像一个孩童般的向他科学界的朋友们展示这份珍贵的礼物。

皮埃尔受邀在英国皇家学院这座神圣的科学殿堂里做一个关于镭的演讲，玛丽则成为出席这么一个庄严而盛大的学术会议的首位女性。此次演讲盛况空前，在济济一堂的英国最伟大的科学家们面前，皮埃尔如同变魔术一般向他们展示了镭的神奇魅力。这些原本肃然危坐的英国绅士们也禁不住兴奋起来，并且非常激动。整个伦敦都为之轰动，每个人都在翘首企盼，想一睹"镭的父母"的风采。

居里夫妇被伦敦各界争相邀请，参加许多的晚宴和聚会。宴会上的贵妇人们都佩戴着珍珠和钻石，灿烂夺目。这个时候，他们发现，身边这位与众不同的女科学家只是穿着一件端庄的黑色礼服，身上一件饰物也没有，她那双被酸液灼伤的手也没有戴戒指。可是，她看上去却同样尊贵，她的气质一点也不逊色于那些贵妇人。她身材颀长，脸庞神采奕奕，额头光洁饱满，双眼深邃，一看就充满了智慧。

的确，居里夫人就是这样的与众不同。因为她觉得，一种物体所发出来的光应该是从它自身内部发散出来的，而并非依靠那些宝物。

玛丽欣赏着周围的珠光宝气，而后她突然发现一向对名贵的珠宝视而不见的皮埃尔，此时却陶醉在这炫目的光彩中。

"珠宝很美，是不是？"玛丽问他，"我从来不知道世界上还有这么绚烂的珠宝。"

皮埃尔笑了起来。"你知道吗？晚宴的时候，我没什么事情可做，脑海里就盘算着这些夫人脖子上的宝石能值多少钱，能建造多少个设备和原料一应俱全的实验室。"他说。

天哪！居里夫妇果然"与众不同"！他们了解发光元素，却对珠光宝气的石头一窍不通。当英国皇家学会将最高奖——戴维金章授予居里夫妇时，他们竟不知道拿这个金章如何是好。后来，皮埃尔索性将金章给女儿伊雷娜当玩具，这样她可以咬着玩，又不用担心她会吃下去。而伊雷娜非常喜欢这个玩具。

他们现在还有特别烦恼的问题，就是不知道该如何应对接踵而至的名誉、人们的追捧、观众的掌声和记者们无休止的采访。居里夫妇对这些叫苦连天却又无可奈何。

1903年12月10日，在这个特别的日子，玛丽和皮埃尔以及柏克勒尔一起获得了当年的诺贝尔物理学奖。这是诺贝尔奖设立以来，第一次有女性获此殊荣，但是玛丽却没有人们想象中那样激动。对玛丽而言，她真正觉得高兴的是她得到了同行们对自己研究成果的认可，以及她有了一笔可自由支配的奖金。

可是，荣誉再一次给她带来了烦恼：许多陌生人写信祝贺，问她要亲笔签名；摄影家和记者要求预约采访；许多机构邀请他们去参加流光溢彩的晚宴……这些都让她感到头疼。"我真想把自己埋起来，这样我就能获得一点点的宁静了。"她写道。

她在计划着如何支配手上的钱，而最后支配的结果则彰显了她善良的性格以及宝贵的人格魅力。她将一部分钱存了起来，用来支付实验室工作人员的工资，这样就可以让皮埃尔辞去他那份在理化学校的教学工作，从而全身心地进行他的科学研究；她向科学学会捐助了一笔钱，用来帮助一些波兰学生、几个在实验室工作的男生以及一位极需要帮助的塞福尔女孩；她还花了小部分钱给皮埃尔的哥哥和她的姐姐们买了一些礼物……

后来，她想起了一位她曾经的法语老师，这位老师家住波兰，一直都有一个美好却永远都无法实现的梦想——重游她的故乡法国。玛丽给这位法语老师写了一封信并寄去了往返的旅费，邀请这位老师来法国一趟，并到自己家里来住。这位老人收到这份惊喜时，喜极而泣。最后，玛丽也给自己选了一份礼物，那就是给在克勒曼大道的家里新添了一个现代的浴室，给客厅换了一张壁纸。

但是，一群愚蠢的人，他们没想着怎么去募集一些资金来建造一座实验室，以便让居里夫妇更好地做科学研究，发现更多元素的秘密，而是追逐着要求采访他们，浪费了他们宝贵的时间。为了能顺利回家，玛丽只好在大街上与他们躲躲藏藏。报社连玛丽不愿意公开的生活中的细枝末节都报道了出来，说玛丽总是固执己见，就连伊雷娜跟保姆的咿呀学语，以及他们屋顶上的猫的颜色都没有放过。

玛丽实在无法忍受了，她很气愤地说道："他们在干扰我的生活和工作！我们的生活都被荣誉给毁掉了！"

玛丽说得没错。她生来性格内向，不善于去应付这些采访和邀约，而且她的工作又十分繁忙。这些愚蠢的人将她折磨得身心俱疲。

有一次，居里夫妇去参加了法国总统的晚宴。用餐时，一位高贵的女士走到玛丽身旁，低声问她："您愿意让我将您引荐给希腊国王吗？"

"我觉得没有这个必要。"玛丽温和地答道，然后看了一眼这位女士。那一刻，她不由得大吃一惊，面前的这位女士就是希腊国王的妻了！

"当然……我愿意。这是我的荣幸。"玛丽脸红了，她结结巴巴地说道。

对于其他人来说，能觐见国王是一件多么荣幸的事情啊！可是玛丽却并不

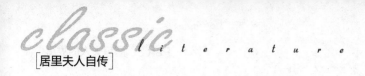

这么认为。她觉得她现在太累了，她想要一个轻松快乐的假期，假期里什么都不用做，就只是高高兴兴地玩儿，做一个普普通通的母亲和一个平凡的妻子。她希望伊雷娜的百日咳能很快痊愈，希望皮埃尔的病能尽快好起来。自从二十年前在波兰跳过舞后，玛丽的生活就只剩下两个字——工作。她还从未像现在这样希望什么事都不做，忘记自己科学家的头衔；她只想回到那个年轻的玛丽亚，可以尽情地玩耍，吃很多野草莓，然后跳舞、睡觉，不用去想那些烦人的事情和繁重的工作。

皮埃尔依然非常忙碌，他有许多的工作要做。他无法理解玛丽如此想去度假的愿望，他觉得她太小孩子气了，毫无研究科学的样子。皮埃尔对玛丽说，他们必须献身于科学。

玛丽顺从了，她做事一直都顺着皮埃尔的心意。但是她太累了，累得甚至想要放弃那个刚刚出生的孩子——小女儿艾芙。"可怜的小家伙，"她说，"你不得不面对生活中的艰难。"这的确是一件很残忍的事情，人们对她的追捧，剥夺了她生活的快乐，甚至让她忘记了最初的激情。

然而，艾芙的出生也为玛丽带来了许多乐趣。玛丽喜欢孩子，她慢慢平静下来，开始顺理成章地享受一个月的产假来照顾这个刚刚出生的孩子。伊雷娜的眼睛是淡褐色的，而艾芙却跟姐姐不同，她的眼睛是蓝色的。艾芙不愿意安静地躺在摇篮里，她总是精力旺盛地不停哭闹。这个时候，玛丽不忍心让她在摇篮里哭泣，就会把她抱在怀里，慢慢地哄她，一直哄到她入睡为止。玛丽天生就不是那种硬心肠的人。

在艾芙出生前夕，玛丽被巴黎大学赋予了在皮埃尔实验室工作的权利。其实，之前玛丽一直在那里工作着。现在这个大学突然醒悟了，他们应该给玛丽授予一个职位——位于居里之下的"实验室组织者"，年薪96英镑。大学认可了这个长期以来就为人所知的事实——居里夫妇分享着一切，他们的时间、他们的想法和他们的工作，他们一直都是并肩作战，就好像一个不可分割的整体。

1905年6月，皮埃尔和玛丽来到了美丽的瑞典首都斯德哥尔摩。在那里，皮埃尔以他们夫妇的名义做了有关诺贝尔奖的演说。皮埃尔在演说中赞美瑞典的景色非常迷人。

居里夫妇在那儿享受了远离人群的平静，也享受着别人的谦恭，在那儿，他们没有感到一丝压力。

有时，玛丽和一些陌生人交上了朋友。有一个叫露伊·福勒的芭蕾舞演员，在舞台上，她会用奇异的灯光让自己的舞姿更美。她写信给玛丽，想请教如何用镭来制作一双她跳舞要用的闪闪发光的蝴蝶翅膀。

这个想法真的是太疯狂了，皮埃尔和玛丽都被逗笑了。然而，出于礼貌，玛丽还是给她回了一封信，耐心地跟她解释了她的想法只是一个美好的幻想，因为镭是一种奇特的物质。

露伊回答他们说，她只有一个办法能答谢他们——到他们家里，给他们跳一支舞。居里夫妇欣然接受了这个非同寻常的建议。

那天，居里夫妇的家里来了一位装扮奇怪、拥有一双婴儿般湛蓝的眼睛的女孩，以及一队电工。那些电工们忙碌了一整天。到晚上，居里家的客厅就变成了一个由奇特的灯光交织的人间仙境。在这个仙境里，露伊跳起了芭蕾舞，将自己不断幻化成火焰、鲜花、飞鸟、女巫……

这位年轻的舞者和居里夫妇一家成了好朋友，她还把居里夫妇引荐给她的朋友——伟大的雕塑家罗丹。在罗丹的工作室中，科学家、舞蹈家和雕塑家一起，坐在石膏模子和大理石之间彻夜长谈。

时间走进了1906年4月。法国晴空万里，紫罗兰将谢夫勒斯的山谷装点得格外漂亮，树篱上也爬满或紫或白的花，到处都弥漫着花香。居里夫妇带着两个女儿在这里度假。

每天夜晚，他们都要到附近的农庄去取奶。小淘气艾芙还在蹒跚学步，却偏偏喜欢沿着被太阳晒干的车印跌跌撞撞地行走，那可爱的样子让人见了忍俊不禁。

每天早晨，他们会骑着自行车到森林里去采摘野花。他们还去了那个度蜜月时遇到的池塘。池塘现在已经干涸了，睡莲也消失了，但是在池塘的泥泞中却长满了一圈黄色的芦苇，如同一个明艳的皇冠。玛丽和皮埃尔悠闲地沿着通向池塘的小路漫步，还从河岸边采摘了一些紫罗兰和一些浅蓝色的长春花。

一天中午，他们躺在草地上，享受着阳光，任由思绪肆意地徜徉。而伊雷娜和妹妹正在旁边愉快地玩耍，不时向他们高兴地大喊。

"玛丽，有你在身边陪伴，生活是多么甜蜜啊！"皮埃尔悄悄地说道。

那天晚饭后，皮埃尔带着从池塘边采摘的黄色芦苇，坐火车回巴黎工作去了。玛丽和孩子们第二天再回巴黎跟他相聚。

4月的巴黎，天气总是反复无常，街道一下子变得又湿又冷。1906年4月19日，也就是玛丽带着孩子们回到巴黎的那天——一个很潮湿的日子，天色昏暗，道路泥泞不堪。玛丽到家后就一直在忙：她要收拾房子、洗刷衣服、做好饭菜，还得去外面处理一些事情。她虽然忙碌，却很快乐。一直忙到傍晚6点钟她才回来。玛丽很高兴地回到家，她希望见到皮埃尔，希望能和皮埃尔一起说说工作上的事情，和他度过一个又一个甜蜜的夜晚。

当她打开客厅的大门时，只见三个男人起身站了起来。他们带着深深的敬意注视着她，好像她是一位女王。在他们的眼中，玛丽看见了深深的遗憾和同情。三个人中有一位是玛丽以前的老师保罗·阿佩尔。阿佩尔告诉她，皮埃尔在街上滑倒了，一辆马车没刹住，车从他的头上碾过……

"皮埃尔死了？死了？……真的死了吗？"玛丽默念着。

艾芙长大后，在撰写母亲的传记中说，在她母亲说"皮埃尔死了"的那一瞬间，一种孤寂和难忍的隐痛笼罩在了母亲的心头，使她一辈子都摆脱不了。从那天起，她的母亲成了一个孤独的可怜的女人。

Chapter
第 十 五 章

－ 不管发生什么 －

　　玛丽身上那股非凡的勇气是与生俱来的，她经历的一切艰难困苦只会使她变得越来越强大。而这时，这股非凡的勇气就成了她的精神支柱。

　　她深深地爱着皮埃尔·居里——这个伟大的男人。当她的世界将要崩塌时，她想起了皮埃尔曾经对她说的一句话——不管发生什么……那是有一次他们谈到死亡时，皮埃尔说的话。

　　他说："不管发生什么，哪怕我们当中的一个人离开了这个世界，另外一个人成了没有灵魂的躯壳，那么，他（她）也应该一如既往地继续工作。"皮埃尔留给她的话，安慰着她，引领着她走出痛苦。所以，玛丽下定决心成为这个继续工作的"没有灵魂的躯壳"。

　　政府想要拨给她一笔抚恤金，可是她拒绝了。她说，自己还年轻，还能挣钱养活自己和孩子。

　　她找了一种独特的方式来安慰自己——每天写日记。这种方式不仅能让她得到一些慰藉，也能让我们更近距离地了解她。

　　每天写日记的时候，她就觉得自己是在和皮埃尔对话：

　　　　亲爱的皮埃尔，他们提议让我来担任你的职位，继续讲授你的课程，领导你的实验室，我答应了。虽然你曾经经常跟我说，你愿意让我去巴黎大学授课，但是我还是不知道这样做是好事还是坏事。最后我是这样想的，担任这项工作，无论好坏，至少我是在尝试着继续你的工作。有时，我觉得，这样做是我活下去的最容易的方法，可是有时候，我又觉得这样做很傻。

1906年5月7日

我的皮埃尔，我无时无刻不在思念你。这思念像是要将我的头炸裂，让我的理智丧失。我不明白，为什么我活着，而你却不在了？为什么我不能再对着亲爱的你微笑了？你知道吗，这两天，树上都长出了嫩叶，花园也变得很美。今天早上，我看见孩子们在那里玩耍。我想起，你曾经总是希望她们到那里去，也总是叫我到那里去，并且指给我看那些绽放的长春花和水仙花……这些回忆是如此美好……

5月14日

我想告诉你，皮埃尔。巴黎大学已经聘请我去担任你的物理教师职位，可是居然有人愚蠢到向我祝贺。

那时候，玛丽很伤心，她没有心思去对那些祝贺的人发怒。

有史以来，巴黎大学，无论是什么学科，从没有一个女性获得过大学教授这样的荣誉。也就是说，在任何学科领域，还从来没有一位女性能领导一支教师队伍。但是，在当时的法国，没有一位男性科学家能够胜任皮埃尔的工作，只有玛丽能够做到，因为她有这个能力。因此，这个重担自然就落在了玛丽肩上。

无疑，玛丽是在世的科学家里最有天赋的一位。她决定认真备课，以不辜负皮埃尔的盛名，所以她将孩子们送去了乡下。整个夏天，她都是独自一人留在巴黎，钻研皮埃尔留下的笔记，为皮埃尔还未讲授的课程备课，继续皮埃尔的研究课题、研究成果。

玛丽想换一个地方居住，因为住在她和皮埃尔共建的温馨的小屋里，她无法忍受。她不愿再睹物思人，于是决定搬到索镇定居，那也是皮埃尔长眠的地方。

孩子们的爷爷对于要搬到一所更小的房子里居住有点儿担心，他想，是不是玛丽不想跟自己住在一起了？可是他该如何开口问这个问题呢？

其实，玛丽也在担心，皮埃尔去世了，她只是一个儿媳，这位老人是否还愿意跟儿媳住在一起？

最后，还是老人先开口了，他说："玛丽，既然皮埃尔已经不在了，你没有必要再和一个老人生活在一起，我可以到我的大儿子那里去住。你来决定吧！"

"不，还是你来决定吧！"玛丽回答道，"如果你走了，我们会很难过。不过，我会尊重你的选择。"

"我很愿意留下来，继续和你们生活在一起。"

于是，孩子们的爷爷留了下来。

去巴黎大学就职的那一天到来了，她必须要走出家门，到外面去，去面对这个世界。在外人看来，她是一个"著名的遗孀"，大家都对她小心翼翼，并心生敬意地来对待她的伤痛。

她听说，报纸已经呼吁巴黎大学一改其往日的作风，让玛丽在那间著名的可以容纳几千人的阶梯教室发表就职演说，以便更多的人能够在巴黎大学聆听到居里夫人的演讲。

玛丽知道，巴黎大学是世界上最保守的大学之一，它的规定是很难改变的。对此，她感到了一丝欣慰。

她还听说，那些追赶时髦的人都在讨论她会说些什么，她会如何谈论这个职位的前任——自己死去的丈夫，会怎样向学校、向部长致谢，因为这是每一个继任者就职演说中所必须谈论的内容，也是巴黎大学的习俗。

在就职演说的那一天，人们如同捕食的鸟儿在等待食物出现一样，殷切期待着玛丽的演说。

他们在等着玛丽说一些让人潸然泪下的话，说不定还暗暗预期她会伤心欲绝、晕倒在地。这个著名的阶梯教室挤满了人，甚至要把真正来上课的学生挤离座位。

玛丽在震耳欲聋的掌声中快速走进了教室。掌声一平息，她就从皮埃尔没有完成的地方，开始讲授高等物理："当我们回顾近十年来物理学上所取得的进步的时候，会惊讶地发现，我们在电力学和新物质探索方面的思想改变是如此巨大……"

这一番开头让听众们震惊了，他们震惊的不是电力学方面的思想改变，而是其他方面。

他们原本以为会看见一场表演，但根本没有，他们见到了一个无比真诚的人——她不会作秀，她关心她的工作胜过于她自己。他们被感动了，眼泪夺眶而出。

接下来，玛丽用平静的语气讲述了电力学结构、原子蜕变和放射物质的新原理……

当这场纯粹是为学生而展开的讲座结束时，玛丽匆匆离开了，就像她进来时那样迅速。

如果说玛丽之前的工作非常辛苦，那么，现在她的工作就更辛苦了。她要在巴黎大学授课、在实验室里做科学研究，还要考虑两个孩子的教育、照顾她的家庭、修剪她的花园。

更重要的是，她还有一件特别的事情要去做——竭尽全力以皮埃尔的名义建造一个设备齐全的实验室，这个实验室要尽可能地完美，因为这是皮埃尔的梦想。

在索镇的新家里，伊雷娜、艾芙和蓝眼睛的爷爷在一起玩耍。爷爷教伊雷娜植物学、历史和诗歌，并且还帮她挖了一小块地，种上了一些花，建立了她自己的小花园。而艾芙就喜欢在草丛里逗弄她的乌龟，或者和她的黑猫或虎斑猫嬉戏玩耍。

　　玛丽每天早上都行色匆匆，去赶最早的那趟开往巴黎的火车，直到天黑时才回来。

　　尽管孩子们一天都见不到妈妈，但是妈妈一直在计划着她们每天的安排。孩子们每天早上必须学习一个小时，伊雷娜喜欢上了数学，而艾芙喜欢上了音乐。

　　学习完后，不管天气如何，她们都会出去散步。然后她们再一起练习她们喜欢的健美操。接下来，她们学习烹饪、雕塑、缝纫或园艺等。

　　在周末或者节假日，玛丽会带孩子们骑自行车去郊游或者游泳。她想让她们变得坚强勇敢、无所畏惧，她不允许她们害怕黑暗、害怕爬山和骑马、害怕动物或其他东西。

　　玛丽虽然教两个女儿说波兰语，但是不希望她们像自己一样也有心系两国的痛苦，也不愿她们为一个受压迫的民族而悲伤。她要她们做真正的法国人。可是玛丽却没有教孩子们，如何去欢迎客人，如何在聚会上光彩夺目，这些她们没有去练习。

　　玛丽觉得法国学校的学习时间太长——在校学习了6个小时后，回家还要做3个小时的作业，她不想让孩子们学习得过于疲惫。玛丽和大学里的朋友们经常讨论这件事情，最后他们决定将孩子们集合在一起，由他们来教授课程。

　　这个主意真是太棒了！

　　那帮幸运的孩子们一天只上一节课，但是每节课的老师都是当时巴黎在那个领域里最著名的专家。

　　孩子们在巴黎大学的实验室上的第一堂课就是让·佩韩的化学课。报纸还报道了这一事件："巴黎大学还没有被一群小鬼炸飞，但我们拭目以待。"第二天，孩子们去到了乡下，保罗·朗之万教他们数学。有一次，他们到雕塑家马格鲁那里学习雕塑；再有一次，他们跟一位现代语言和文学家学习。在星期四，孩子们来到了物理学院，玛丽给他们上物理课。这帮小家伙是多么幸运啊！

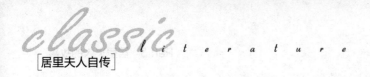
在一向严谨的巴黎大学，还从来没上过如此简单的课程。孩子们将一些蘸了墨水的自行车滚珠扔在倾斜的白板上，亲眼观察物体下落时形成的曲线，以此来学习物体下落定律。

有时，玛丽也会问他们一些简单的问题，比如："要保持这个锅里液体的温度，你们会怎样做？"

"用羊毛将它包起来。"一个孩子说。

"将它隔离起来。"另一个建议道。

"如果是我，"玛丽笑道，"我会给它盖个盖子。"

后来，遗憾的是，孩子们的父母要去挣钱养家，所以没有时间给孩子们亲自授课了。

停课后，伊雷娜和艾芙去了另外一所学校，那里的学习时长没有别的学校那么长。

后来，她们在谈起早期的学习生活时说，从那些课程中，她们学会了对工作的热爱，学会了要淡泊名利和坚强独立。这些都让她们受益匪浅，让她们有信心去解决任何困难。

在实验室中，玛丽获得了许多成功。其中一个最伟大的成就，就是提炼了纯净的镭盐。一个偶然的机会，她和安德烈·德比尔纳一起成功地分离出了金属形态的镭。可惜，他们只成功了这一次，此后，他们再也没有成功过，而其他人更是如此。

1911年，玛丽被授予了诺贝尔化学奖。她是有史以来唯——个两次荣获诺贝尔奖的科学家。

世界本应该为这位卓有贡献的科学家而感到自豪，也会像对待不幸的女人一样善待她。可是，事实并非如此。

世间存在着一种怪异的通病——嫉妒，某些人听到有人非常成功或者非常美丽时，这种通病就会让他们变得十分残忍。

玛丽既美丽又成功，于是，她收到了很多这样的人寄来的匿名信、谩骂信和诬蔑信，信中全是一些荒诞不经的谎话，说她做出了一些见不得人的丑事，而这些事情她连想都没想过。所有的来自这些人的攻击让她始料未及。

她的朋友们努力保护她，但是依然斗不过那些藏在阴暗处的敌人。她的朋友们觉得最好的办法就是让科学院公开授予玛丽院士称号，这是她应得的。然而，在此之前，没有一个女人获得过这样的荣誉。

那些造谣者们开始极力阻挠，甚至将一张假的选举票塞到一位双目失明的院士手里，这样就造成了连一个失明的人都反对玛丽的假象。

科学院以几票之差为由拒绝给玛丽授予院士称号。当然，我们知道，这不是玛丽的耻辱，而是科学院的耻辱。

对于那些诬蔑、谩骂的话，玛丽感到很难过，她是一个很内敛的人，她只能将痛苦埋藏在心底。

曾一度，她不得不用姐姐的名字来逃离敌人的攻击。她如同白昼一般光明磊落，但躲在暗处的敌人还是让她无处可藏。

因为流言，玛丽备受打击。最终她病倒了，而且病情很严重。肉体上的长期劳累是次要的，最主要的还是她的精神遭受了重创，这几乎让她丧失了一生的勇气。

医生跟她说要进行手术，才能让她解除病痛。但是，她告诉医生，必须要等她参加完下一次的物理会议后才能上手术台。她的勇气依然还在！

她实在是太累了，她什么都不想去考虑。可就是在生病期间，她还是需要做出一个重大的决定——那时，波兰决定在华沙建立一个大的放射学实验室，邀请她去主持和领导。

这是多么重要的邀请啊！她多希望接受这个邀请！她明白，自己的祖国波兰需要她，因为那时的波兰每况愈下，国人的信心日渐丧失，需要有人或有一些东西来使得国人恢复自信。

收到这个邀请时，玛丽犹豫了很长时间。虽然她爱波兰，但是她也深爱着皮埃尔。如果她选择投向波兰的怀抱，那就意味着她将放弃皮埃尔未完成的梦

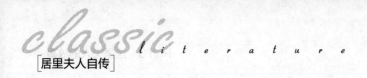
想——建立一所实验室。如果她离开巴黎了，那么皮埃尔的心愿就永远也无法实现。

在波兰和皮埃尔之间做出选择，实在是一种煎熬，但是，她最终选择了皮埃尔，因为她觉得自己更爱皮埃尔。于是，她伤心地回绝了波兰的邀请。

波兰那边依然坚持着，就算她身在巴黎，波兰依然希望她能远程领导这个新的实验室，并邀请她参加新实验室大楼的落成典礼。

玛丽被说服了，欣然回国。

在这次回国访问期间，发生了很多令人激动的事情。首先，她用波兰语做了一次科学演讲。这也是她第一次用自己的母语做科学演讲。第二，她参加了博物馆的一个盛大的仪式，她曾在这个博物馆做了人生中第一次科学实验。第三，在波兰妇女专门为她举办的宴会上，她看见了当年寄宿学校的老校长。她匆匆地穿过人群，走向这位老人，亲吻了她的双颊。看见曾经的学生现在成了世界上著名的科学家，老校长激动不已！

接下来，玛丽终于可以休假了。她决定背上旅行包带着孩子们一起周游瑞士，并且教孩子们怎样跋山涉水。

与她同行的还有一位朋友，可以帮忙照看孩子们。

可是，一路上，这个朋友和玛丽一直在热烈地讨论物理学，根本不看脚下的路。以至于孩子们还必须看好他，以防他踏进脚下的缝隙。

慢慢地，孩子们也被他们二人的谈话所吸引，被他们所谈论的古怪事情逗得大笑不止。最后，没有一个人去留意脚下的路了。

"你看，夫人，"她们听见他说，"我一直在想：如果升降梯在真空中坠落，里面的乘客会怎样？"

这个问题让伊雷娜和艾芙觉得十分有趣。她们没有想到，她们听到的这个难题叫作"相对论"，而这个粗心的朋友不是别人，正是伟大的物理学家爱因斯坦。

那段时间，意志有些消沉的玛丽逐渐恢复过来，心情也渐渐地好了起来。

因为在皮埃尔·居里大街上正在建造以皮埃尔命名的镭研究院。原来，巴斯德研究院的院长鲁博士曾在两年前提议，为玛丽筹集资金，建立一个实验室。这个行为唤醒了巴黎大学，他们以为巴斯德研究院将从他们的眼皮子底下夺走玛丽。为了避免这个巨大的损失，他们与巴斯德研究院协商，最终决定共同出资创建双方共同拥有的新实验室。

玛丽的心里充满了喜悦。她积极地出谋划策，和建筑师一起讨论所有的房间和窗户的式样。她坚持要做很大的窗户，这样可以有很充足的光线射进房间。她还坚持在大楼下面建一个花园，并亲手种植了一些树木和玫瑰，这样，在大楼启用的时候，花园就能展现出一片郁郁葱葱了。

1914年7月，皮埃尔镭研究院建成。

在研究院大门的石刻上，她看见了这样几个字：

　　镭研究院——居里楼

她告诉我们，当时她的脑海中响起了巴斯德的话：

　　　若是你真的关心对人类有益的成就和发现……若是你真的在乎你祖国的名誉，希望你的祖国能在那些奇迹的进展中说一句"我国为此做了贡献"，那么，我恳求你注意这种神圣的建筑——人类给了它一个颇具表现力的名字"实验室"。人们应该请求增加实验室，并且装饰好它，因为它是创造未来、创造财富、创造安宁的圣殿。只有在这个圣殿里面，人类才能成长、壮大。在那里，人类学习各种自然科学，这些能够促进人类进步，促进宇宙和谐；而人类自己总是太野蛮，太具破坏性。

玛丽·居里也赞同这样的观点。

新的实验室建好了，但是战争却爆发了。玛丽这一等就是四年。四年后，战争结束了，她才看见镭研究院工作的开始，才看到皮埃尔的梦想变成现实。

Chapter
第十六章

—战争—

1914年8月1日

亲爱的伊雷娜，亲爱的艾芙：

　　局势似乎越来越险恶，我们随时等着动员令——我不知道能否动身去你们那里。你们千万不要慌乱，要保持镇静和勇敢。如果战争①不爆发，星期一我就赶到你们那里；如果战争爆发了，我就只能留在这里，然后找准时机，想方设法将你们接回来。伊雷娜，我们必须要做一些对社会有益的事情。

8月2日

　　动员令下达了，德国还未公开宣战就已经悄悄闯进了法国。一段时间里，通信就会变得很困难了。

　　虽然所有男人都到前线去战斗了，到处弥漫着离别的悲伤，但是巴黎依然平静，井然有序。

8月6日

　　顽强的小国比利时并没有妥协，而是拼尽全力。虽然战争很艰

---

① 这里指第一次世界大战（1914年7月—1918年11月），简称"一战"，是一场主要发生在欧洲但波及全世界的大战，当时世界上大多数国家都卷入了这场战争。

苦，但是法国人仍然相信这场战争会以法国的胜利而告终。

波兰已经被德国占领了。等战争结束以后，波兰还能剩下什么呢？我得不到家里的一点消息。

就这样，玛丽给孩子们不断写信，那时，孩子们正在布列塔尼度假。

在巴黎，玛丽十分孤独。她周围的同事都到前线战斗了，留下来的是一位机械师，他因为心脏有疾病而不能参战。玛丽也生病了，身体虚弱，但是她无暇顾及自己的健康状况，也没有时间思考战争会给她的科研工作带来什么样的灾难，她只想这场灾难早点结束。

在这非常时期，玛丽没有像大多数法国妇女一样去当护工。正如她一贯的作风，此刻她在心里快速地思考着更重要的事：她的专长在哪里能发挥更大的作用呢？所有前线和后方的医院都没有X射线设备——这是一种新设备，医生通过它可以看到伤员体内的子弹或是碎片的准确位置。

玛丽的研究从未涉及过X射线，她只是曾经对这种射线很感兴趣。可是这难不倒她，她会全力以赴地迅速建立起一个X射线站。她只花了几个小时，就列举了一份巴黎所有可以利用的X射线设备的清单，并组织将这些设备分配到了各个医院。然后她又召集了所有会使用或是愿意去使用这些设备的科学家，将他们也分配到了各个医院。就这样，设备和操作人员就在巴黎的各个医院里准备就绪了。可是，每天都有成千上万的伤员被救护车送入战地医院，而那些战地医院还没有X射线设备，该怎样来帮助战地医院里的伤员呢？

玛丽没有一丝迟疑，她知道时间就是生命。她从法国妇女联合会那里筹集了钱款，制造出了第一辆"X射线流动车"——这是一辆普通的汽车，用汽车的发动机来带动发电机，供给X光机所需的电流，发出X射线。

这辆"X射线流动车"在马恩河乡村坑坑洼洼的道路上奔驰着，往返于当地的各个医院。虽然战争期间的马恩河满目疮痍，但是它依然风景秀丽。在这辆汽车的帮助下，这场战争中最大战役的伤员得到了快速的诊断和救治，并接受了安全的手术，许许多多人的性命得以挽救。要是没有这辆X射线流动车，他们或许都已经牺牲了。

在马恩河战役开始前，德国军队已经在巴黎之外的几英里处开战了。他们会长驱直入吗？他们会占领巴黎吗？玛丽应该做些什么呢？她的孩子们还孤独地留在布列塔尼，她应该去找她们吗？还是跟着医疗队撤出巴黎？

不，不管怎样，她都要留在巴黎，因为她想："如果我坚守着皮埃尔镭研究院的实验大楼，德国军队有可能不敢抢劫它；但是我一旦离开，它肯定会被扫荡一空。"

固执而又不轻易屈服的玛丽本能地痛恨一切逃跑的想法。她认为，害怕敌人实际上就是在帮助敌人。她绝不会让敌人得意扬扬地占领皮埃尔镭研究院。但是，如果不离开巴黎，那么她那珍贵的1克镭就会落入敌人的手里。所以，现在最要紧的就是转移这1克镭。除了玛丽自己，谁还能将这克镭安全转移呢？

她将一件黑色的风衣披在身上，收拾了一些过夜要用的物品，然后提着一个很沉的铅皮匣子，坐上了开往波尔多的火车。

火车车厢里拥挤不堪，玛丽蜷缩在木凳上，脚边放着她的1克镭。9月初的天气骄阳似火，玛丽望着窗外的田野，看见路上塞满了一辆辆往西逃亡的汽车和马车。

在遥远的波尔多，玛丽在月台上一站就是好几个小时，那个铅皮匣子一直放在她的脚边。她没有力气搬动这个沉重的匣子，但是它如此珍贵，她不能丢弃它。周围没有一个搬运工人，也没有一辆出租车，就连一个旅馆也没见着。玛丽苦笑了两下，她在想是否得这样站到明天早上。后来，一位同行的旅客帮助了她，带她去找了睡觉的地方，并帮她将镭安全地存放在了一家银行里。

第二天早晨，她回到了巴黎。前一天晚上，在那群寻找安全的人流里，她还是一名不起眼的路人；可是第二天早上，她就成了万众瞩目的中心。人们围着她，说"那个女人居然又要返回巴黎"。这位即将重返巴黎的伟大女性很高兴能有机会告诉众人，巴黎是没有危险的，巴黎不会沦陷，巴黎的市民安全着呢。

　　玛丽是回来了，但是她却饥肠辘辘，因为从前一天晚上开始，她就没有吃东西。她回来时坐上了一列运送士兵的列车，这列车速度很慢，一路上不是停在田野上稍作休整，就是摇摇晃晃地向巴黎继续前行。一个热心的士兵从自己的背包里拿了一块面包给她，她非常感激地接受了。

　　当她终于回到可爱的巴黎时，立刻传来了一个振奋人心的消息——德国军队在马恩河战役中受阻了。玛丽片刻也没有休息，她一路飞奔到"国家救援会总部"，去看看接下来她能做些什么。

　　"躺下，休息一下吧，夫人。"阿佩尔主席大声地对她说，"先在沙发上躺一会儿。"玛丽照做了，但还是依然在讨论她即将要做的事情。

　　"她面色苍白，一双眼睛睁得很大，好比一团炽热的火焰。"阿佩尔主席后来回忆说。

　　没多久，"小居里"一辆接一辆地研制出来了——这是居里夫人制造的X射线流动车。玛丽的两个孩子还在布列塔尼，但在法国士兵眼中，玛丽是X射线流动车的母亲。

　　玛丽还去找那些政府官员，虽然他们很不情愿，但是，玛丽还是逼着他们提供军队的必需品。曾经她是一个腼腆的人，但是为了让她的"小居里"能够快速地救治伤员，她什么都不去考虑了。她从一个人那里得到"通行证"，从另外一个人那里拿到"密码"，还从其他人那里得到"签证"。不仅如此，她还从富人手中借钱，从热心人那里借用摩托车——她跟他们说："我会还的。要是战争结束后还能使用的话，我一定归还。"

　　她给自己留了一辆很大的雷诺车。与其说这是一辆汽车，倒不如说这是一辆送货的卡车。她给车身喷上了灰色的油漆，然后在车身上画了一个很大的红十字。她坐在这辆车上，开始了她冒险的生活。

　　在她巴黎的家中，电话铃响了——一个护送伤员的大车队亟须X射线设备。玛丽一放下电话，就赶紧将设备检查了一遍，然后在司机加油的空档，穿上了她的深色大衣，戴上红十字袖章和那顶已经褪色的圆帽，背上那个已经被太阳晒得开裂的黄色旧皮包，最后爬上了车的副驾驶的位置。

这辆车不管白天黑夜，也不管风吹日晒，始终全速前进着。甚至有时候，车灯都不亮了，它依然一头冲进战争的硝烟里，奔赴战争最惨烈的地方——亚眠、伊伯拉斯、凡尔登。

在行进途中，汽车被哨兵拦下了几次，经过一一盘问后，他们就被放行了。之后，他们来到了医院。玛丽立刻将一间屋子作为X射线透视室。其他人则拆除电缆包装，并用它们将汽车上的发动机和房间中的设备连接。

等所有的工作完成后，司机将发动机启动，玛丽检验了所有的电源。然后，她让防护手套、眼镜、特殊铅笔等东西就位，再将窗帘拉上（如果没有窗帘她就拿医院的床单代替），让屋子里漆黑一片。这样，一间暗室就布置好了。接着，她又如法炮制了第二间暗室。

在她到医院不到半个小时的时间里，一切都准备妥当了。外科医生也都各就各位。这时，很多的伤员被送了进来。这些人忍受着巨大的疼痛，排队等待着检查。

玛丽调节好仪器，对准伤员受伤的部位，以便看到更清晰的图像。外科医生则看准骨骼间或者器官间的子弹或炮弹的碎片。有时，伤员太多了，就由一名助手记录子弹的具体位置，稍后再进行手术。有时，医生一边做检查，一边进行手术，用钳子深入病人的伤口，取出那块弹片。

几个小时，甚至是几天，只要有伤员，玛丽就会留在那间暗室里。在离开那家医院之前，玛丽就计划好了怎样在那里装备一台固定的X射线设备。几天后，当玛丽再次回到这里时，竟出人意料地带来一台新设备和一位放射线工作人员。她怎么办到的？谁都不知道。

最后，她独自一人在不同的医院里装备了200个X射线室。这200个X射线室，再加上她研制的20辆X射线流动车，救助的伤员总数达到了100多万名！对于一名妇女来说，这是一项多么伟大的工作！

我们可以猜想到，平时，她不受天气干扰而出行时，总是会坐在司机旁边。但是，有的时候，她不得不自己开着那辆大汽车，在战争中坑坑洼洼的路上颠簸地行进着。

她感到很庆幸，在那些到处覆盖着碎片的公路上，她行驶一趟，最多也就发生过两次车胎被刺破的情况。在阴冷潮湿的天气里，在战争弥漫的硝烟中，她用自己那双曾经细嫩后来被镭灼伤过的手换过无数次车胎。

当她清洗自己不太熟悉的汽化器时，她会眉头紧锁，好像在做科学实验一般。有时候，当所有男人都去前线作战时，她会像男人一样做起搬运工的工作，提起重重的行李。

有一次，因为司机拐弯太猛，车子翻进了沟里，车上所有的箱子、匣子都洒落一地，将她埋了起来。玛丽的骨头痛了、皮肤破了，可她在意的不是自己的安危，而是车上那些精密的仪器。压在箱子下的玛丽突然想到这个，不由得恼羞成怒。可是当她看到司机一边一圈圈地绕着车子走，一边着急地问"夫人，你还活着吗？夫人，你还活着吗？"时，她又忍不住笑出了声。

在那段日子，忘记吃饭是常有的事情。她也不在乎睡在哪里。如果有一张床，她就睡在床上；如果没有，她就露天睡。对于这个曾经在小阁楼里艰辛求学的人来说，在战争中做一名吃苦的士兵是再自然不过的事情了。

可是，士兵的工作并不是她工作的全部。她一有空就把她旧实验室里的仪器打包，然后把它们搬到皮埃尔镭研究院的新大楼里。在新大楼里，她将仪器装好，一点一点地建设起她的新科学之家。她还去了一趟波尔多，取回了她的1克镭。每周她都从这克镭中提取放射物，然后装在玻璃管里，再送往各个医院。

由于X射线的工作大量增加，所以亟须一批工作人员。在新的镭研究院里，玛丽教授一些人怎样使用X射线。可是有些人比较愚笨，手脚也不麻利，但是玛丽都用无比的耐心和热情来鼓励和帮助他们，直到他们能胜任这份工作。

在此次教学工作中，伊雷娜帮了不少忙。她那时17岁，之前在巴黎大学学习时，就一直致力于放射学的学习。玛丽并不认为伊雷娜年纪还小，不适合在医院工作，所以给她分派了许多战地医院的任务。

短短的两年时间里，玛丽就培训出了150名放射科的工作人员。玛丽认为这还不够，她还走访比利时医院。在那些医院里，没有人认识她，那些衣着时髦的护士看她穿着寒酸，把她当作清洁工，对她没什么礼貌。玛丽对此并不在意。她想：一个护士也如同一位士兵一样，都是在为国效力。这样一来，她就泰然处之了。

当地一些无知的农民面对这个奇怪的仪器时常常会感到恐惧，她就微笑着跟他们解释，说她的这个仪器只是检查照相，根本不会伤害他们。她从不在别人面前说到自己，从来不抱怨她有多累，也从不诉说当炮弹不断在她周围轰炸时她有多害怕。她只是日复一日地做着这些事情，觉得做这样的工作是最自然不过的了。

她非常渴望和平，渴望这场残酷的战争早点结束！1918年11月11日，她听到了停战的消息。这是多么让人兴奋的消息啊！她觉得这一天是最幸福的日子，全世界的人民莫不如此。

那时，她在实验室里做实验，当停战的消息传来时，她立刻和助手梅勒·凯雷恩从实验室里冲出来，跑到大街上买国旗——她想让研究院的人也一起和全国人民享受这份喜悦。

可是，整个巴黎的国旗都销售一空了！他们只好买来三种颜色的长布条，亲手缝制了一面国旗，然后将它挂在了镭研究院的大楼上。

后来，她开着她的雷诺到了大街上，跟街上的人群一起狂欢。狂欢的队伍十分疯狂，玛丽也非常高兴，甚至都没有注意到有10个调皮的不速之客跳上了汽车的挡泥板和车顶。

而谁又能预料到振奋人心的消息不止一个呢？

法国从残酷的战争中摆脱出来，而波兰也是如此，这对玛丽来说，真是天大的喜事！波兰独立了，波兰自由了！她现在获得了双重的喜悦。她给哥哥写信："我们这些在枷锁中出生，在奴役中生存的人，终于看见我们的祖国复活了。"

Chapter
第 十 七 章

－ 在国内 －

　　玛丽在塞纳河码头的一所旧式公寓里安家了。塞纳河有两座岛屿位于巴黎的市中心——一是西岱岛，形状像一艘船，它是巴黎的发源地，岛上有许多著名的古老而又庄严的建筑；一是圣路易岛，这也是一个古老的岛屿，但比起西岱岛，它显得有些荒凉。玛丽的家就在圣路易岛的白杜纳码头。

　　两个世纪以前，在白杜纳码头住的都是一些达官贵人。玛丽的公寓门口有一个长长的走廊和一个高高的台阶。

　　她的家里每个房间都很大，但是却没有多少家具，因此显得空荡而又严肃。她从来没想过要如何使自己成为一个有钱人，也没有想过要怎样才能住得舒服一些。家里仅有的几件红木家具就放在空荡荡的光洁的地板上。房间里寒冷刺骨，她和女儿伊雷娜冻得直发抖。

　　而艾芙呢，倒用自己的零花钱，将自己的房间布置得很温馨、很雅致。玛丽只是将书房设计得很漂亮，里面放着整齐的书架、优雅的花瓶和皮埃尔的画像。

　　所有的房间窗户都很高，所以她们没有挂窗帘。这样房间里的光线非常充足，而且透过窗户，她们能看到经常在艺术家笔下出现的风景画：阳光照在塞纳河上，忙碌的小船在河面穿梭，五颜六色的承重驳船夹杂其间；远方，巴黎圣母院的钟楼隐约可见。

　　玛丽选择这所房子的原因，是觉得它偏僻而又宁静。其实，房子里并不

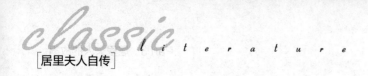
安静，到处充满了噪音——艾芙会连续弹好几个小时的钢琴；走廊上的猫经常喵喵直叫；门铃声和电话铃声也总是响个不停；河上驳船的汽笛声也不时地传来。

每天早上8点钟，玛丽那急促而又充满活力的脚步声好像在提醒着伊雷娜和艾芙——忙碌的一天开始了。

在之后的十六年中，每一天都是这样度过的：8点45分时，门外准时响起三声喇叭，玛丽知道接她的车子来了。然后，她抓起帽子、大衣就匆匆跑出去，因为她不想让司机等她超过3分钟。司机送她到研究院后，她就开始了一天的忙碌。

刚开始时，是研究院的一位同事开车接送她，后来换了专门的司机。这位同事还为此伤心了很久。

从她家到研究院，要经过图尔勒内桥，再穿过繁忙的拉丁区的码头。在拉丁区，众所周知，那里一直住着一些贫穷的学生，他们吵吵嚷嚷但又快快乐乐。现在，那里建起了高大的大学研究所和一些高大的建筑物。

踏上皮埃尔·居里大街，就可以看到镭研究院的大门了。在那里，每天都聚集了很多人，玛丽称之为"苏维埃"。玛丽的学生来自世界各地，他们总想在玛丽工作之前向她请教问题，这样就不会占用她工作的时间。

这群"苏维埃"中，有的要请教她特殊的问题，有的要给她展示特别的东西，还有的希望玛丽在一夜思考后能给他们解决难题。她也经常会满足这群"苏维埃"的要求——"哦，某某先生，你的解决方法恐怕行不通，我有一个办法……"玛丽从一件复杂的工作转移到了另一件不易的工作上。

来找她的"苏维埃"越来越多了，队伍越来越壮大，每个人都带来了自己的难题。玛丽好像并不在意去做这些脑力运动，但让她感到有难度的是学生们请教问题时说的结结巴巴的法语或是英语。这样看来，玛丽的镭研究院就好比一座通天的巴别塔。

玛丽说起了一个故事，她的一个中国学生，能用流利的英语跟她交流。

"他彬彬有礼，有时候即使是我错了，他也不会出声反驳我的观点，这样我就不得不费尽心思来猜测他的潜意识中的沉默的反驳。"玛丽又继续补充说，"面对这样一个非常有礼貌的中国学生，我都有点为自己的举止感到汗颜。他真的比我们有修养得多。"

"苏维埃"的讨论一个接一个，似乎没完没了，她不得不停下脚步坐下来。那里没有椅子，她就坐在台阶上。这是怎样的一幅画面啊！玛丽蹲坐在最低那一层的台阶上，身旁站满了高个子的学生，她仰起头，跟他们讨论科学。

她是镭研究院的负责人，已经阅读过德、俄、法、波、英五种语言的关于镭的所有的书籍，并且她还在发明着新技术。她工作起来似乎有种魔力，所有的学生都对她深深信赖。在探索科学的道路上，她既谨慎又勇敢。

接下来，学生们渐渐散开了，回到了各自的实验中。或许，有要给玛丽展示什么的，就将玛丽请去了；或许，身边的学生问题都解决了，玛丽就回到自己的实验室，开始她自己的工作。

中午，她步行回家吃饭，就在饭桌上，她还要和伊雷娜讨论物理问题。艾芙根本听不懂她们的话，感觉自己成了一个局外人。

1926年，伊雷娜和一位名叫约里奥的年轻的科学家结婚了，并搬离了玛丽的家。从此，艾芙有了和妈妈说话的机会。艾芙喜欢跟妈妈天南地北地闲聊，只要是妈妈感兴趣的话题她都会聊。

玛丽喜欢听艾芙夸她自己开车有多快；当伊雷娜的孩子咿呀学语时，她喜欢听孩子都说了些什么；而且还喜欢听人们对新法西斯的看法。

偶尔听见有人赞扬独裁者时，玛丽就会说："我曾经就在受压迫的环境中生活。你们没有这种经历，不能体会在一个自由的国度里生活是多么的幸福。"或者，当听到有人赞成政府用暴力镇压革命时，她就说："难道你们觉得将拉瓦锡送上断头台有用吗？你们在这一点上永远别想说服我。"

吃过午饭后，车子又来接玛丽了。她可能会去花卉市场上逛逛，买一些花园里一般都有的鲜花。偶尔，她还会去买一些野花，因为她好像不太喜欢温室

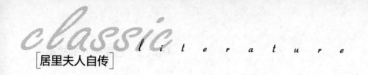

里的漂亮作物。

有时候，她还要去卢森堡公园里赴一个贵宾之约，那就是她的外孙女海伦娜宝宝。她坐在那里和海伦娜玩沙子游戏，直到该回研究院了才离开。

下午的时候，她要去参加医学院的学术会议。在这个会议上，她是唯一的女性。她的身边坐着她的朋友鲁博士，他曾经是巴斯德的得意门生。

会议结束后，玛丽回到她的实验室，然后一直工作到晚饭时间。但是，有时候，她做实验会一直做到第二天的深夜两点。

在镭研究院这个严肃的地方，有时也会有欢乐的场景——那是为庆祝一些学生荣获博士学位而举办的庆典。在那时，实验室的玻璃杯、玻璃棒就成了茶杯、咖啡勺。庆典结束前，玛丽总是会发表贺词。

最让人高兴的是那次庆典——庆祝伊雷娜和她的丈夫约里奥荣获博士学位。1934年，他们二人发现了人工制造放射性现象——他们用放射元素自发的射线冲击铝和其他物质，这样能使得这些物质转化成新的放射性元素。

这是一个多么伟大的发现！这些新的放射性元素不仅填补了人类历史上化学元素的空白，而且还成为提取具有镭特性的放射性元素的来源。科学家们看到，一个新的时代即将到来，那就是制造一种新物质，来代替稀有的镭去完成各项工作和研究。这是一个多么振奋人心的好消息啊！

在镭研究院的对面，穿过一个花园就是巴斯德研究院，人们在那里用镭治疗癌症患者，这种方法被称为"居里疗法"。在人类看来，镭是多么稀有珍贵。

最后，玛丽还要去授课。每周的周一和周三，她就得从大清早到下午5点，一直站在那个小阶梯教室，给大约30个学生上课。这个时候，她就感到紧张和难受。

在那些日子里，玛丽有失明的危险。医生跟她说，她得忍受两到三年近乎失明的状态，然后才能进行手术。或许别人不知道这对她来说意味着什么。她要工作，她不需要同情。无论如何，她不想让别人知道她患上了眼疾。艾芙在眼科医生那里为她专门定制了一副眼镜。

如果需要审阅学生的论文，她就让学生带着论文来跟她交流。她会巧妙地问一些问题，这样她就明白他的论文里写了什么。她想方设法来掩饰自己的不幸。后来猜到情况的人也都很善意地假装不知。

在经过4次手术之后，她就迫不及待地让眼睛重新工作了。虽然不能像以前那样卖命，但是她那无往不胜的勇气在支撑着她，让她的双眼不敢懈怠。

还是让我们来追寻玛丽眼疾恢复后的每天的行程吧。艾芙和玛丽两人在吃晚饭。饭后，艾芙要出去，而玛丽觉得有点累，她在沙发上躺下来，看着女儿说："艾芙，这是多么可怕的鞋跟啊！你永远都没法让我相信女人生来就该踩着这样的高跷走路！"

"还有，你看看你的连衣裙，为什么要在背上开一个口呢？在胸前开一个小口还勉强可以接受。可这件连衣裙就这么大块地将后背给露着，这有好几厘米长吧？不过，裙子还是蛮漂亮的，你转一圈让我看看。"玛丽惊讶地注视着女儿，继续道，"原则上，我不反对你们的这种涂抹，我知道人们一向如此。古埃及的妇女还发明过比这更糟糕的妆饰呢……我只想告诉你，我觉得这比较可怕，你看你让你的眉毛多受罪啊，也对你的嘴唇不近人情。"

"可是，妈妈，这样我会更加漂亮啊。"

"更加漂亮？你听好了。明天早上我会趁你还赖在床上，还没来得及将这些可怕的东西涂抹在你的脸上之前，来亲吻你，这可以让我舒服一些，我可不想吻到这些可怕的颜料。"

艾芙走了之后，玛丽就坐在她那把扶手椅上，读读诗歌，看几页自己喜欢的小说，但是这个时间不会超过一个小时。然后，地板就成了她的工作室，她将一堆物理论文放在地板上，然后一直工作到凌晨。

艾芙回来后，发现妈妈还在忘我地工作着，连她进来都不知道。只见妈妈正用波兰语计算着，念着一些数字，声音只有她曾经在波兰的寄宿制学校里上课时声音的一半大。

Chapter
第 十 八 章

— 在国外 —

1920年5月，骄阳似火，巴黎的栗树开满了花。玛丽跟以往一样工作着，但有一件意想不到的事情扰乱了她的工作。这件事情发生得很突然，她一点思想准备都没有。

玛丽从来不和新闻界的人士来往，无论男女，她都避之唯恐不及，更别提去见记者了。她不愿意被采访，也不愿意被关注。

为了应付那些要求采访她的陌生人，玛丽事先准备了一些小纸条，上面写着：居里夫人很遗憾……这句话不仅彬彬有礼，而且还很坚决地回绝了对方的要求。

但是，居住在美国的一位爱尔兰人却用一种特殊的方式，说出了一些合情合理却又让人不忍拒绝的话。

这个爱尔兰人就是麦隆内女士，她曾经给玛丽写了一封信，信中说："我的父亲是个医生，他常常对我说，一个人的重要程度是不能被随意夸大的。在宇宙中，人类无比渺小，就如尘埃一般。可是，夫人，这二十年来，您在我的心目中，一直就是一个伟大的人。我恳请您给我几分钟，让我对您做一个简单的拜访，几分钟就够了。"

这些话就好像是在说："一个小人物可以见见皇后吗？"于是，玛丽打破了她的规矩，回信说："可以。"

5月的一个早晨，麦隆内夫人在镭研究院的一间小会客厅里等待着玛丽，她回忆当时的情景时是这样说的：

"会客厅的门打开了，一位穿着黑色衣裙、脸色苍白的女士走了进来。她的脸美丽、坚毅而又温和，表情尽显悲伤。她似乎非常抗拒采访，柔美的脸庞上透出学者的耐心，显出学识渊博的人特有的超然物外。当时那一瞬间，我感觉自己是一个冒昧的入侵者，突然觉得自己打扰到了她的生活，我甚至比居里夫人还要拘谨。我做了二十多年的职业记者，可就在那一刻，面对这个毫无防备的黑衣妇人，我竟然问不出一个问题。"

然后还是玛丽打破沉寂，主动跟她聊起美国和镭的话题，这才让她不那么紧张。

玛丽不仅知道现在在美国有50克镭，而且她还清楚地知道每座城市拥有多少克镭。

"那么，法国呢？夫人，法国有多少克镭？"麦隆内夫人问。

"我的实验室里有1克镭。"

"您只有1克镭吗？"

"不，不是，我自己一点也没有。我刚刚说的是，这1克镭是属于我的研究院的。"

之后，麦隆内跟玛丽谈到了申请专利。她说，玛丽可以从那些用她的方法提炼镭的制造商那里获得利润。

但是，玛丽却拒绝了。

她说："这个世界上的任何一个人，都不应该因为镭而致富。因为，它是一种化学元素，是全人类共有的财产。"

在那一刻，麦隆内夫人心中突然萌生了一个念头，她觉得全世界的人们应该送给玛丽一份贵重的礼物作为给她的回报，因为玛丽为全世界做出了重大贡献。

她问道："夫人，假如世界上的东西任你选择，你最想拥有的是什么呢？"

玛丽稍稍迟疑了一下说："我想要……我想要1克镭来继续我的研究，但是它太昂贵了，我买不起。"

麦隆内夫人当时就下定决心，一定要想办法送给玛丽1克镭。她回到美国后，召集了10位有钱的妇女，劝说她们每人出3000英镑，凑钱来买这份礼物。可是，遗憾的是没有成功。因为只有3个人愿意出钱支持。

后来，她转念一想，为什么要把希望放在少数的有钱人的手里呢？为什么不把眼光转向全国成千上万的普普通通的妇女？最后，麦隆内号召全美国的女性加入这一行动中，让玛丽获得这份礼物。

不到一年的时间，麦隆内夫人就给玛丽写信说："钱已经筹足。现在那1克镭——您发现的新元素属于您了。"

这次筹款行动让美国人非常兴奋。没多久，"居里夫人镭基金会"在美国已经家喻户晓。每一个人都想亲眼见见居里夫人，但是玛丽不想去见任何人，她只想安安静静地工作。她不喜欢热闹，也不想去美国，面对这份弥足珍贵的礼物，她有点受宠若惊。于是她找各种理由来推诿，比如她不能和她的女儿们分开，想以此谢绝邀请。

可是这并不是难事，好客的美国人同样邀请了玛丽的两个女儿，并且告诉她，美国总统会亲自赠送给她1克镭。

没理由再拒绝了。于是，玛丽和伊雷娜、艾芙三人将衣服塞进了一个大行李箱，然后按照美国的安排，坐上了奥林匹克号轮船的头等舱，启程前往美国。

在启程前，法国在歌剧院为她们举办了盛大的欢送仪式。法国最著名的演员，如莎拉·贝恩哈特和吉瑞斯都参与了演出。

只有那浩瀚的大西洋没有加入这个欢送队伍，它一路上依然喜怒无常、波涛汹涌，这让旅途中的玛丽更加向往家乡那蔚蓝的大海。

奥林匹克号到岸了。与她们一起的麦隆内夫人将玛丽一行人领出了船舱，去感受真正美国式的欢迎。

只有亲身经历过的人才知道，那种真挚而又热烈的场面是多么令人难忘。

码头上，人山人海，人们为了等候这位"人类的恩人"，足足站了5个小时。

那时候，正是夏天，蔚蓝的天空下，高高的大楼巍然矗立，码头上的波兰国旗、法国国旗和美国国旗迎风飘扬。

学生、女孩们和几百名侨居美国的波兰同胞举着红、白两色玫瑰花，迎接着她。

玛丽局促地坐在上层甲板的扶手椅上，像是一个极力想要表现优秀的孩子一般。

麦隆内夫人帮她拿走她的手提包和帽子，让她好摆姿势拍照。

"夫人，请您把头再转向右一点……"

"夫人，请您看这里……"

美国人民像是发疯了一般迎接居里夫人，并决心让全世界擦亮眼睛，让他们清楚地看到，科学家才是全世界最伟大的人。

玛丽热爱科学，淡泊名利，她坚信人活着就是为了给人类做出贡献，这一切都深深地打动了美国人的心。

热情的美国人想出了很多方式来欢迎玛丽：到处都在盼望着她的到来，却忘了美国是一个幅员辽阔的国家；他们还为玛丽举办了一个500人参加的盛宴，却没有注意到宴会的时间太过冗长；人们授予她各种奖章和荣誉称号，却忘记了她在法国是不接受这些荣誉的；他们邀请她出席大学的典礼，却吃惊地发现她没有礼帽和长袍；他们给她献上娇艳欲滴的培植花卉，却没想到她一直都喜欢大自然的野花……

爱就是这样，虽然玛丽很累，但是她能理解。她唯一觉得难以忍受的是那件定做的华丽长袍，长袍的料子会刺激她那曾经被镭灼伤过的手指。

玛丽先去拜访了女子大学。不管玛丽走到哪儿，都有一群穿着白色衣服的女孩子们站在路旁，有时候，她们甚至会穿过田野来迎接她的马车。

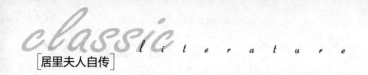

在纽约，女大学生们穿着白色的裙子，排成长长的队伍，向她鞠躬，并为她献上代表法国的百合或是代表美国的玫瑰。在一个汇聚着社会名流和大人物的聚会上，玛丽被授予了"纽约荣誉市民"的称号。

接着，重要的时刻到来了——1克镭的赠送仪式开始了。

华盛顿举办了一个宴会。美国总统和各界要员都在白宫会见了玛丽，但是赠送给玛丽的那1克镭并没有在现场出现。因为真正的镭太贵重了，而且还有辐射的危险，所以他们将镭留在了工厂，而将仿制的镭装在匣子里，放在了中央的一张桌子上。

4点钟，大门徐徐打开了，一列人走了进来。只见哈定总统轻轻挽着玛丽的胳膊来到了大厅。

总统在演讲时指出：玛丽既是一位品德高尚的科学家，又是一位贤妻良母。她不但极其出色地完成了一个男人每天要做的辛苦的工作，而且还恪守了一个女人的全部职责。

演讲结束后，总统将一卷羊皮纸——赠予镭的证书，交给了玛丽，然后把一把可以开启金属匣的钥匙挂在了玛丽的脖子上。

在那间蓝色的大厅里，玛丽坐在椅子上，许多宾客逐一走过来跟她握手，伊雷娜和艾芙代替妈妈跟他们寒暄，因为玛丽实在是太劳累了。

就这样，好像玛丽拥有了1克镭。其实，在举行赠送仪式的前一天晚上，麦隆内夫人给她看赠送的证书时，玛丽就坚持，无论如何都要把律师请来，让律师公证——这1克镭属于她的实验室。

麦隆内建议下周再公证也不迟，可是玛丽却坚持说："可能我今晚就会死的！"

从那时候起，那克镭就属于玛丽的实验室了，她能用它来继续她的研究。

赠送仪式结束后，玛丽在美国还有一些访问需要进行。在访问的初期，玛丽东奔西走，非常劳累。

对此，美国人感到十分惭愧。所以，在接下来的访问中，他们想尽一切办法来减轻玛丽的疲劳。

有时候，为了避开人群，他们会安排玛丽在目的地的前一站下车，可激动的人们在明白之后，立即驱车赶来去迎接玛丽。有时候，火车进站了，玛丽被安排从背面的站台下车，然后悄悄越过铁轨。其实，这些并没有起到什么作用，玛丽还是得不到充分的休息，以至于有时候不得不让伊雷娜和艾芙代替妈妈去出席一些仪式和典礼。当教授们对着年仅16岁的艾芙谈论起"伟大发现"和"一生的辛劳"时，人们并不会感到滑稽，因为他们都体谅玛丽的劳累和不易。

但是，玛丽还是出席了一个波兰人在芝加哥为她举办的宴会。在那些波兰人眼里，玛丽是他们遥远的祖国的象征，她所获得的成功就是所有波兰人的成功。于是，这些波兰人在见到她的那一刻，都流下了激动的泪水，甚至想俯身亲吻玛丽的脚和裙摆。

6月底时，玛丽带着这1克镭和女儿们一起乘坐奥林匹克号回国了。这1克镭被藏在船上一个设置了复杂密码的保险箱里。

在信中，玛丽说，她心里的快乐不只是因为她的实验室拥有了1克镭，而且还因为自己为法国和波兰赢得了美国人民的友谊。

这次美国之行，让她意识到，自己对于这个伟大的世界有多么重要，而且她的扬名对她所关心的事业大有帮助。所以，她开始去更多的地方访问，参加各种典礼和大会。

她甚至到了南美洲，还访问过西班牙、英国和捷克斯洛伐克。她成了世界上著名的人物。

在行程中，她很喜欢欣赏路上的风景。她爱看鱼儿跃出水面，跳向空中；在赤道，她会因为自己的影子消失了而大笑不止；她还爱那些开在陌生地方的野花，不管是刚刚开放的，还是快要凋谢的。

除了观赏路上所见到的有趣的事物，她还参与了一些她热爱并为之奋斗的事情。

同世界上很多具有正义感的人一样，玛丽对战争也非常憎恨。战争期间，她为了保卫国家，尽力去做一名士兵；和平时期，她很乐意去做一些阻止未来战争发生的事情。

她从来都拒绝参与属于某个组织的科学研究。不过，这一次，她破例接受了国际联盟理事会的任命，成了国际文化合作委员会的一员。这个委员会致力于寻找使不同的国家共同合作的途径。

玛丽决心发挥她的智慧，她没有停留在口头上，而是着手去做一些具体的事情。

首先，就是要统一和梳理：要求各国的科研工作者使用统一的科学符号和科学术语；把全世界有关于科学的书籍和科学发现全都整理出来，以便于每一个学生都能查阅参考。

接着，玛丽想要实施一个方案，用来帮助那些因为经济困难而无法实现才华的科学天才，无论他（她）属于哪个国家。玛丽觉得，放弃这样一个天才，是很恐怖的事情。

她尽心竭力地来创建一个自由、和平的世界，让更多的人来研究科学。

她想，既然巴黎镭研究院的工作已经步入正轨，何不在华沙再创建一个新的镭研究院呢？

这个想法得到了远在波兰的姐姐布罗妮雅的支持。不久，布罗妮雅就发起了呼吁，并在波兰的街道上张贴宣传海报。

那时候，波兰所有的邮局都出售印有玛丽头像的邮票；明信片上也在倡导"买一块砖，来共同建设玛丽·斯可罗多夫斯卡·居里研究院"，并且上面还有玛丽的亲笔题字："我最大的愿望，就是在华沙建立一个镭研究院。"

1925年，玛丽回到华沙，出席了镭研究院的奠基仪式。波兰共和国总统为镭研究院砌了第一块砖，玛丽砌了第二块。

让人觉得有趣的是，总统问玛丽，是否还记得他曾经贫困时，她借给了他一个枕头。

玛丽笑着回答："我当然记得，但我还记得你忘了还我。"

她还记得在台上向她致颂词的那个著名演员，就是科塔宾斯基先生。当时那个年轻而又天真的玛丽亚用采来的野花给他编了一个花环。

可是，名为镭研究院的地方却没有1克镭，这是非常奇怪的事情。于是，麦隆内夫人再一次想要帮助玛丽。她又说服了玛丽，并带她来到了纽约。美国将再赠送给她1克镭。

这次，玛丽是以波兰的名义来的，所以她代表波兰人民向美国人民致以感激之情。

这一次美国之行，玛丽在白宫住了几天，她对那里摆满的各种尺寸的象饶有兴趣。那些象，有大的、小的和微型的。临别时，她得到了两只象作为礼物：一只是用小的象牙雕刻的，一只小得几乎看不见。象是当时美国执政党——共和党的标志。

玛丽带着她的两只象和1克镭回到了华沙，亲眼看见了镭研究院用这1克镭开始了治病救人的工作。

当玛丽还是一个小女生时，她很喜欢在维斯瓦河边漫步。现在，她又再一次徘徊在这波澜壮阔的维斯瓦河的岸边，思绪万千。

在给艾芙的信中，她这样写道：

> 昨天早上，我独自在维斯瓦河边散步，河水在宽阔的河床里流淌。不远处是青绿的一片，再远一些由于倒映着天空所以呈现蓝色。阳光下的沙洲十分可爱，这儿一片，那儿一片，展示着这条河流无常的转道。沙洲边上闪耀着几条耀眼的光，那是水流很湍急的地方。在这光辉壮丽的河滩上散步，我感慨万千……有一首歌这样赞美维斯瓦河："波兰的水啊，魅力无穷；一旦爱上它，你死也不会忘怀。"对我来说，这句歌词很贴切。这条伟大的河流对我来说有着不可言传的吸引力。

Chapter
第 十 九 章

— 假期 —

在布列塔尼有这样一个地方，那里粉红色的花岗岩峭壁和岩石一直延伸到蔚蓝的海水里。海水碧蓝、清澈。

这是一个宁静的地方，它的四周有着成千上万的岛屿，就好像一道屏风挡住了大西洋的汹涌波涛。在"屏风"内的一块大礁石处，有一个地方叫作拉库斯特。

拉库斯特上建有一排渔民的农舍，所以，那里只能算一个小村落，算不上一个村庄。

在这里，布列塔尼的卖鱼妇人来来往往。她们头上裹着宽大的白色亚麻布头巾，这样可以保护她们的脸，避免风吹日晒。

在拉库斯特的荒野高处，有一个房子如灯塔一般伫立着，风中一条清晰的小路直通屋门，那便是玛丽的度假小屋。

虽然小屋只是一个建在荒原的简陋"别墅"，但是这里视野开阔，风景无限美丽。

玛丽是拉库斯特村落的一个普通的村民。村主任是一个驼背的小老头，戴着一副眼镜，整天笑眯眯的。

村主任的"别墅"是一所低矮的长长的房子，房子外面从上到下都长满了绿色的爬山虎以及火红的野生海棠花。

这座"别墅"叫作塔神维汉，用布列塔尼的话翻译出来就是"小果园的田野"，因为它正位于一个果园中。

"别墅"的门整天都敞开着，除非刮起东风才将它关上。这位村主任所有的房客——玛丽、伊雷娜、约里奥、艾芙，以及一些孩子、青年、作家们、科学家们，所有的人都喜欢他。他们每天都去拜访他，在"别墅"里逗留很长时间。

大家却不曾想到他就是当代最有学问的历史学家之一——大家耳熟能详的瑟诺博斯，是他发现了拉库斯特这个地方。此后一到夏天，巴黎最睿智、最有学问的人都会来这里度假。

每天清晨，玛丽都戴着一顶褪色的亚麻布帽子，上身穿着一件黑色的双排扣夹克，下身穿一条旧裙子，光着脚穿上一双凉鞋就出门了。

她上身穿的那件夹克好像是拉库斯特的"村服"，渔夫渔妇们都穿着同样款式的衣服。

她从那片荒原出发，一路穿过陡峭的山崖，最后来到色彩艳丽的果园里。

"早上好，居里夫人。"瑟诺博斯跟她打招呼。

"早上好！"躺在草地和花丛里的十五六个人也跟着齐声问好。他们身上穿着奇装异服，好像一群罗姆人。

玛丽把背包放下来，并在他们旁边坐下。拉库斯特跟其他地方一样，也有明显的社会等级划分。但是，这些等级划分又不同于其他地方。

在拉库斯特，等级最低的就是"腓力斯人①"，他们不是拉库斯特人，只是一帮外来客。

在"腓力斯人"上面的，就是"大象"。"大象"是拉库斯特人的朋友，但是他们是"旱鸭子"，一群觉得在海上生活不如在陆地上生活舒适的人。他们是可怜的，但是通过努力能改善自己的地位。

在"大象"之上的就是让人尊敬的"水手"，而远在"水手"之上的贵族

① 腓力斯人：指地中海东南沿岸的古代居民，也被称为"海上民族"。拉库斯特地区在等级划分时借用了这个名称。

就是令人充满无限敬意的"鳄鱼"，这是最高的等级。"鳄鱼"通晓一切海上生活的技巧，他们不仅擅长游泳，而且还能"爬行"，能在最湍急的水流中驾驭船只。

玛丽不是一个"腓力斯人"，但她也没有奢望能成为"鳄鱼"。她从"大象"开始做起，现在成了一名"水手"。

这天，瑟诺博斯一声令下，水手们开始解开停靠在码头的船只，一共有两艘帆船和六艘划艇。他们划着船只，努力奔向礁石岸边。

"向外面划！向外面划！"瑟诺博斯指挥着，"我来划尾桨，居里夫人去划头桨，佩韩和波莱尔一起划两侧的大桨，弗朗西去掌舵。快！"

这些船员都是专家、教授。白绿相间的小船突然卷入了漩涡，显然是有人用力过猛了。

掌舵的人让船员们注意："船桨没跟上节奏！"玛丽的脸唰的一下变红了，她调整了自己的划法。

在阳光的照耀下，海面泛起了阵阵涟漪，水手们开始歌唱：

> 三个青年人，
> 一起划船去小岛！
> 船上满载着欢笑！
> 去小岛的，
> 是三个青年人……

几首歌唱完后，他们换了桨手，因为需要更强壮的人将船划过急流，去往阿瑞斯礁石。那是一座小小的荒岛，拉库斯特人几乎每天早晨都到那里去洗海水浴。

男人们就在沙滩上换衣服，和棕色的海鸥一起分享着海岸。而妇女们则走到天然的礁石更衣室，那里铺满了柔软的水草。

玛丽第一个跃入了清澈的海水里。虽然她还没有"鳄鱼"在水中"爬行"的本领，但是她游得非常不错。

　　她似乎变得更加年轻了，人们忘了她藏在泳帽里的灰白头发和满脸的皱纹，只知道赞美她那苗条而又灵活的身体。

　　玛丽体态优雅，身手敏捷，并为自己的游泳技巧而感到自豪。她大声地问伊雷娜："难道我不比那个波莱尔游得好吗？"

　　"好多了，妈妈。她可没法跟你比。"伊雷娜不是一个会奉承别人的人，她说的都是实话。

　　游完泳，玛丽一边享受着日光浴，一边吃着一块松脆的面包。"这样的生活多么美好啊！"她低语道，"难道不是吗？"

　　在拉库斯特，没有一个人，包括玛丽在内，能用语言来形容这里的美。拉库斯特是世界上最美丽的地方，每个人都知道这一点，所以反而很少有人去说起它的美了。

　　中午的时候，船员们都唱着歌、划着桨回家了。玛丽光着脚，一手拎着裙角，一手拿着凉鞋，踩着黑色的泥，慢慢走上沙滩。在黑色的淤泥上，一群白色的海鸥正在栖息。

　　他们回家吃过午餐后，就会在两点时乘坐野玫瑰号快艇返回塔神维汉"别墅"。

　　快艇和小船都是瑟诺博斯的。这里所有的东西都属于他，他也愿意将这些东西与朋友们分享。

　　玛丽没有和他们一起去航海，她觉得那样太浪费时间了。所以，下午的时候她就留在了自己的小屋里。

　　在小屋里她会审校论文，或者带上她的铁锹、耙子和剪刀等工具到花园里去干点园艺活儿。芦苇和荆棘常会刺破她的手，凹凸不平的岩石也经常让她的脚踝扭伤，有时候锤子还会砸到她的手，但是对这些小小的伤害，她一点也不在意。

　　到下午6点钟的时候，她又会去游泳，然后赶回塔神维汉"别墅"，以最年老的女士身份归队。而且，在那里她可以观看野玫瑰号快艇的返航：在夕阳的照映下，船帆被染成了金黄色，在袅袅的炊烟中，船从远方归来。

这群兴高采烈的船员说笑着回来了，姑娘们的头上都插着康乃馨。那是瑟诺博斯每天从他的花园里采来送给她们的。

吃过晚饭后，所有人都踏入这扇永远敞开着的大门来到塔神维汉。他们在那里玩造字的游戏，或者猜字谜的游戏，以及一些球类游戏。

手风琴演奏着古老的舞曲，所有的人，不管是科学家还是渔民，不管是主人还是客人，都翩翩起舞，尽情地欢乐。

在天气好的傍晚，玛丽会跟伊雷娜、艾芙三个人一起手挽手去海边散步。

她们沿着一条神秘的羊肠小路，不一会儿就来到了深红色的大海边。突如其来的海风带着浪花扑打在礁石上，轰隆隆的声音不断传来。

它是否在提醒玛丽，她的镭也是这样，虽然光芒四射，但是也险象环生？

每年的假期，玛丽都是在这片波光粼粼、清澈纯净的海上度过。而在工作的期间，在她的工作室内，每天跟她打交道的就是她的那1克镭。她将自己制作的、别人都穿着的铝制衣服抛在一边，毫无遮拦地暴露在镭的射线中。因此，镭的射线使得她的血液发生了奇怪而又神秘的变化。以至于到后来，对于她的病，即使是法国医术最高明的医生也束手无策。

1934年7月4日，一个夏天的日子，玛丽在一家坐落于群山之间的疗养院中逝世了，时年67岁。

对于她的逝世，医生们推测，玛丽之所以会得这种不为人知的疾病，很可能跟她那伟大的发现——镭有关，她跟那光彩耀目的镭接触的时间实在是太长了。

附：
— 居里夫人生平大事年表 —

时　间	事　件
1867年11月7日	出生于波兰华沙一个中学教师家庭。有一个哥哥、三个姐姐。
1873年	进入西科尔斯卡小姐的私立寄宿学校。
1876年	大姐素希雅因伤寒病去世。
1878年	母亲因肺结核病去世。
1883年	中学毕业，获金质奖章。
1891年	赴巴黎大学求学。
1893年	通过物理学学位考试。
1894年	通过数学学位考试，结识皮埃尔·居里。
1895年	与皮埃尔·居里结婚。
1897年	长女伊雷娜出生。
1903年	和丈夫皮埃尔同获诺贝尔物理学奖。
1904年	次女艾芙出生。
1906年	丈夫皮埃尔·居里因车祸去世。接替丈夫的职位，受聘于巴黎大学理学院。
1911年	第二次获得诺贝尔奖。
1914年	镭研究院落成。"一战"爆发，接受法国红十字会的委派，指导各地X射线照相技术，配合战地救护。
1919年	重返镭研究院，指导实验室工作。
1922年	当选巴黎医学科学院院士。
1924年	巴黎大学举办庆祝发现镭25周年纪念会。
1931年	前往华沙主持镭学研究院开幕仪式。
1934年7月4日	因白血病逝世于疗养院。